Frank / Klandt
Gründungsmanagement
Fallstudien

D1735064

Gründungsmanagement
Fallstudien

herausgegeben von

Prof. Dr. Hermann Frank
Wirtschaftsuniversität Wien

Prof. Dr. Heinz Klandt
European Business School

Verlag Franz Vahlen München

VERLAG
VAHLEN
MÜNCHEN
www.vahlen.de

Die Deutsche Bibliothek – CIP-Einheitsaufnahme

Frank, Hermann:
Gründungsmanagement - Fallstudien / hrsg. von Hermann Frank ; Heinz
Klandt. – München : Vahlen, 2002
  ISBN 3-8006-2739-6

ISBN 3 8006 2739 6

© 2002 Verlag Franz Vahlen GmbH,
Wilhelmstr. 9, 80801 München
Satz: DTP-Vorlagen der Herausgeber
Druck und Bindung: Schätzl Druck & Medien,
Am Stillflecken 4, 86609 Donauwörth

Gedruckt auf säurefreiem, alterungsbeständigem Papier
(hergestellt aus chlorfrei gebleichtem Zellstoff)

Vorwort

Die aktuelle Diskussion zur Entrepreneurship-Didaktik lässt klar erkennen, dass aktivierende Lehrmethoden, die die Studierenden mit Entscheidungsproblemen konfrontieren und ihnen die Wirkungen und Qualität ihrer Entscheidungen möglichst unmittelbar vor Augen führen, ein zentrales Ausbildungsmerkmal darstellen. Neben Planspielen und Projektarbeiten kommt Fallstudien ein zentraler Stellenwert zu. Zugleich hat die Etablierung des Faches Entrepreneurship und Gründungsmanagement an vielen deutschsprachigen Universitäten und Fachhochschulen den Bedarf an entsprechenden Lehrunterlagen signifikant erhöht.

Viele Studierende als auch Lehrveranstaltungsleiter wollen nicht mehr nur auf amerikanische Fallstudien zurückgreifen. Wir haben dies zum Anlass genommen, AutorInnen einzuladen, die in diesem Fach seit längerer Zeit tätig sind und auf entsprechende Erfahrungen zurückgreifen können, eine Fallstudiensammlung zu produzieren, die diese Lücke füllen soll.

Unser Dank gilt allen AutorInnen, die zeitgerecht die Fälle entwickelt und auch erprobt haben. Alle in diesem Buch enthaltenen Fallstudien wurden zumindest einmal in Lehrveranstaltungen eingesetzt auf Basis dieser Erprobung in das vorliegende Werk aufgenommen.

Allen Lehrveranstaltungleitern werden auf Wunsch auch die Falllösungen zur Verfügung gestellt. Diese können über die Herausgeber angefordert werden.

Dem Verlag, insbesondere Herrn Sobotka, sind wir für die durchgängige Unterstützung dieses Projekts dankbar.

Anregungen und Verbesserungsvorschläge nehmen sowohl die Verfasser als auch die Herausgeber gerne entgegen.

Wien und Oestrich-Winkel, Dezember 2001

Hermann Frank
Heinz Klandt

Inhaltsverzeichnis

Vorwort V

Einleitung 1

Person und Team - Die soziale Dynamik des Entwicklungspozesses eines alternativen
Unternehmens
Manfred Lueger und *Christian Korunka* 16

Fallstudie MiniSol der Solboat GmbH i.G.
Harald Rüggeberg 43

Fallstudie zu Finanzierung und Förderungen - Unternehmensgründung von Fritz Wiff
Helmut Pernsteiner und *Eva Traunmüller* 59

Geschäftsfeldstrategie und Finanzierung der "Medlight Laser AG"
Michael Schefczyk und *Frank Pankotsch* 71

Business Plan für "ECOMFORT" - Strategische Unternehmensplanung einer innovativen
Unternehmsgründung
Erich J. Schwarz und *Eva Grieshuber* 87

Business Plan der FEMTOLASERS Productions GmbH
Jan Häupler und *Adolf Stepan* 111

Die compartner Story
Peter E. Rasenberger 143

Lebenszyklen der Unternehmensneugründung - Vom strategischen Management zum
Unternehmertum
Hans H. Hinterhuber, Kurt Matzler und *Harald Pechlaner* 155

Strategie und Nachfolge in Familienunternehmen - Das Fallbeispiel der August Kreinz
GmbH & Co. KG
Alexander T. Nicolai und *Heiko Hilse* 173

Nachfolgeregelung/Mergers & Acquisitions
Michael Keller 189

Einleitung

1. Grundsätzliche Überlegungen

Entrepreneurship und Gründungsmanagement haben in den letzten Jahren auch im deutschsprachigen Raum eine rasante Entwicklung verzeichnet. Einer Zunahme einschlägiger Lehrangebote – basierend auf der Errichtung zahlreicher Lehrstühle[1] - steht ein steigendes studentisches Interesse gegenüber. Die Etablierung des Faches in der hochschulischen Ausbildung schreitet somit zügig voran.

Mit der zunehmenden Etablierung des Faches an amerikanischen Universitäten, die bereits um 1980 begann, hat sich auch die Frage in den Vordergrund gedrängt, welches Wissen, welche Fähigkeiten und Haltungen im Rahmen der „Entrepreneurship Education" vermittelt werden sollen. Nachdem in der Anfangsphase häufig die Frage gestellt wurde, ob Entrepreneurship überhaupt gelehrt werden kann, herrscht inzwischen weitgehend Konsens darüber, dass dies möglich ist. In weiterer Folge ging und geht es daher bevorzugt um Fragen der Didaktik und Programmatik, die die gegenwärtige Diskussion leiten, wobei im vorliegenden Kontext bevorzugt auf Fragen der Didaktik eingegangen wird.

Zur Fragen der Programmatik sei auf Punkt 3 dieser Einleitung verwiesen.

Unterrichtsmethoden können nach verschiedenen Dimensionen charakterisiert werden, so z. B. nach der (Kaiser & Kaminski, 1994):

Zieldimension: hierbei geht es um die innere Zielgerichtetheit verschiedener Formen des Lehrens und Lernens. Bspw. ist ein Planspiel in sich zielorientiert; eine Fallstudie muss analysiert werden und erfordert die Definition der Problemstellung und die Entwicklung von Lösungsalternativen und eine Entscheidung. Das Auswendiglernen eines Texts hingegen stellt diesbezüglich ganz andere Anforderungen an den Lernenden.

Sozialdimension: diese umfasst den kommunikativen Aspekt des Lehrens und Lernens und beschreibt die Art und Häufigkeit der Kommunikation zwischen Lehrenden und Lernenden als auch zwischen diesen. Der Einsatz einer Fallstudie als Unterrichtsmittel erzwingt eine andere Art der Kommunikation als dies bei einem Vortrag der Fall ist.

Handlungsdimension: Sie erfasst die durch die Interaktion von Lehrenden und Studierenden zustande kommenden Handlungsprozesse und -produkte (z.B. eine Gruppenarbeit, deren Ergebnisse auf einem Flipchart festgehalten werden). Die Handlungsdimension wird letztlich über die eingesetzten Unterrichtsmethoden vorgegeben, die im wesentlichen bestimmen, ob es zu aktivierenden Lernprozessen kommt oder nicht.

---

[1] Vgl. Klandt/Heil (2001)

Zeitdimension: Mit der Zeitdimension wir die Prozessstruktur des Unterrichtshandelns beschrieben. Jedes solches Handeln entwickelt eine spezifische Prozessstruktur mit unterschiedlichen Zeitbedürfnissen. So unterscheidet sich „Frontalunterricht" von einer Fallstudie signifikant bezüglich der zeitlichen Verlaufsform als auch des Zeitbedarfs.

Diese Klassifikationsdimensionen eröffnen den Blick auf ein breites Alternativen-spektrum unterrichtlichen Handelns. In diesem Zusammenhang ist auf die Inhalts-dimension selbst zu verweisen, von der eine strukturierende Wirkung auf das unterrichtliche Handeln in mehrfacher Hinsicht ausgeht und die damit auch alle anderen Dimensionen beeinflusst. Für komplexere Inhalte kann bspw. mehr Zeit vorgesehen sein (Zeitdimension), werden verstärkt aktivierende Methoden eingesetzt, um den Wissens-erwerb zu festigen (Handlungsdimension), wird verstärkt auf Gruppenarbeit zurückgegriffen (Sozialdimension) und ist die Erreichung des Lehrziels schwieriger zu kontrollieren (Zieldimension).

Hinter dieser Klassifikation von Unterrichtsmethoden verbergen sich umfassendere (Aus-) Bildungsmodelle. Diese repräsentieren jeweils einen Idealtypus und verschaffen damit Orientierung, weil sie einerseits eine Verortung der praktizierten Formen des Unterrichtens und andererseits eine Bestimmung jener Unterrichtsformen ermöglichen, die für das Fach Entrepreneurship und Unternehmensgründung aus den ihm immanenten Merkmalen als zweckmäßig erachtet werden können.

Diese Modelle können als konformistisch, adaptiv und transformativ bezeichnet und anhand mehrerer Merkmale wie Ziele, Lernkonzeption, Rolle des Lehrenden, Rolle des Lernenden und Unterrichtsmethoden charakterisiert werden (Bechard & Toulouse, 1991).

Geht man davon aus, dass das primäre Ziel von Ausbildung in der Vermittlung von (jenem) inhaltlichen und methodischen Wissen liegt, das es ermöglicht, sich in einem gegebenen sozio-kulturellen Kontext zu bewähren, wird erkennbar, dass neben diesen auf Konformität ausgerichteten Bildungszweck auch Alternativen erforderlich sind. Beispielsweise solche, die nicht Konformität, sondern transformative Orientierungen vermitteln und damit den Blick für Gestaltungspotentiale eröffnen.

Einem eher auf reproduzierende Wissenserzeugung ausgerichteten Bildungszweck ist es immanent, dass die Wissensvermittler (LehrerInnen) die Inhalte und den Lernprozess festlegen und die Lernenden die Inhalte reproduzieren. Die erbrachte Reproduktions-leistung ist einer straffen Kontrolle zugänglich und stärkt zugleich die Konformitätsorientierung der Lernenden. Der Lernprozess verbleibt bevorzugt auf einer rein kognitiven Ebene. Weder Anwendungsorientierung noch Problembezug sind gefragt, Wissen kann damit kaum handlungswirksam werden. Individuelle Bedeutungs-zuweisungen, bspw. aufgrund von gewonnenen Erfahrungen im Zuge einer Anwendung, werden konsequent vermieden. Die Beziehung zwischen Lehrenden und Lernenden ist asymmetrisch definiert; der Lehrende ist Träger des Wissens, der Lernende der Empfänger. Folglich sind Unterrichtsmittel wie „Frontalvortrag" oder „Reproduktion vorgefertigter Texte" am besten geeignet. Diese Asymmetrie und die ihr immanenten didaktischen Instrumente gewinnen zugleich eine gewisse Definitionsmacht über den Inhalt und verführen dazu, Zusammenhänge zu vereinfachen, ihnen ihre Mehrdeutigkeit zu nehmen und ein Maß an Klarheit zu suggerieren, dass dann auch wieder die Wissenskontrolle erleichtert und den Konformitätsdruck verstärkt.

Zugleich erspart sich der Lehrende damit weitgehend eine Bedachtnahme auf individuelle Unterschiede der Lernenden. Adressat und Empfänger der Ausführungen des Lehrenden ist ein Kollektiv, also bspw. alle LehrveranstaltungsteilnehmerInnen.

Dem steht das adaptiv-transformative Modell von (Aus-)Bildung gegenüber. Dieses betont neben der kognitiven Entwicklung insbesondere auch das soziale und emotionale Potential der Lernenden und fördert die Reflexionsfähigkeit, um eigene Standpunkte und Kritikfähigkeit zu entwickeln. Dieses Modell zielt nicht nur auf Allgemeinbildung, sondern unterstützt auch das Erkennen von individuellen Interessen, um durch eine interessengebundene Spezialisierung die Entwicklung des Lernenden weiter zu fördern. Durch diese Ausrichtung wird der Lernende gesamthaft gefördert. Der Lernprozess wird als individuell-persönlicher und nicht als kollektiver Vorgang gesehen, in dem Wissen durch problemorientiertes Anwenden und Entscheiden unter Bedachtnahme auf die jeweilige Ausgangssituation angeeignet und assimiliert wird. Das Lernen schreitet folglich von einfachen zu immer komplexeren Problemen voran. Die Rolle des Lehrenden besteht darin, Probleme und Fragen aufzuwerfen und ein Klima zu schaffen, das es den Lernenden ermöglicht, ihre Problemlösungs- und Entscheidungskapazität zu entwickeln, wobei der Lehrende bei Bedarf die ihm verfügbaren Wissensressourcen einbringt, ohne dabei die Förderung des Autonomieziels (der Lernenden) aus den Augen zu verlieren.

Die Aufgabe der Lernenden besteht darin, Problemerkennungs- und lösungsfähigkeiten zu entwickeln, diese argumentativ zu begründen und durch Kritikfähigkeit und – empfänglichkeit Lernen als lebenslangen Prozess zu erkennen. Im Sinne des Autonomieziels soll die Fremdmotivation durch den Lehrenden durch Selbstmotivation ersetzt werden. Studierende müssen daher ermutigt werden, sich eigene (Lern-)Ziele zu setzen und diese zu kontrollieren, wobei aufgrund der angebotenen Spezialisierungs-möglichkeiten nicht nur individuell differenziert werden muss, sondern auch auf persönliche Interessen Bedacht zu nehmen ist. Lernen basiert daher auf einem Vertrag mit sich selbst, mit dem Lehrenden als auch mit den anderen Lehrveranstaltungs-teilnehmerInnen, die selbst auch die Rollen von Wissensvermittlern übernehmen können.

Zentrale Methoden dieses Modells sind neben Tutorien daher Projekte, Fallstudien, Rollenspiele, anwendungsorientierte Demonstrationen des Lehrstoffs und Workshops. Durch diese Methoden werden nicht nur kognitive, sondern auch emotionale und soziale Fähigkeiten gefördert. Damit eröffnen sich verstärkt Möglichkeiten, eigene Bedürfnisse zu erkennen und zu artikulieren, Erfahrungen zu gewinnen und Wissen an der Realität bzw. praktisch zu erlernen und zu erproben. Zugleich wird die passive Rolle des Lernenden durch eine aktive ersetzt, wobei den Lehrmethoden ein wesentlicher Stellenwert zukommt.

Diese Überlegungen knüpfen unmittelbar an das handlungsorientierte Methodenkonzept an. Im Hinblick auf die Realisierung erfolgreicher Lernprozesse erhalten Studierende im Rahmen dieses Konzepts die Möglichkeit, durch weitgehend selbstgesteuertes Lernen theoretisches Wissen im Zusammenhang mit praktischen Problemstellungen und Handlungsvollzügen zu entwickeln. Entscheidend ist, dass nicht nur Handlungen ausgeführt werden, sondern diese auch der Reflexion zugänglich gemacht werden (Kaiser & Kaminski, 1994, S. 71). Typische Methoden einer handlungsorientierten Unterrichts-methodik sind Projekte, Fallstudien, Rollenspiele und Planspiele. Empirische Untersuchungen zeigen, dass bspw. Studierende die Projektmethode bei der Entwicklung von Fertigkeiten bevorzugen, die sich auf Wissen, Verstehen, Anwenden und Bewerten beziehen; hingegen werden Fallstudien als effektiver betrachtet, wenn es um die Entwicklung von Fertigkeiten geht, die mit der Analyse und Synthese zusammenhängen (Grüner, 1993, S.496).

Der Begriff „handlungsorientierter Unterricht" ist eine Sammelbezeichnung für verschiedene Methoden, deren gemeinsamer Kern die eigentätige, viele Sinne umfassende Auseinandersetzung und aktive Aneignung eines Lerngegenstandes ist. Allerdings sind handlungsorientierte Formen des Unterrichts nicht mit Aktionismus („action") zu verwechseln, sondern als „denkendes Tun" zu begreifen (Gudjons, 1997). Im übrigen kann der Einsatz von aktivierenden Lehr-/Lehrformen und Ausbildungsformen auch zur Steigerung der Motivation zur unternehmerischen Selbständigkeit wesentlich beitragen (Döring, 2001, S. 229f.).

Entrepreneurship und das Gründen von Unternehmen sind ein von Geschäftsgelegenheiten („opportunities") gesteuerter Prozess. Vorhandene Chancen oder auch Möglichkeiten, die erst aktiv zu Geschäftsgelegenheiten entwickelt werden müssen, bilden das Kernelement. Entrepreneurship ist stark auf entstehende Märkte ausgerichtet, oder trägt aktiv zur Entstehung dieser bei. Entrepreneurship umfasst insofern jedenfalls mehr als die traditionelle betriebswirtschaftliche Ausbildung, die oft nur isoliert die Funktionalbereiche (Beschaffung, Produktion, Finanzierung, usw.) behandelt und nicht einmal mehr deren Zusammenwirken thematisiert. Unternehmensgründung erfordert nicht nur eine anwendungsorientierte Abstimmung der betrieblichen Funktionalbereiche und insofern auch eine ganzheitliche Ausrichtung, sondern auch das Erkennen und Gestalten von Geschäftsmöglichkeiten. Darüber hinaus sind bei Gründungen als auch bei Projekten im Rahmen des Corporate Entrepreneurship in der Regel nur wenige oder überhaupt nur eine Person für die gesamte Planung, Umsetzung und Kontrolle verantwortlich, was eine Bündelung vieler Kompetenzen erfordert, insbesondere aber die Fähigkeit verlangt, neue und einmalige Situationen richtig einzuschätzen und zielorientiert zu agieren.

Das Aufgreifen neuer Geschäftschancen und deren ökonomische Verwertung erfolgt typischerweise – wenn auch nicht ausschließlich – im Rahmen einer Unternehmensgründung.

Entrepreneurship besteht folglich aus einer Verknüpfung einer identifizierten Geschäftschance mit einem auf die Verwertung dieser Chance ausgerichteten Unternehmen und inkorporiert daher als Logik die „Schaffung von Neuem und dessen ökonomische Verwertung". Entrepreneurship weist daher im Vergleich zu Management eine wesentlich stärkere Innovationsorientierung auf. Allerdings bedarf auch die Schaffung von Neuem der Entwicklung von Strukturen und Prozessen und verweist auf den Ergänzungsbedarf durch das Management. Dieser ist jedoch dem Entrepreneurship-Modell bzw. -Prozess nicht fremd, da die Entwicklung eines Business Plans die zentralen Managementfunktionen (Planung, Umsetzung, Kontrolle) beinhaltet.

Die Fähigkeit, Neues zu generieren, wird kaum mit einem konformistischen Modell von (Aus-)Bildung gefördert. Der Entrepreneurship-Prozess in seiner idealtypischen Darstellung erfordert vielmehr Kreativität, Experimentierfreudigkeit in einem gedanklichen als auch technischen Sinn, Kritik- und Kommunikationsfähigkeit, eine

realistische Selbsteinschätzung und Selbsterfahrung, Bereitschaft zum (kalkulierten) Risiko, Selbstorganisationsfähigkeit und Zielstrebigkeit sowie soziale Kompetenzen. Diese Anforderungen können im Rahmen eines Studiums am besten durch einen handlungsorientierten Unterricht erzielt werden, wobei der Unterricht (auch) so zu gestalten ist, dass die Entwicklung einer Ambiguitätstoleranz gefördert wird, da ein unternehmerisches Projekt in einer Komplexität, die diese Ambiguität inkorporiert, eben nicht nur einem gut geplanten bzw. gut planbaren Projekt vergleichbar ist, sondern oft einer Aufgabe ohne bekannter Lösungsstrategie gleicht. Insofern sind spielerische Formen des Lernens und Experimentierens besonders zweckmäßig, weil sie sowohl den Umgang mit Neuem, die Ungewissheitstoleranz, Kreativität, Kritikfähigkeit und Selbsterfahrung zu fördern vermögen (Ripsas, 1998, S. 226f.).

Während in den USA die Entrepreneurship-Ausbildung in hohem Maße auf Fallstudien basiert und auf ein entsprechend umfangreiches und differenziertes Reservoir an Fällen zurückgegriffen werden kann, ist dies im deutschsprachigen Raum kaum der Fall. Vielfach wurden Fallstudien aus dem US-amerikanischen Wirtschaftsraum, die zu wenig auf die spezifischen Gegebenheiten des deutschen Sprachraums Bezug nehmen, von den Studierenden mit einer gewissen Zurückhaltung aufgenommen. Das vorliegende Buch basiert auf der Idee der Herausgeber, diesem Defizit durch eine Fallstudiensammlung, deren Fälle aus der deutschsprachigen Wirtschaftskultur generiert wurden, Abhilfe zu schaffen.

Das Buch ist das Ergebnis eines mehr als einjährigen Produktionsprozesses, in dem eine Gruppe von AutorInnen Fälle zu von den Herausgebern vorgegebenen Themenbereichen entwickelten, erprobten und letztlich als Text für das vorliegende Buch zur Verfügung zu stellten. Die Erprobung erfolgte in betriebswirtschaftlichen Lehrveranstaltungen, die dem Thema Unternehmensgründung gewidmet sind und im Hauptstudium positioniert sind.

Die Fallmethodik ist ein allgemein akzeptiertes didaktisches Instrument, das das Problembewusstsein schärft, zur Anwendung bestimmter Konzepte und Methoden auffordert, vernetztes Denken notwendig macht, die Motivation erhöht und die Entwicklung sozialer Kompetenzen fördert, da Fallstudien oft in Gruppen bearbeitet werden. Diese Aspekte sind – wenn auch nicht exklusiv – auch für Unternehmens-gründerInnen von hoher Relevanz. Durch die thematische Fokussierung auf Problem-felder der Unternehmensgründung soll auch eine entsprechende inhaltliche Identifikation erzeugt werden.

2. Zielsetzung und Zielgruppen der Fallstudiensammlung

Das primäre Ziel dieses Buches besteht darin, Studierenden durch den Einsatz der Fallstudien bei der Entwicklung anwendungsorientierten Wissens im Bereich Gründungs-management eine Hilfestellung zu bieten, wobei die Anwendungs-orientierung sich auf zahlreiche Dimensionen beziehen kann, die von der Schaffung bzw. Verbesserung des Problembewusstseins bis hin zum sozialen Lernen reichen kann.

Fallstudien sind ferner gut geeignet, das traditionell passive und „konsumorientierte" Lernverhalten zu überwinden. Der Einsatz von Fallstudien erfordert sowohl für den Lehrenden als auch für den Studierenden ein anderes Rollenverständnis. Fallstudien leisten insofern einen wesentlichen Beitrag, die Lerneffizienz beträchtlich zu steigern, da die Problem- und Anwendungsorientierung, die praktisch allen Falltypen immanent ist, aktives Tun erfordern.

Im wesentlichen können vier Falltypen unterschieden werden, die als case method (auch case study method), case problem method, incident method und stated problem method bezeichnet werden (Thom 1998, S. 5f.)

Die „case problem method" ist als Problemfindungsfall konzipiert. Sie basieren auf einer vereinfachten und damit eher knapp gehaltenen Situationsbeschreibung, wobei das Problem explizit benannt wird. Im Mittelpunkt steht die Problemanalyse und das Erkennen der verschiedenen Facetten eines Problems. Daran kann sich das Finden einer begründeten Entscheidung anschließen.

Bei der „case study method" handelt es sich um die typische Harvard-Methode; sie als Entscheidungsfall konzipiert. Ihr liegt die Darstellung einer möglichst konkreten Situation zugrunde und verlangt das Treffen einer Entscheidung durch den Fallstudien-bearbeiter, wobei das konkrete Problem nicht notwendigerweise offen dargelegt wird, sondern erkannt bzw. erschlossen werden muss. Im Mittelpunkt steht das Treffen einer begründeten Entscheidung im Rahmen mehrerer Alternativen, wobei in der Regel keine eindeutige Lösung des Entscheidungsproblems möglich ist.

Die „stated problem method" fokussiert neuerlich die Problemanalyse. Im Mittelpunkt steht jedoch weniger die der Entscheidungsfindung voranzugehende Problemanalyse, sondern vielmehr sollen bereits implementierte Lösungen bzw. Entscheidungen analysiert und kritisiert bzw. bewertet werden und darauf aufbauend bessere Lösungs-möglichkeiten entwickelt werden.

Bei der „incident method" handelt es sich um eine Fallstudienart, die konkrete Ereignisse bzw. Vorfälle aufgreift. Im Mittelpunkt steht deren Beschreibung, die auch lückenhaft sein kann. Es werden keine weiteren Informationen zum Fall zur Verfügung gestellt. Die BearbeiterInnen sind daher aufgefordert, auf der Basis einer Problemanalyse weitere Informationen zu beschaffen, die für einen Entscheidung erforderlich bzw. zweckmäßig sind.

Zielgruppen sind in erster Linie Studierende an Universitäten und Fachhochschulen, die über betriebswirtschaftliche Grundkenntnisse verfügen und sich für das Thema Unter-nehmensgründung interessieren. Damit sind nicht nur Studierende angesprochen, die Betriebswirtschaftslehre im Hauptfach studieren, sondern auch StudentInnen, die BWL als Wahlpflichtfach bzw. Wahlfach wählen und dabei mit Gründungsfragen in Berührung kommen. Insofern wendet sich dieses Buch auch an StudentInnen naturwissen-schaftlicher und technischer Studienrichtungen, aber ebenso an StudentInnen sozial-wissenschaftlicher Studienrichtungen.

Das Buch kann im Rahmen von Übungen verwendet werden, die eine Vorlesung vertiefend und anwendungsorientiert ergänzen sollen, sofern bereits betriebswirt-schaftliche Grundkenntnisse vorliegen. Aber auch ohne begleitende Vorlesung, sofern betriebswirtschaftliche Grundkenntnisse vorliegen, ist der Einsatz in Übungen oder Seminaren möglich.

Diesbezüglich ist darauf hinzuweisen, dass für alle LeiterInnen von Lehrveranstaltungen auch eine umfangreiche Lehrunterlage zu den einzelnen Fällen zur Verfügung steht.

Diese Unterlage kann bei den Herausgebern angefordert werden. Diese Lehrunterlage enthält umfangreiche Lösungshinweise und sollte damit die Vorbereitung erleichtern und den professionellen Einsatz der Fallstudien fördern.

3. Inhalte einer Entrepreneurship- bzw. Gründungsmanagement-Ausbildung[1]

3.1. Was ist Entrepreneurship bzw. Gründungsmanagement?

Der englischsprachige Begriffskern bezieht sich auf den „Entrepreneur", stellt also den Unternehmer als Person mit seinen vielfältigen Eigenschaften, Verhaltensweisen und Aufgaben in den Vordergrund: Wer ist ein Unternehmertyp, was ist Unternehmergeist, wie sieht die Unternehmerrolle aus? Im Deutschen klingt dagegen bei den entsprechend genutzten Begriffen wie Gründungsforschung oder Gründungs- und Frühentwicklungsmanagement der Lebensphasenansatz als eine Möglichkeit der genetischen Gliederung der Betriebswirtschaftslehre an. Diese Begriffsfindung verweist insbesondere auf die Aktivitäten des Unternehmers in den frühen Lebensphasen eines Unternehmens also der Vorgründungsphase, Gründungsphase und der Frühentwicklungsphase bzw. auf seine Existenzgründung. Die in der jeweiligen Literatur beider Sprachen behandelten Inhalte haben trotz unterschiedlicher Begriffsfindungen aber letztlich eine weitgehende Deckung, da die Gründung eines Unternehmens als eine der wichtigsten Kernaktivitäten des „entrepreneurs" begriffen wird[2]. Schon Schumpeter sprach bezogen auf den Unternehmer von demjenigen, der „neue Kombinationen realisiert, also vor allem, wenn er die Unternehmung gründet" und außerdem in diesem Zusammenhang von der Zerstörung der existierenden Ordnung durch neue Produkte und Dienstleistungen, neue Organisationsformen, neue Rohmaterialien bzw. insbesondere durch Neugründung[3]. Zum „Unternehmergeist" gehört die Hingabe an eine Idee, bis hin zur Obsession, die kalkulierte Risikoübernahme, die Toleranz gegenüber offenen Situationen und Unsicherheit, Kreativität und Innovation, die Motiviertheit durch Willen zum Lernen und zur Leistung.

Im Zentrum des Entrepreneurship-Ansatzes geht es demnach insbesondere um die Gründer und die Gründung neuer Unternehmen, um neue Faktorkombinationen, um Unternehmer, die durch Geschäftschancen (opportunities) getrieben auf eigenes Risiko handeln, also um visionäre, innovative, auf Wachstum orientierte Unternehmeraktivitäten.

---

[1] Der Punkt 3. geht als Auszug auf den Aufsatz in der BFuP von Klandt (1999) zurück.
[2] Vgl. z.B. *Bygrave, William D.*: The Entrepreneurial Process. In: *Bygrave, William D.* (Hrsg.): The Portable MBA in Entrepreneurship. New York - Chichester - Weinheim u.a., 2.Aufl. 1997, S.2: „everyone who starts a new business. Our entrepreneur is the person who percieves an opportunity and creates an organization to pursue it."
[3] *Schumpeter, Josef*: Theorie der wirtschaftlichen Entwicklung. Eine Untersuchung über Unternehmergewinn, Kapital, Kredit, Zins und Konjunkturzyklus. 6. Aufl., Berlin 1964 (1. Aufl. Leipzig 1912), S. 174.

3.2. Entrepreneurship versus traditionelle BWL

In der negativen Abgrenzung wird somit insbesondere von der Auseinandersetzung mit den Aufgaben des angestellten Managers im gereiften Großunternehmen Abstand genommen. Es wird also eine Gegenposition zum zentralen Leitbild der klassischen, akademischen Betriebswirtschaftslehre, die auf einer eher abstrakten Unternehmerfunktion basiert und eben auf gereifte, große Unternehmen und insbesondere globale Konzerne vom Zuschnitt bspw. Daimler Chrysler oder Siemens ausgerichtet ist, eingenommen. Große Teile dieser traditionellen Betriebswirtschaftslehre besitzen einen eher administrativen Charakter („business administration"). Sie zielt also vorzugsweise auf die Lösung wohlstrukturierter, möglichst quantifizierter Probleme, auf die Beherrschung von Routineaufgaben und auf die Kontrolle von Standardprozessen bzw. auf deren Optimierung. Es gibt eine deutliche Aufwands- bzw. Kostenlastigkeit im Rechnungswesen und eine Betonung der Retrospektive. Die betriebswirtschaftliche Lehre ist analytisch (nicht synthetisch) orientiert. Sie ist in der Darstellung meist in isolierte Spezialgebiete zersplittert, deren Vernetztheit in der Lehre wenig transparent wird.

Der Entrepreneurship-Ansatz ist aus Sicht der traditionellen betriebswirtschaftlichen Gliederungsansätze ein Querschnittsfach, das sich mit anderen betriebswirtschaftlichen Schwerpunktbildungen (z.B. nach Institutionen, nach Realprozessen oder Formalprozessen) vielfältig schneidet. Der Entrepreneurshipansatz besitzt dabei aber immer eine ganz spezifische Perspektive, nämlich die einer ganzheitlichen unternehmerischen Sicht, mit der Betonung des Kreativen, des Zukünftigen, der Ertragsseite, des Wachstums oder der Diskontinuitäten, und einen Handlungsschwerpunkt beim Management der frühen Lebensphasen. Dies bezieht sich meist auf kleinere bis mittlere Größenordnungen von Unternehmen. Für den Unternehmer ist es gerade in den Frühphasen seines Unternehmens typisch, daß er kontinuierlich sowohl hinsichtlich seines strategischen Denkens als auch seiner operativen Fähigkeiten gefordert ist. Sein Lösungsverhalten muß sowohl auf analytischen als auch intuitiven Problemlösungskompetenzen basieren. Mit letzteren werden Fähigkeiten verlangt, die nicht ohne weiteres durch eine klassische, akademische Lehre vermittelt werden können.

Im Gegensatz zur traditionellen BWL-Ausbildung für die Leitungs- und Spezialistenfunktionen der gereiften, großen Unternehmung mit einem Fokus auf die Administration und Optimierung von Routineprozessen, ist die Entrepreneurship-Ausbildung vorzugsweise auf das kreative Erkennen und Nutzen neuer Geschäftschancen im Sinne einer ganzheitlichen Unternehmerrolle in der jungen und wachstumsorientierten Eigentümerunternehmung ausgerichtet.

3.3. Teilgebiete des Entrepreneurship-Ansatzes und verwandte Ansätze

Die Beschäftigung mit der Planung einer Gründung, Übernahme oder Beteiligung auf der Basis eines integrierten Business Plan ist international gesehen der wichtigste Gegenstand von Entrepreneurship-Kursen. Dies beginnt typischerweise mit der Geschäftsideengenerierung (opportunity), geht weiter mit der Grobprüfung/Bewertung der Ideen (feasibility study) auf ihre Tragfähigkeit und mündet schließlich in der Ausarbeitung eines detaillierten Business Plan. Der Business Plan als Ergebnisdokument des Planungsprozesses ist eine alle relevanten Teilaspekte des Vorhabens integrierende Klammer; er umfaßt die verbale und die quantitative Darstellung der Unternehmer-kompetenz, des Grundkonzeptes, der Markt- und Standortanalyse, des Marketing-konzeptes, insbesondere der Markteintrittstrategien, des Leistungserstellungs-prozesses und gegebenenfalls der Schutzrechte, der Liquiditätsentwicklung und Finanzierung, der Erfolgs- und Zeitplanung, und belegt die zugrunde gelegten Fakten und Schätzwerte durch einen entsprechenden Anhang[1]. Im weiteren gehört dazu auch die Auseinandersetzung mit der sich entsprechend den Lebensphasen des Unternehmens[2] wandelnden Unternehmeraufgabe insbesondere in der Vorgründungs-, Gründungs- und Frühentwicklungsphase.

Neben dem Kernbereich lassen sich verschiedene Felder ausmachen, die in unterschied-lich engem oder weitem Verhältnis zum Zentrum des Entrepreneurship-Ansatz stehen. So gibt es unter anderem eine Nähe des Entrepreneurship-Ansatzes zum Bereich der klei-nen und mittleren Unternehmen[3] (KMU), da der überwiegende Teil der Unternehmens-gründungen in dieser Größenordnung beginnt und über längere Zeit oder schlußendlich dort verbleibt. Allerdings sind die unternehmerisch orientierten Gründungen eher darauf ausgerichtet, dieses Größenstadium durch schnelles Wachstum bald zu verlassen.

Viele Existenzgründungen und Gründungsunternehmen sind zumindest anfangs ohne die tätige und finanzielle Mithilfe von Familienangehörigen kaum denkbar, oft bleibt die Familie ein wichtiger Faktor. Daher ist das Thema der Familienunternehmen[4] (family business) bezüglich der Notwendigkeit der bewußten Balancierung der Interessen des „Systems Unternehmen" mit dem „System der Familie" im Entrepreneurship-Ansatz bedeutsam. Dies gilt speziell im Rahmen der Unternehmensnachfolge, die oft gleichermaßen familiäre wie unternehmensbezogene Probleme stellt. Hier schließt sich zum Teil der Bereich Merger and Acquisition[5] an, ein Gebiet, das insbesondere am Ende einer unternehmerischen Aktivität – in der Harvesting Phase[6] – neben anderen Ausstiegsszenarien (IPO etc.) von großem Interesse für den Entrepreneur ist.

Die Beschäftigung mit formellem Venture Capital[7] und mit Business Angels[8] - als wachstumsorientierter und betreuungsintensiver Vergabe von Wagnis- bzw. Eigenkapital - und der einschlägigen „Industrie" ist ein weiterer wichtiger Arbeitsbereich des betriebswirtschaftlichen Entrepreneurship-Ansatzes. Im Kontext der Innovations-orientiertheit der „entrepreneurial firm" ergibt sich eine Beziehung zur Innovations-

---

[1] Vgl. Klandt, Heinz: Gründungsmanagement: Der integrierte Unternehmensplan. R. Oldenbourg Verlag, München-Wien, 1999.
[2] Vgl. Pümpin, Cuno; Prange, Jürgen: Management der Unternehmensentwicklung. Phasengerechte Führung um Umgang mit Krisen. Frankfurt - New York, 1991.
[3] Vgl. Mugler, Josef: Betriebswirtschaftslehre der Klein- und Mittelbetriebe. Band 1. Springer Verlag, Wien-New York, 3. Aufl., 1998.
[4] Vgl. Ballarini, Klaus; Keese, Detlef: Die Struktur kleiner Familienunternehmen in Baden-Württemberg. Physica Verlag, Heidelberg,,1995.
[5] Vgl. Reed, Stanley Foster; Lajoux, Alexandra Reed: The Art of M&A: A Merger/Acquisition/Buyout Guide. McGraw-Hill, December 1998.
[6] Petty, William: Harvesting. In: Bygrave, William D. (Hrsg.) The Portable MBA in Entrepreneurship. New York York - Chichester - Weinheim u.a., 2.Aufl. 1997, S. 414-443.
[7] Vgl. Bygrave, William D.; Timmons, Jeffry A.: Venture Capital at the Crossroads. Harvard Business School Press. Boston 1992. Schefczyk, Michael: Erfolgsstrategien deutscher Venture Capital-Gesellschaften. Schäffer Verlag, Stuttgart, 1998.
[8] Vgl. Wetzel Jr., William E.: „Angels and Information Risk Capital", Sloan Management Review, Summer 1983, pp. 23-34.

forschung[1]. Die Perspektive des Entrepreneurship Ansatzes unterscheidet sich allerdings deutlich vom Technologie- und Innovationsmanagement in gereiften Großunternehmen[2]. In diesem Kontext ist auch die Beschäftigung mit technologieorientierten Unternehmen[2] für den Entrepreneurship-Ansatzes wichtig. Allerdings sollten die nicht-ingenieurwissenschaftlichen Innovationen (organisatorische Innovationen wie neue Distributionswege etc.) dabei nicht vergessen werden.

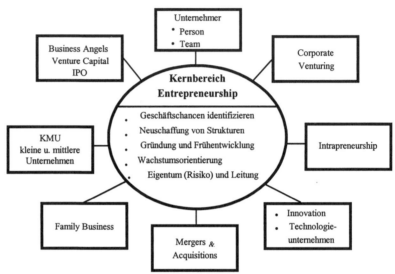

Abb. 1: Entrepreneurship: Kernbereich, Beispiele von Teilgebieten und benachbarten Feldern

Im zuvor Gesagten wurde besonders betont, daß die Sicht des unternehmerisch denkenden Eigentümergründers und seines neu gegründeten Unternehmens im Vordergrund des Entrepreneurship-Ansatzes steht. Mit den im allgemeinen auch in diesem Ansatz eingeschlossenen Bereichen Intrapreneurship und Corporate Venturing kommt allerdings eine ganz andere Perspektive hinzu.

Bei Corporate Venturing[3] handelt es sich um den Versuch gereifter mittelständischer und großer Unternehmen in Erkenntnis ihrer eigenen Schwächen und Nachteile, sich gewissermaßen Frischzellenimplantate durch den Aufbau junger dynamisch agierender Wachstumseinheiten zu verschaffen.

---

[1] Vgl. Hauschildt, Jürgen: Innovationsmanagement. Verlag Franz Vahlen, München, 1993.
[2] Vgl. Kulicke, Marianne: Chancen und Risiken junger Technologieunternehmen. Physica Verlag, Heidelberg, 1993.
[3] Vgl. Schween, Karsten: Corporate Venture Capital. Risikokapitalfinanzierung deutscher Industrieunternehmen. Th. Gabler Verlag, Wiesbaden, 1996.

Dies können externe Varianten wie Spin-off-Gründungen sein oder aber auch interne Ansätze (product champion, venture team, venture nurturing). Mit dem Begriff Intrapreneurship[1] ist in der Regel unternehmerisches Agieren im Rahmen der großen, gereiften Unternehmung durch angestellte Manager gemeint. Im Kontext von Intrapreneurship und Corporate Venturing spielen auch Überlegungen bezüglich Outsourcing, der Bildung kleiner selbstverantwortlicher Unternehmenseinheiten und zur Schaffung größerer Effizienz durch den Einsatz verteilter Intelligenz- und Entscheidungskompetenz eine große Rolle.

4. Die Fälle im Überblick

Im folgenden soll ein kurzer Aufriss der einzelnen in diesem Werk publizierten Fälle gegeben. Es wird jeweils ein Hinweis auf die verwendete Fallstudienmethodik und die inhaltliche Ausrichtung gegeben.

Der von den Autoren Manfred Lueger und Christian Korunka entwickelte Fall „Person und Team: Die soziale Dynamik des Entwicklungsprozesses eines alternativen Unternehmens" ist von der Art der Aufbereitung im Stil eines Case Method Falls entwickelt. Die Autoren befassen sich insbesondere mit den Persönlichkeitsaspekten der Gründungsakteure, mit den widersprüchlichen Erwartungen innerhalb dieser Gruppe bzw. mit Aspekten der Teamentwicklung. Mit besonderem Gewicht widmen die Autoren sich dem Teamentwicklungsprozess in verschiedenen Phasen der Unternehmensentwicklung. Die Autoren betrachten diese erfolgreiche Teamgründung zu einem Zeitpunkt, wo das Unternehmen bereits mehrere Jahre hinweg bestand. Im Hinblick auf die gewählte Branche haben wir es hier mit einem Unternehmen zu tun, das den naturnahen Gartenbau und insbesondere den Bau von Swimmingteichen als zentrales Geschäftsfeld fokussiert. Eine Besonderheit des Falles ist, dass dieses Unternehmen mit einem Anspruch auf Selbstverwaltung gegründet wurde.

In der Fallstudie „Minisol" der Solboot GmbH in Gründung von Harald Rüggeberg haben wir es mit einer Fallstudie im Stil der Stated Problem Method/Case Method zu tun. Im Zentrum der Fallstudie steht die Markteintrittsentscheidung einer Technologiegründung in einen jungen Markt. Daher haben die Abschätzung des Marktpotentials sowie Überlegungen bezogen auf alternative Märkte hin einen besonderen Stellenwert in dieser Fallstudie. Branchenbezogen geht es um ein neuartiges Solarboot und dessen Entwicklung, Produktion und Vertrieb. Grundsätzlich soll entschieden werden, ob die vier Teammitglieder als Wassersportinteressierte und ausgebildete Ingenieure des Maschinenbaus bzw. der Elektrotechnik ein solches Unternehmen überhaupt gründen sollen und wollen.

Die folgende Fallstudie von Helmut Pernsteiner und Eva Traunmüller „Finanzierung und Förderungen - Unternehmensgründung von Fritz Wiff" ist im Stil einer Case Problem

---

[1] Vgl. Bitzer, Marc R.: Intrapreneurship, Unternehmertum in der Unternehmung. Schäffer Verlag, Stuttgart, 1991.

Method Fallstudie aufgebaut. Es geht um die Grundproblematik der Finanzierung in der Gründungssituation, insbesondere um Investitions- und Finanzierungsalternativen. Auch die Berücksichtigung der damit verbundenen steuerlichen Problematik ist Gegenstand des Falles. Bei dem projektierten Gründungsvorhaben handelt es sich um eine Feng-shui Einrichtungsberatung mit der Perspektive, im weiteren Verlauf das Unternehmen auch für die Produktion von diversen Kleinmöbeln und Wohnaccessoires auszubauen.

Michael Schefczyk und Frank Pankotsch beschäftigen sich in ihrer Fallstudie "Geschäftsfeldstrategie und Finanzierung der Midlight Laser AG", die im Stil einer Incident Method Fallstudie dargestellt wird, mit strategsichen Fragen und insbesondere mit der Geschäftsstrategie und Finanzierung eines Technologie-Gründungs-unternehmens. Vor allem geht es darum, bzgl. der möglichen Vielzahl von Finanzierungsformen für das besagte Unternehmen eine angemessene Auswahl zu treffen und die Auswirkungen der gewählten Finanzierungsformen oder der möglichen Finanzierungsformen auf GuV-Rechnung und Bilanz sowie an Hand von Rand-bedingungen die Sinnhaftigkeit des Einsatz von Venture Capital zu prüfen. Das besagte Gründungsunternehmen ist im Bereich der Medizintechnik zu platzieren und soll Lasersysteme zur Optimierung medizinischer Anwendungsverfahren entwickeln, fertigen und vertreiben. Eine Fokussierung ist auf den Bereich der Ophtalmologie, also der Lehre von den Augenkrankheiten geplant. Möglicherweise soll später eine Ausweitung auf den Bereich der Dermatologie erfolgen. Es ist ein weltweit tätiges Unternehmen mit Schwer-punkt in Europa, Nordamerika, Lateinamerika, Südkorea, Taiwan und Japan projektiert.

Erich Schwarz und Eva Grieshuber erstellen ihren Fall „Ecocomfort" im Stil einer Fallstudie Typ „stated problem method", d.h. der Schwerpunkt der Aufgabe liegt vorzugsweise in der Kritik der vorgegebenen Lösung und der Suche nach alternativen Vorschlägen. Die Entwicklung eines Business Plans wird als ein Instrument der strategischen Unternehmensplanung einer innovativen Unternehmensgründung thema-tisiert. Die Bedeutung von Business Plans und dessen Erstellungsprozesses durch den Unternehmensgründer sowie das Erkennen erfolgskritischer Bereiche, die von den Autoren dem Unternehmensumfeld, den unternehmensinternen Bereichen und der wechselseitigen Interdependenzen zwischen diesen zugeordnet werden, sind zentraler Gegenstand dieser Fallstudie. Die Falldarstellung besteht vorzugsweise in einem Ausschnitt eines Business Plans des Unternehmens Ecomfort, das sich mit der Entwicklung, Produktion und Vertrieb von vollautomatischen Biomasseheizungsanlagen als Geschäftszweck auseinandersetzt.

Auch der von Jan Häupler und Adolf Stepan beschriebene Fall der Femtolasers GmbH präsentiert sich in Form eines Business Plans. Die Intention der Autoren, dieses im Stil eines Stated Problem Method Typs aufgebauten Falles ist es, den Aufbau von Business Plänen speziell für technologieorientierte Gründungen aufzuzeigen und sich mit den Besonderheiten innovativer Gründungen auseinander zu setzen. Des weiteren werden speziell zielgruppenorientierte Marktanalysen und Aspekte der Preisstrategien und der Preisgestaltung behandelt. Das fokussierte Unternehmen basiert auf Forschungsarbeiten der Abteilung Lasertechnik und Quantenelektronik an der Technischen Universität Wien. Es entwickelt, fertigt und verkauft Systeme zur Erzeugung ultrakurzer Laserimpulse. Insbesondere geht es um drei Produktgruppen: Oszillatoren, Verstärker sowie Autokorrelatoren zur Visualisierung.

Peter Rasenberger berichtet in der Fallart „stated problem method" über die Compartner AG aus der Sicht eines der beiden aktiven Unternehmensgründer. Diese Fallstudie macht deutlich, dass eine Gründungsidee oder das Erkennen einer Geschäftschance durchaus nicht immer mit einer bestimmten Produkt- oder Dienstleistungsidee verbunden sein und als Ausgangpunkt keineswegs Klarheit über die angezielten Märkte, Produkte sowie die vorhandenen Kernkompetenzen bestehen muss. Grundlage dieses Gründungsfalls war, dass besondere Gegebenheiten im unternehmerischen Umfeld, d. h. speziell hier das Frühpensionierungsprogramm von IBM Deutschland, eine größere Gruppe besonders qualifizierter Fach- und Führungskräfte verfügbar machte. Das beschriebene Unternehmen konzentriert sich insbesondere auf die informationstechnologiebezogene Beratung und damit verbundenen sonstigen Dienstleistungen. Ein weiterer Fokus der Fallstudie ist die spezifische Organisationsstruktur des Gründungsunternehmens.

Hans H. Hinterhuber, Kurt Matzler und Harald Pechlaner stellen das Fallbeispiel der Firma Doktor Scheer GmbH in Form eines Case Method Falles dar. Ausgangspunkt dieser Fallstudie sind die wechselnden Anforderungen an den Unternehmer in den verschiedenen Lebensphasen eines Unternehmens. Die Autoren arbeiten insbesondere heraus, dass in bestimmten Unternehmenssituationen insbesondere unternehmerische Entscheidungen gefordert sind, die über klassische Vorstellungen des strategischen Management hinausgehen und Unternehmertum und Leadership erfordern. Das besagte Unternehmen konzentriert sich auf glutenfreie Nahrungsprodukte für Menschen, die eine Intoleranz gegenüber Gluten, also Proteine in Getreidesorten, wie Weizen, Roggen, Gerste und Hafen, haben. Produkte sind z.B. Mehlbrot, Brotersatz, Kekse, Snacks, Kuchen sowie Pasta, die über Apotheken, Drogerien etc.; die von diesem Unternehmen produziert und auf den europäischem Markt vertrieben werden.

Das Fallbeispiel der August Kreinz GmbH & Co KG, das von den Autoren Alexander T. Nikolai und Heiko Hilse im Typ einer Case Problem Method vorgestellt wird, beschäftigt sich mit der Strategieentwicklung und Aspekten der Nachfolge in einem Familienunternehmen. Es sollen insbesondere die aktuelle Situation der Branche sowie des betroffenen Unternehmens eingeschätzt werden und mögliche Zukunftsoptionen für das Unternehmen benannt werden. Des weiteren soll auch eine latente Nachfolgeproblematik diskutiert werden. Das Produktionsprogramm des Unternehmens besteht aus Faltschachteln und anderen Verpackungen aus Vollpappe, Waren tragenden Displays und Verpackungen aus veredelter Wellpappe.

In der Falldarstellung von Michael Keller, die in der Fallart Case Problem Method aufgebaut ist, geht es um das Thema Nachfolgeregelung bzw. Merger und Acquisition im mittelständischen Bereich. Damit ist die letzte Phase in einem Unternehmerleben angesprochen und die damit verbundene Problematik des Übergangs der Unternehmeraufgabe im familiären Bereich oder darüber hinaus. Der betroffene Unternehmer ist 58 Jahre und beschäftigt in seinem Unternehmen 100 Mitarbeiter mit der Fertigung von Fördersystemen und komplementären Dienstleistungen bei einer Umsatzgröße von 150 Mio. DM. Es werden Lösungsvarianten einer familieninternen Nachfolge, der Errichtung einer Stiftung, der Liquidation des Unternehmens und schlussendlich des Unternehmensverkaufs an Dritte (M & A) vorgestellt.

5. Literaturverzeichnis

Ballarini, Klaus; Keese, Detlef (1995): Die Struktur kleiner Familienunternehmen in Baden-Würtemberg. Physica Verlag, Heidelberg

Bechard, J.P./Toulouse, J.M. (1991): Entrepreneurship and education: Viewpoint from education, in: Journal of Small Business and Entrepreneurship, vol. 9, no 1, pp. 3-14

Bitzer, Marc R. (1991): Intrapreneurship, Unternehmertum in der Unternehmung. Schäffer Verlag, Stuttgart

Bygrave, William D. (1997): The Entrepreneurial Process. In: Bygrave, William D. (Hrsg.): The Portable MBA in Entrepreneurship. New York - Chichester - Weinheim u.a., 2. Aufl.

Bygrave, William D.; Timmons, Jeffry A. (1992): Venture Capital at the Crossroads. Harvard Business School Press. Boston

Döring, V. (2001): Verbesserung der Motivation und Wissensvermittlung zur Selbständigkeit, Frankfurt/Main

Grüner, H.(1993): Entrepreneurial Learning – Ist eine Ausbildung zum Unternehmertum möglich?, in: Zeitschrift für Berufs- und Wirtschaftspädagogik, Heft 5, S. 485-509

Gudjons, H. (1997): Handlungsorientierter Unterricht: Begriffskürzel mit Theoriedefizit, in: Pädagogik, Heft 1, S. 6-8

Hauschildt, Jürgen (1993): Innovationsmanagement. Verlag Franz Vahlen, München,

Kaiser, F.J./Kaminski, H. (1994): Methodik des Ökonomieunterrichts: Grundlagen eines handlungsorientierten Lernkonzepts mit Fallbeispielen. Bad Heilbrunn

Klandt, Heinz; Heil, Heinrike (2001): FGF-Report: Gründungslehrstühle 2001, Arbeitsbericht des Förderkreis Gründungsforschung e.V.

Klandt, Heinz (1999): Gründungsmanagement: Der integrierte Unternehmensplan. R. Oldenbourg Verlag, München-Wien

Klandt, Heinz (1999): Entrepreneurship: Unternehmerausbildung an deutschen Hochschulen, Beitrag im BfuP, Heft 3, S. 241-255

Kulicke, Marianne (1993): Chancen und Risiken junger Technologieunternehmen. Physica Verlag, Heidelberg

Mugler, Josef (1998): Betriebswirtschaftslehre der Klein- und Mittelbetriebe. Band 1. Springer Verlag, Wien - New York, 3. Aufl.

Petty, William (1997): Harvesting. In: Bygrave, William D. (Hrsg.) The Portable MBA in Entrepreneurship. New York York - Chichester - Weinheim u.a., 2.Aufl., S. 414-443

Pümpin, Cuno; Prange, Jürgen (1991): Management der Unternehmensentwicklung. Phasengerechte Führung im Umgang mit Krisen. Frankfurt - New York

Reed, Stanley Foster; Lajoux, Alexandra Reed (1998): The Art of M&A: A Merger/Acquisition/Buyout Guide. McGraw-Hill

Ripsas, S. (1998): Elemente der Entrepreneurship Education, in: Faltin, G./Ripsas, S./Zimmer, J. (Hg.): Entrepreneurship: Wie aus Ideen Unternehmen werden, München, S. 217-233

Schefczyk, Michael (1998): Erfolgsstrategien deutscher Venture Capital-Gesellschaften. Schäffer Verlag, Stuttgart

Schumpeter, Josef (1964): Theorie der wirtschaftlichen Entwicklung. Eine Untersuchung über Unternehmergewinn, Kapital, Kredit, Zins und Konjunkturzyklus. 6. Aufl., Berlin (1. Auflage 1912)

Schween, Karsten (1996): Corporate Venture Capital. Risikokapitalfinanzierung deutscher Industrieunternehmen. Th. Gabler Verlag, Wiesbaden

Wetzel Jr., William E. (1983): „Angels and Information Risk Capital", Sloan Management Review, pp. 23-34.

Person und Team -
Die soziale Dynamik des Entwicklungsprozesses eines alternativen Unternehmens

Manfred Lueger und *Christian Korunka*

1. Lehrziele und Fragen 19

2. Einführung 19

3. Der Fall im Überblick 20

    3.1   Der Beginn 20

    3.2   Sechs Jahre später 20

4. Falldarstellung 21

    4.1   Die Vorgründungsphase: Von der Gründungsidee zur Umsetzungs-
           vorbereitung 21

    4.2   Die erste Nachgründungsphase: die Ausbildung einer inneren Ordnung ... 25

    4.3   Diskussion des bisherigen Verlaufes 28

5. Veränderungsprozesse zur Stabilisierung des Unternehmens:
   die Konfliktphase 28

    5.1   Diskussion des bisherigen Verlaufes 34

6. Der Prozeß der Professionalisierung 35

    6.1   Diskussion des bisherigen Verlaufes 39

7. Literaturhinweise 41

1. Lehrziele/Fragen

Der Fall soll zeigen, welche Bedeutung persönliche und gruppendynamische Faktoren in der Unternehmensentwicklung haben. Für das genauere Verständnis des Falle lassen sich Fragestellungen auf drei Ebenen ableiten:

a) Ebene der Person: Welche Bedeutung für die Unternehmensentwicklung haben die Persönlichkeitsaspekte bei den in der Fallstudie genannten Akteure?

b) Ebene der Rollenstruktur: Welche Bedeutung haben widersprüchliche Erwartungen an die einzelnen Positionen im Unternehmen (Rollenkonflikte)?

c) Ebene der Teamentwicklung: Woran sind in diesem Fall die einzelnen Phasen eines Teamentwicklungsprozesses erkennbar?

Versuchen Sie, den Stellenwert von Merkmalen der Person, von Rollen und von Teamentwicklungsprozessen für die Entwicklung und für den Erfolg des vorgestellten Unternehmens zu beurteilen.

2. Einführung

Untersucht man den Gründungs- und Entwicklungsprozeß eines Unternehmens, so spielen immer auch zwei Gruppen von Faktoren eine Rolle: personenbezogene Faktoren (Persönlichkeit der GründerInnen bzw. UnternehmerInnen) und soziale Faktoren (spezifische Gestaltung der Beziehungen im Unternehmensprozeß). Die folgende Darstellung einer Teamgründung konzentriert sich vorrangig auf diese beiden Komponenten, um das Spannungsfeld zwischen Person und Team sowie die gruppen-dynamischen Faktoren im Gründungsprozeß zu verdeutlichen.

Der ausgewählte Fall erweist sich diesbezüglich aus drei Gründen als besonders instruktiv:

a) Es handelt sich um eine erfolgreiche Teamgründung (gemessen anhand der Entwick-lung der Mitarbeiterzahl).

b) Zum Zeitpunkt der Analyse bestand das Unternehmen bereits mehrere Jahre (was eine Beschreibung des Entwicklungsprozesses bis zur Stabilisierung am Markt erlaubt).

c) Es wurde mit dem Anspruch auf Selbstverwaltung gegründet (was besonders hohe Anforderungen an die Teamkoordination stellt).

Diese Bedingungen machen eine *hohe Veränderungsintensität wahrscheinlich*, weil die Teamarbeit mit einem Anspruch auf Gleichheit aller Mitglieder nicht nur eine Abstimmung zwischen verschiedenen Persönlichkeiten, sondern auch ein gemeinsames Basisverständnis über die Arbeitsorganisation erfordert. Die Entstehung sozialer Ordnungsvorstellungen wird zusätzlich erschwert, wenn diese - wie im Fall einer

Selbstverwaltung – *in einem Team ausgehandelt* werden müssen. Gerade der ökonomische Erfolg und die Zunahme der Zahl der MitarbeiterInnen benötigt folglich auf sozialer Ebene *ausgeklügelte Bewältigungsstrategien*, um die Arbeitsfähigkeit des Unternehmens sicherzustellen.

3. Der Fall im Überblick

3.1 Der Beginn

Fünf Personen gründen ein Unternehmen, das sich dem naturnahen Gartenbau als Geschäftsfeld widmet. Dementsprechend ist das zentrale Anliegen eine ökologie-orientierte Form des Wirtschaftens umzusetzen, wobei Swimmingteiche das Hauptprodukt sind. Das Unternehmen grenzt sich auf zwei Arten von anderen Unternehmen ab: durch die Ablehnung konventioneller Formen des Gartenbaus durch die spezifische Produktgestaltung; durch alternative Wertvorstellungen, die in einer am Prinzip der Gleichheit orientierten Organisationsform auf Selbstverwaltungsbasis ihren Ausdruck findet.

Unternehmensgegenstand und Organisationsform verkörpern das prägende Element dieser Gründung, nämlich konsequent an ökologischen Gesichtspunkten ausgerichtetes Wirtschaften in einer naturverbundenen und hierarchiefreien Gemeinschaft, in der alle Beteiligten ihre Bedürfnisse einbringen können. Als Ausdruck sozialer Gleichheit entscheiden sich die Gründungsmitglieder für die Anwendung des Rotationsprinzips. Auch das angepeilte Marktsegment entspricht dieser Grundtendenz: ökologiebewusste Menschen mit „alternativen" Wertvorstellungen, denen aufgrund ihrer vergleichsweise geringen Kaufkraft Unterstützung zum „Selberbauen" angeboten wird.

3.2 Sechs Jahre später

Das Unternehmen hat 22 Mitarbeiter, vier davon sind Eigentümer. Das Unternehmen ist stark hierarchisiert: Nicht nur der geschäftsführende Gesellschafter hat eine generelle Vorrangstellung, auch jeder Baustellentrupp, der aus drei bis vier Mitarbeitern besteht, verfügt über einen Baustellenleiter und -stellvertreter. Das Unternehmen praktiziert eine Spezialisierung mit den Bereichen Akquisition, Projektplanung und -kontrolle, Administration und Einkauf, Swimming-Teiche und Gärtnerei. Das ökologische Anliegen ist verhandlungsfähig geworden. Dem Kunden wird umfangreiche kompetente Beratung angeboten; strikt gehandhabte ökologische Entscheidungskriterien sind durch die Erstellung einer „Öko-Bilanz" ersetzt; beides soll dem Kunden ermöglichen, die Letztentscheidung möglichst selbständig zu treffen. Hauptzielgruppe sind kaufkräftige Kunden, die an fertigen „Vollprodukten" interessiert sind. In Diskussion steht die Gründung von Zweigstellen des Unternehmens in anderen Bundesländern in Österreich sowie in Deutschland.

Zwischen diesen beiden Zeitabschnitten verbirgt sich ein *komplexer sozialer Entwicklungsprozeß*. Dieser Entwicklungsprozeß läßt sich nur verstehen, wenn man den *sozialen Kontext* betrachtet, aus dem sich das neue Unternehmen ausdifferenziert und weiterentwickelt, indem man die *Intentionen* der in die Gründung involvierten Personen, die *Verkettung von Handlungssequenzen*, die Ausbildung einer eigenen *Sichtweise von Organisation* berücksichtigt. In diesem Sinne wird in den nächsten Abschnitten gezeigt, wie das Unternehmen seine typischen Charakteristika der Organisierung herausbildet und welche Rolle dabei die *Persönlichkeit und das Zusammenspiel in einem Team* hat.

4. Falldarstellung

4.1 Die Vorgründungsphase: Von der Gründungsidee zur Umsetzungsvorbereitung

Im vorliegenden Fall geht die Gründungsidee auf eine Person (*Initiator*) zurück und war durch spezifische Rahmenbedingungen mitbeeinflusst: Die Eltern des Initiators besaßen einen Gartenbaubetrieb, in dem er sich branchenspezifisches Wissen und praktische Kompetenzen aneignen konnte. Diese Erfahrungen stärkten sein Interesse am naturnahen Gartenbau als sinnvolle Möglichkeit der Umsetzung ökologisch fundierter Ideen. Jedoch ergaben sich aufgrund der Art des konventionell geführten elterlichen Unternehmens Einschränkungen bei der Umsetzung ökologischer Vorstellungen. Dies motivierte den Initiator zunächst zur Aufnahme eines facheinschlägigen Studiums (Landschaftsökologie). Der Initiator beendete dieses Studium mit hohem Engagement in der Mindeststudienzeit; im Rahmen des Studiums entwickelte er auch die Produktidee. Die eigene Erfahrung mangelnder Durchsetzbarkeit von Innovationen führte ihn zum Gedanken, einen solchen Betrieb partizipativ zu betreiben, um das Ideenreservoir der Mitglieder adäquat zu nutzen.

Die genannten Faktoren bewirkten zwar den Wunsch der Loslösung vom elterlichen Unternehmen, begrenzten aber gleichzeitig den Spielraum möglicher Handlungsoptionen. Eine erfolgreiche berufliche (und familiäre) Emanzipation des Initiators eröffnete folgende Optionen:

a) Die Abwendung vom ursprünglichen Arbeitsgebiet (Widerspruch zum fachlichen Interesse am naturnahen Gartenbau und ein hoher Einarbeitungsaufwand bei einem neuen Tätigkeitsbereich).

b) Ein Wechsel in ein Arbeitsverhältnis in einem ökologieorientierten Unternehmen innerhalb der Branche (Widerspruch zur eigenverantwortlichen Tätigkeit; aufgrund dem Interesse an einer partizipativen Organisationsform extreme Beschränkung der Wahlmöglichkeiten).

c) Die Gründung eines Unternehmens, um eigenen Vorstellungen zum naturnahen Gartenbau und einer besonderen Organisationsweise realisieren zu können.

Die letzte Option war für den Initiator aus mehreren Gründen am *attraktivsten*, weil:

die Umsetzung eigener Ideen ist im eigenen Unternehmen am leichtesten möglich ist.

aus der Abkehr von traditionellen Produkten des Gartenbaus eine fachliche Abgrenzung zum elterlichen Unternehmen resultiert, die zugleich ein direktes Konkurrenzverhältnis vermeiden hilft;

dadurch der familiäre Zusammenhalt trotz Abgrenzung nicht grundsätzlich gefährdet wird;

damit ein Kooperationspotential mit dem elterlichen Unternehmen bestehen bleibt, was gleichzeitig das unternehmerische Risiko in der Anfangsphase reduzieren kann;

ein eigenes Unternehmen darüber hinaus ein demonstrativer Ausdruck der Emanzipation von elterlich auferlegten Beschränkungen ist;

mit dem Erfolg des eigenen Unternehmens man sich und den Eltern nicht nur die eigene Leistungsfähigkeit, sondern auch das wirtschaftliche Potential der eigenen Ideen beweisen kann;

der Unternehmenserfolg demonstriert auch, dass man für die eigene Leistung selbst verantwortlich ist.

Dies alles führte also zur Idee, das *Risiko* auf sich zu nehmen, um in *eigenverantwortlicher Arbeit* neue, ökologisch orientierte Produkte zu entwickeln und in Abgrenzung zum hierarchisch geführten elterlichen Betrieb eine alternative Form der Organisierung zu etablieren. Die fachliche Abgrenzung vollzog der Initiator für sich in der Idee, naturnahen Gartenbau mit dem Bau von Swimmingteichen als zentrales Produkt zu betreiben. Diese *Produktidee* beinhaltet eine Abkehr von traditionellen Produkten und eine naturnahe Arbeitsweise. Die Herstellung komplexer Produkte (wie sie die Swimmingteiche sind) erfordert nicht nur eine hohe Fachkompetenz, sondern auch eine Kooperation mit anderen Personen. Eine gleichberechtigte Teamgründung mit Partnern, die sich für die ursprüngliche Idee begeistern, sollte die soziale Abgrenzung vom traditionell geführten elterlichen Betrieb gewährleisten.

Die aus dem Aufgabenumfang der Produktidee resultierende Mehrpersonengründung deutet auf das erste Kernproblem des geplanten Unternehmens, nämlich *geeignete Gründungspartner* zu finden. Dafür lassen sich spezifischen Rahmenbedingungen angeben, die im vorliegenden Fall Bedeutung erlangten: die Wahl der Gründungspartner muss:

aus einem verläßlichen Personenkreis erfolgen, der

Fachkompetenz und Interesse für das Produkt aufweist und

keine hohen finanziellen Ansprüche stellt, um

den ökonomischen Erfolgsdruck abzufedern.

Aufgrund der früheren Tätigkeiten und des Ausbildungswegs des Initiators boten sich zwei Alternativen an:

a) branchenerfahrene Arbeitskräfte, die jedoch in der Regel über wenig Erfahrung im naturnahen Gartenbau verfügen, sich kaum auf ein unsicheres Arbeitsverhältnis einlassen;

b) das Studienumfeld des Initiators, das die Kooperation mit Freunden ohne hohe finanzielle Ansprüche ermöglicht.

Tatsächlich bildete der Initiator ein Team von fünf Gründungsmitgliedern, die mit einer Ausnahme dem studentischen Umfeld entstammten und die unterschiedliche Motive mit der Gründung verbanden:

Für den *Initiator* stand die Umsetzung seiner ursprünglichen Vorstellung als Loslösung vom elterlichen Betrieb im Zentrum. Obwohl er der Überzeugung war, diesen Schritt mit der nötigen Konsequenz vollziehen zu können, benötigte er die Unterstützung anderer Teammitglieder (auch um das Jungunternehmen finanziell zu entlasten). Der Initiator war zu diesem Zeitpunkt 30 Jahre alt, hat mehrere Jahre im traditionell geführten elterlichen Betrieb mitgearbeitet, interessierte sich für alternativen Gartenbau, studierte Landschaftsökologie im zweiten Studienabschnitt und sah den Zeitpunkt für eine Veränderung seines Lebens gekommen. Er verfügte daher über theoretisches Wissen, über betriebswirtschaftliche Erfahrungen in der Branche und war aber bereit, das Risiko eines Unternehmens auf sich zu nehmen, zumal sich dieses aufgrund der Kontakte zum elterlichen Betrieb begrenzen ließ.

Eine weitere *Person mit mehrjährige Branchenerfahrung*, wollte über die Mitwirkung am gemeinsamen Unternehmen die eigene Position verbessern und interessierte sich persönlich für ökologisch orientiertes Wirtschaften. Dieses Mitglied war zu diesem Zeitpunkt 32 Jahre alt und bereits seit mehreren Jahren (ohne Kind) verheiratet. In diesem Fall waren die persönliche Bekanntschaft zum Initiator, die Möglichkeit zur Eigenständigkeit, die Unzufriedenheit mit seinen momentanen Arbeitsbedingungen sowie die langfristig bessere Verdienstmöglichkeit im Rahmen eines eigenen Unternehmens wichtige Bezugspunkte für die Entscheidung über den Beitritt zum Team. Der Schritt erforderte, eine relativ sichere Beschäftigung zugunsten einer ökonomisch ungewissen Zukunft aufzugeben.

Drei Teammitglieder aus dem studentischen Milieu im Alter zwischen 21 und 24 Jahren wiederum sahen die Möglichkeit, theoretisches Wissen praktisch umzusetzen und gleichzeitig damit Geld zu verdienen. Sie studierten Landwirtschaftsökologie im zweiten Studienabschnitt und trafen mit dem Initiator in gemeinsam absolvierten Lehrveranstaltungen zusammen, in welchen sie sich fachlich und persönlich näher kamen. Generell bietet das Studium aufgrund der Möglichkeit der freien Zeiteinteilung eine gute Kombinierbarkeit mit beruflichen Aktivitäten. Im vorliegenden Fall fördert die Mitwirkung am neuen Unternehmen die praktischen Fertigkeiten der an der Universität besuchten Studienrichtung. Für diese Gruppe war entscheidend, daß die geplante Gründung den Weg in die soziale Unabhängigkeit vom Elternhaus nur mit einem geringen eigenen finanziellen Risiko belastete und zugleich keine finanzielle Abhängigkeit vom neugegründeten Unternehmen aufgebaut wurde. Die Verbindungen und praktischen Erfahrungen des Initiators und der branchenerfahrenen Person boten dafür die Sicherheit. Trotz mangelnder eigener beruflicher Erfahrung brachten sie theoretisches Wissen, Engagement und ein flexibles Arbeitspotential in das Unternehmen. Für sie war auch die gleichberechtigte Teilnahme an einem gemeinsam mit Freunden geführten Unternehmen, sowie der Übergang vom studentischen Leben in eine selbstbestimmte Form von Berufstätigkeit attraktiv. Das Unternehmen bot solcherart die Möglichkeit, studentische Lebensformen in das Arbeitsleben zu übertragen, ohne sich notwendig auf Dauer zu binden – die Arbeit hatte zumindest in der Anfangsphase eher den Charakter einer Nebenbeschäftigung.

Der Zusammenschluß erfolgte über private Kontakte, in deren Zentrum der Initiator stand. Den sozialen Kitt schuf eine Reihe gemeinsamer Interessen (z.B. alternativen Gartenbau und dem Interesse an einer alternativen Betriebsstruktur). Die freundschaftlichen Beziehungen unter Studienkollegen kommen darüber hinaus einer gleichberechtigten Organisationsformen entgegen. Die Entwicklung der Unternehmensidee erfolgte in zahlreichen gemeinsamen Besprechungen. Vorgeschlagen und angekurbelt wurde die konkrete Produktidee (die Swimmingteiche) letztlich stark vom Initiator, der aber die Vorschläge seiner Partner umfassend berücksichtigte. Letztlich erleichterten mehrere Faktoren den Schritt von der Idee zur Gründung:

Ressourcenunterstützung: Die Umsetzung einer solchen Idee macht eine wirtschaftliche Basisausstattung (Grundstück, Geräte, Büroausstattung etc.) und im Zuge dessen entsprechende finanzielle Mittel erforderlich. In Hinblick auf die Basisausstattung des in Gründung befindlichen Gartenbaubetriebs fungierte elterliche Betrieb des Initiators als Inkubatorbetrieb. Dieser stellte Raum und Geräte zur Nutzung bereit und übernahm in der Anfangsphase weitgehend auch die buchhalterische Abwicklung. Dies war nur möglich, weil aufgrund der unterschiedlichen Produktideen der Betrieb in keine Konkurrenzsituation zum elterlichen Betrieb geriet. Eine finanzielle Förderung als selbstverwalteter Betrieb bot dem Betrieb einen zusätzlichen Anreiz zur Entwicklung der Selbstverwaltungsidee. Der Gründungsakt wurde darüber hinaus durch einen ersten großen Auftrag erleichtert, der eine zusätzliche ökonomische Absicherung in der Anlaufphase des Jungunternehmens versprach.

Entwicklung des Kollektivs: Ein wesentlicher Schritt zu einem gemeinsamen Engagement stellt die gemeinsame Identität als Gruppe bzw. als Betrieb dar. Die Herausbildung dieser Identität wurde durch die gemeinsame Entwicklung der zentralen Produktidee der Firma, dem Swimmingteich, gefördert. Dieses Produkt entspricht vielen Ansprüchen des Betriebs: Als Teich verkörpert er den Naturschutz- und Ökologiegedanken; er ist ein komplexes Produkt, das vielfältige Kompetenzen und gemeinsame Arbeit erfordert; das ökologische Gedankengut befindet sich in Einklang mit der sozialen Vorstellung, ohne Hierarchie in Gemeinschaft zu kooperieren. Arbeit war nach dieser Anschauung nicht nur gemeinsame Leistungserbringung, die sich wirtschaftlichen Anforderungen unterwarf, sondern vor allem ein soziales kollektives Ereignis, an dem alle über die Arbeitserfordernisse hinaus teilnehmen konnten. Das Team schafft sich seine eigene Arbeitsordnung, in der man keiner formalen Instanz verpflichtet ist, sondern alle wichtigen Entscheidungen selbst gestaltet und auch gemeinsam die Konsequenzen trägt. Die Gleichheitsvorstellung und die formale Struktur des Betriebs unterstützt die Entwicklung des Kollektivs, das sich gemeinsam beruflich profilieren kann. Diese Möglichkeit für Mitarbeiter aus dem studentischen Milieu erbringt gleichzeitig eine Leistung für die Entwicklung einer persönlichen Identität der Beteiligten.

Gründungsberatung: Neben der finanziellen Förderung nahm der Betrieb eine Hilfestellung durch eine Gründungsberatung (durch die Förderungsstelle) in Anspruch. Diese Beratung hatte den Zweck, Hilfestellungen und Informationen zu geben. Das gab dem Team in der unsicheren Anfangsphase einen gewissen Halt gab und es bestärkte, aufgrund der besonderen Marktchancen die Gründung rasch zu vollziehen. Darüber hinaus förderte sie die rechtliche Konstruktion als selbstverwalteter Betrieb.

Die Werthaltungen des „alternativen" studentischen Milieus, aus dem sich das Team hauptsächlich herausbildete, begünstigte eine *Kooperationsform formaler Gleichheit*. Dies bedeutete einen *Verzicht auf Positionsunterschiede*, wobei alle Teammitglieder *gleiche Erwartungen erfüllen* müssen. Was jedes einzelne Teammitglied von sich selbst erwartet, kann es daher immer auch von anderen erwarten. Der Initiator behielt allerdings eine herausgehobene Stellung, da er neben seinen praktischen Erfahrungen die Gründungsidee einbrachte und Zugriffsmöglichkeiten auf die Ressourcen des elterlichen Unternehmens (Standortnähe) hatte. Wiewohl er formal gleichgestellt war, hingen die übrigen Teammitglieder in hohem Maße von seinen Kompetenzen und Beziehungen zu Lieferanten und Kunden ab. Auch dem zweiten branchenerfahrenen Teammitglied kam seine fachliche Erfahrung und seine Branchenkenntnis zugute. Der Inititator und die zweite branchenerfahrene Person übernahmen daher eine informelle Führungsfunktion auch in Hinblick auf die Außenkontakte.

All diese Faktoren bewirkten, daß die Gründung *ökonomisch und sozial gut abgesichert* war:

der Inkubatorbetrieb reduzierte die Startkosten;

die relative finanzielle Anspruchslosigkeit der Mitglieder (mit Ausnahme des zweiten branchenerfahrenen Teammitglieds) ermöglichten es zusammen mit dem ersten „Großauftrag" ökonomische Krisen zu überstehen, ohne sofort massive wirtschaftliche Belastungen aushalten zu müssen;

die sozialen Beziehungen des Initiators und des berufserfahrenen Teammitglieds sicherten das Geschäft;

die Selbstverwaltung im Rahmen der Teamstruktur bringt ein beträchtliches Arbeitspotential in das Unternehmen;

die Vermeidung jeglicher formaler Hierarchie verhindert einė Differenzierungen der Gründungsmitglieder und bindet alle in gleicher Weise an den Erfolg bzw. Mißerfolg des Unternehmens und stärkt dadurch den sozialen Zusammenhalt in der Anfangsphase.

Insbesondere im Anfangsstadium bei nicht sehr eng vertrauten Mitgliedern ohne formale hierarchische Differenzen und Entscheidungsregeln, bedarf es einer grundlegenden Abstimmung der Interessen und Arbeitsweise zwischen den beteiligten Personen. Trotz der formalen Gleichheit aller Gründer lässt sich bereits eine unterschwellige Ungleichheit festzustellen, da der Initiator die besten Voraussetzungen für die Betriebsgründung und Betriebsführung aufweist. Der strukturelle Vorteil seiner Person leitet sich aus der Ideenfindung, aus der von ihm angeregten Betriebsgründung und damit die von ihm weitgehende Steuerung der Mitgliederrekrutierung für die Gründung und die fachliche Kompetenz in diesem Bereich ab. Das zweite Teammitglied mit Branchenerfahrung bringt zusätzlich Spezialkompetenzen ein, während die studentischen Mitglieder aus ihrem für die Unternehmensentwicklung essentiellem Arbeitspotential profitieren.

4.2 Die erste Nachgründungsphase: die Ausbildung einer inneren Ordnung

Mit zunehmender Konkretisierung des Vorhabens steigt der Druck auf die *Stabilisierung der Gründungsabsichten*, sowie die *Aufnahme von Umweltkontakten*. Im vorliegenden Fall mündete dies in eine Phase der Realisierung der Unternehmens-gründung und in die Aufnahme der Geschäftstätigkeit. Drei Aspekte förderten die Realisierung der Gründungsidee und die Stabilisierung der Umweltbeziehungen:

a) Der Entschluss zur Inanspruchnahme einer Gründungsberatung ermöglichte eine Bewertung der Gründungsidee im „Trockendock" und bot Anregungen sowie Sicherheit durch Experten. Damit trugen die Gründungsmitglieder die Gründungsidee in das Umfeld hinaus, wodurch eigenes Handeln im Umweltverhältnis erstmals sozial folgenreich wurde. Die Beratung erschloß überdies einen für die Startphase nicht unbeträchtlichen Förderbetrag.

b) Der formale Gründungsakt stellte juridisch die Geschäftsfähigkeit her und produzierte Verantwortlichkeit. Damit wird das eigene Handeln auch ökonomisch folgenreich.

c) Ein erster „Großauftrag" bestätigte die Erfolgsaussichten, forderte somit die unmittelbare Einlösung der Vorstellungen über das Unternehmen und zwang den Gründungsmitgliedern erste praktische Erfahrungen auf.

Die am Beginn des Unternehmens vorherrschende Strukturierung wies eine Reihe spezieller Charakteristika auf, die eine informelle Arbeitsweise im Unternehmen unterstützten: In der „alternativen" Unternehmenskultur gab es keine klar definierten Regeln, sondern das Handeln orientierte sich an den jeweiligen situativen Erfordernissen. Das gesamte Erscheinungsbild entsprach einer informellen Beziehungsstruktur: Weder nach außen noch nach innen waren die Arbeitszeiten strikt geregelt, was zu Unpünktlichkeiten bei Kundenterminen führte; die Maschinen waren alt und das erste Firmenauto hatte noch die Firmenaufschrift der Vorbesitzer; das Büro wurde in einer Privatwohnung eingerichtet; die Mitarbeiter fielen mit ihren langen Haaren und das gute persönlichen Klima bei der Arbeit auf den Baustellen auf; das Produkt selbst sprach in seiner Ökologieorientierung ein spezifisches Kundensegment an, das aufgrund geringer finanzieller Ressourcen auch im Selbstbau von Swimmingteichen beraten wurde. Damit befanden sich die Auffassung über die eigene Firma, über das Produkt und die Kunden in Einklang.

Zu diesem Zeitpunkt entwickelten sich jedoch erstmals *Konflikte*, die sich aus den *verschiedenen Erwartungen an die Art der Aufgabenerfüllung* durch die Teammitglieder ergaben. Während für die studentischen Mitglieder die alternative Lebensvorstellung im Vordergrund stand, erwarteten die beiden branchenerfahrenen Teammitglieder manchmal mehr Professionalität im Umgang mit Kunden. Da das Unternehmen ihren Lebensunterhalt sicherte, war für sie der ökonomische Erfolg von durchaus hoher Relevanz. Aus diesem Grund wollten sie den Kunden trotz einer alternativen Betriebsführung immer auch Seriosität in Geschäftsfragen vermitteln, was ihrer Meinung nach die anderen Mitglieder nicht immer erfüllten.

Das *Rotationsprinzip*, wonach alle Gründungsmitglieder abwechselnd alle Aufgaben erledigen, entspricht weitestgehend dem Gleichheitsgrundsatz. Diese Form der organisatorischen Umsetzung völliger Gleichheit verhindert die Aneignung von Macht durch Einzelne. Es vermeidet darüber hinaus aufwendige Aushandlungsprozesse über Kompetenzverteilungen oder Spezialisierung und ist insofern ein höchst einfaches Prinzip, da nur ein grundsätzlicher Konsens erforderlich ist: Der Konsens zur Aufgabenrotation, der allen Mitgliedern nacheinander alle Rollen auferlegt, wodurch sich niemand aus der gemeinsamen Verantwortung ausgliedern kann. Rotation ist durch die Verhinderung von Hierarchie und Befehlsgewalt auch ein idealtypisches Gegenstück zu herkömmlichen Unternehmensstrukturen mit klaren, hierarchisch strukturierten Aufgaben- bzw. Kompetenzverteilungen. Gleichheit als Basisvorstellung weist hierbei verschiedene Facetten auf:

a) Sie fordert gleiches Engagement aller Gründungsmitglieder, die ihre Arbeitsleistung und Kreativität einbringen.

b) Ein zusätzliches Kriterium ist das Interesse an einem gemeinsamen Betriebsaufbau und die kollektive Verantwortlichkeit für den Betrieb (Alternativbetrieb).

c) Gleichheit bezieht sich auch auf die sozialen Umgangsformen als Abgrenzung zu hierarchischen Entscheidungsstrukturen: Alle sind in gleicher Weise involviert, können und müssen daher gleichermaßen an den Entscheidungen und ihren Folgen partizipieren.

d) Dazu gehört auch die Übereinstimmung der zentralen Interessen, wobei sich dieser Konsens auf das Interesse am Gartenbau und dabei auf die Orientierung an ökologischen Prinzipien im Sinne einer naturnahen und naturschützerischen Umsetzung der Gartenbauidee bezieht.

e) Allen Entscheidungen liegt das Konsensprinzip zugrunde.

Betrachtet man nun die Entwicklung des Unternehmens auf einer abstrakteren Ebene, so zeigen sich folgende Tendenzen: Die Produktidee wurde weiter ausgearbeitet und mit Ergänzungen kombiniert (biologische Kläranlagen, Dachbegrünungen). Das Produkt wirkte für das Team identitätsstabilisierend: Es verkörperte Werthaltungen in Abgrenzung zum traditionellen Gartenbau und zu konventionellen Organisationsformen und eröffnet die Möglichkeit, sich von anderen Anbietern der Branche zu unterscheiden. Gepaart mit dem Erfolgsdruck gegenüber dem elterlichen Unternehmen schuf das einen wesentlichen Anlaß für Qualitätsbewußtsein. Gleichzeitig wurde es auf das angepeilte Kundensegment zurechtgeschnitten, indem Unterstützung zum Selbstbau („do it yourself") angeboten wurde.

Über die in Anspruch genommene Beratung erfolgte bereits während der Gründungsvorbereitung eine intensive Beschäftigung mit dem Markt, um die Marktchancen (bei der Zielgruppe der ökologisch motivierten Personen) zu eruieren und (zumindest emotional) Sicherheit zu gewinnen. Um das Unternehmen und das Produkt bekanntzumachen, wurden Einschaltungen in einschlägigen Medien placiert. Auch hier machte sich der Zeitdruck bemerkbar: die Gründung wurde rasch realisiert, um den Vorsprung gegenüber der potentiellen Konkurrenz zu bewahren und sich frühzeitig am Markt mit entsprechendem Know-how zu etablieren.

Aufgrund der Rahmenbedingungen der Teambildung und verstärkt durch die Gründungsberatung wurde Selbstverwaltung als formale Organisationsbasis institutionalisiert. In politischer Hinsicht übersetzte das Rotationsprinzip den Gleichheitsgrundsatz in die organisatorische Praxis. Latent zeigt sich in der Organisationsform auch die im Produkt vergegenständlichte Leitidee: ohne Hierarchie in einer naturverbundenen Gemeinschaft zu leben, in der alle ihre persönlichen Bedürfnisse einbringen können. Das elterliche Unternehmen erleichterte mit seinen „Inkubatorfunktionen" die erste Anlaufzeit.

In dieser Phase gewinnt das Unternehmen erstmals nach außen sichtbar an Gestalt und strukturiert seine eigenen Operationsweise im Verhältnis zur Umwelt, um ökonomische und soziale Stabilität zu gewinnen.

4.3　Diskussion des bisherigen Verlaufes

Kernfrage: *Welche Bedeutung für die Unternehmensentwicklung haben die Persönlichkeitsaspekte bei den in der Fallstudie genannten Akteure?*

Vielfach spielen im Gründungs- und Entwicklungsprozeß verschiedene Persönlichkeitsmerkmale eine wichtige Rolle. Für die Analyse des Falles gehen Sie von folgenden fünf Persönlichkeitsaspekten aus und bestimmen sie jeweils für die im Gründungsprozeß beteiligten Personen, (a) welche Ausprägung diese Eigenschaften haben und (b) welche Bedeutung ihnen in der Gründungsdynamik zukommt. Die folgende Tabelle kann Ihnen bei der Systematisierung helfen:

	Leistungs-motivation	Kontroll-überzeu-gung	Bedürfnis nach Unab-hängigkeit	Verände-rungs-bereitschaft	Risiko-bereitschaft
Initiator					
Gründungsmitglied mit Facherfahrung					
studentische Gründungs-mitglieder					
periphere Mitarbeiter					

5.　Veränderungsprozesse zur Stabilisierung des Unternehmens: die Konfliktphase

In dieser Phase der Unternehmensentwicklung entstanden mehrere *Probleme*:

Aufgrund der Komplexität der Firmenprodukte und der damit verbundenen Breite der fachlichen Anforderungen an die Gründungsmitglieder entwickelte sich eine massive Überforderung der einzelnen Teammitglieder. Das Rotationsprinzip erforderte nämlich, daß alle Teammitglieder auf den unterschiedlichsten Arbeitsgebieten gleichermaßen kompetent sein sollten (z.B. Kundenakquisition, Bürotätigkeiten oder Baustellenarbeit).

Vielfach führten die Mitglieder des Kollektivs Arbeiten aus, für die sie wenig kompetent waren oder die ihnen nicht lagen. Dies gab immer wieder Anlass für fachliche Kritik durch die anderen Teammitglieder. Verschärft wurde die Situation dadurch, weil viele Tätigkeiten und Betriebsanforderungen ineinandergreifen und damit wechselseitige Abhängigkeiten entstehen. Diese Zusammenarbeit wird zum Ärgernis, wenn einige Tätigkeiten (entgegen den Erwartungen an die Rolle) aus mangelnder Kompetenz nur unzureichend ausgeführt sind, obwohl eine höhere Kompetenz in der Gruppe durchaus verfügbar wäre. Der unentwegte Wechsel der Arbeitsrollen führte daher zur permanenten Enttäuschung von Erwartungen durch alle Mitglieder.

Der Anspruch der Firma auf qualitativ hochwertige und innovative Produkte setzt konstante Leistungen und permanente Weiterbildung voraus. Das ist jedoch unter diesen Umständen nicht gewährleistet, weil man sich unter permanenter Überlastung kurzfristig keine umfassenden Kompetenzen auf allen Gebieten aneignen kann. Gerade der positive Geschäftserfolg des Unternehmens wurde dadurch auch zur Belastung für die Kooperation im Team.

Spezifische Interessen und Fertigkeiten fließen in einer solchen Arbeitsverteilung nicht in die alltägliche Kooperation ein. Damit geriet der praktische Arbeitsablauf nicht nur in einen Widerspruch zu den persönlichen Bedürfnissen der Mitglieder, sondern war auch mit der Unternehmensphilosophie, wonach die Arbeit in Einklang mit den Bedürfnissen stehen sollte, unvereinbar.

Aufgrund des Rotationsprinzips wechseln ständig die internen Kooperationspartner und die Schnittstellen nach außen. Im Geschäftsprozeß verhinderte dies die Wahrnehmung einer organisatorischen Einheit durch die Kunden und löste bei diesen Erwartungsunsicherheit aus, was wiederum das Vertrauen in die Leistungen des Unternehmens reduzierte.

Die mangelnde Erfüllung der ursprünglichen Erwartung, dass durch die Gleichheit aller Positionen die selbstbestimmte Arbeit gefördert wird, führte nicht nur zu *sozialen Spannungen im Kollektiv* (weil eben die fachlichen Erwartungen in vielen Fällen durch die Mitglieder nicht erfüllt werden konnten), sondern auch die *Arbeitsabwicklung wurde als ineffizient erlebt*. Darüber hinaus wurde das Team zunehmend mit teaminternen Widersprüchen im Auftreten gegenüber Kunden konfrontiert. Mit zunehmender Überforderung und mit zunehmendem Ärger über die jeweils anderen Teammitglieder wurden Arbeitsleistungen zunehmend kritisch hinterfragt, die Unterschiede in den Arbeitsauffassungen traten verstärkt zutage. Zugleich wurde Handlungsbedarf gesehen, um den Qualitätsanspruch des Unternehmens einlösen zu können.

Das Problem verschärfte sich mit der *Neuaufnahme von Teilzeitkräften*, weshalb die interne Ordnung auf eine neue Basis gestellt werden mußte, sollte das soziale Klima und der wirtschaftliche Erfolg nicht gefährdet werden. Diese in der Rollenstruktur des Rotationsprinzips angelegten Faktoren bewirkten eine grundlegende Transformation des Unternehmens, welche die Grundprinzipien der kooperativen Organisierung betrafen. Diese Veränderung vollzog sich in zwei zeitlich aufeinanderfolgenden Schritten:

a) Die Einführung einer *funktionalen Differenzierung zwischen den Gründungsmitgliedern*: Vorerst begannen sich die Gründungsmitglieder des Betriebs zu spezialisieren (z.B. Teichbau oder Dachbegrünung). Dabei wurde auch ein zentraler Streitpunkt, die von allen verschmähte Büroarbeit, neu organisiert. Diese Rollendifferenzierung hatte zwei Effekte: Einerseits wurden jene Konflikte verringert, die aus den Kompetenzüberschneidungen und der unterschiedlichen Arbeitsbewertung rührten. Andererseits konnten sich die Gründungsmitglieder auf für sie interessante Bereiche spezialisieren und waren nicht gezwungen, sich mit Tätigkeiten zu befassen, für die sie weder Interesse noch Kompetenz aufbrachten. Zudem bot sich die Chance, die Qualifikation der Mitarbeiter in unterschiedlichen Aktivitätsbereichen des Unternehmens auszubauen. Dies war insofern von besonderer Bedeutung, weil das Unternehmen mit dem Anspruch auftrat, nicht nur ökologisch vertretbare Produkte zu verkaufen, sondern diese am Markt auch eine erstklassige Qualität repräsentieren.

b) Die *Trennung von Gesellschaftern und Mitarbeitern*: Der zunehmende Anspruch auf unternehmerischen Erfolg machte die Neuaufnahme weiterer Teammitglieder notwendig, was nach der ursprünglichen Philosophie nur als in Form einer Teilhaberschaft möglich gewesen wäre. Da sich diese Möglichkeit für Studierende aufgrund des Kapitaleinsatzes und der Risikobeteiligung als nicht besonders attraktiv erwies, bot sich eine Kooperation mit Neulingen an, die teilweise nur kurzfristig im Unternehmen mitarbeiten und daher nicht für alle Tätigkeiten einsetzbar sind. Dies führte zu einer ersten klaren Hierarchisierung im Unternehmen: Die Gesellschafter bildeten einen inneren Entscheidungskreis, in dem sich spezielle Kompetenzen und Entscheidungsbefugnisse zentrierten; um dieses Zentrum herum waren Mitarbeiter angesiedelt, die teilweise in einem sehr informellen Arbeitsverhältnis zum Betrieb standen und Routine- bzw. Hilfstätigkeiten übernahmen. Diese Differenzierung brachte eine Abkehr vom ursprünglich angestrebten vollständigen Gleichheitsprinzip und veränderte die Kooperationsregeln, indem diese nun auf eine Trennung der Kompetenzen und auf eine verstärkte funktionale Unabhängigkeit der Gründungsmitglieder abzielten.

Zum Verständnis dieser Entwicklung ist es wichtig, die Rekrutierung neuer Mitarbeiter und damit die genaueren Umstände dieser Differenzierungsform zu erläutern: Die Rekrutierung erfolgte über *informelle soziale Netzwerke* mit dem Vorteil, daß der Betrieb zumindest auf sozialer Ebene einschätzen kann, worauf er sich bei neuen Mitarbeitern einläßt. Die Mitarbeiter werden nach sozialen Kriterien eingeschätzt und jene, aufgrund deren Beziehungen die neuen Mitglieder rekrutiert werden, gelten indirekt als Garanten für deren friedliche Eingliederung in die Organisation. Die fachliche Qualifikation spielte bei der Rekrutierung keine besondere Rolle, sondern im Vordergrund standen das Interesse an Ökologie und an einer gemeinsamen Arbeit, wobei auch Arbeitslose eine Arbeitsmöglichkeit finden konnten (sozialer Anspruch). Aber hier wurde nicht nur eine bloße Arbeitsstelle vermittelt, sondern die Möglichkeit des Mitredens, der fachlichen Qualifizierung und der sozialen Anerkennung, die in anderen Betrieben häufig nicht vorfindbar ist. Mit dieser Schwerpunktsetzung erhielt der Betrieb eine soziale Funktion, die auch die Freizeitgestaltung einschloß und die insgesamt der Unternehmenskultur entsprach.

Die neuen Mitarbeiter hatten also vielfach kein langfristiges Interesse an einer betrieblichen Mitarbeit und sahen die Arbeit als Chance, zwischendurch Geld zu verdienen und praktische Erfahrungen zu sammeln. Daraus resultierte eine relativ hohe Fluktuation unter den Mitarbeitern bei einem relativ geringen Bindungsgrad an das Unternehmen. Aufgrund der informellen Arbeitsverträge waren die Arbeitskräfte flexibel einsetzbar und verursachten im Fall von Auftragslöchern keine Kosten. Dazu kam, daß diese flexiblen Mitarbeiter gegen geringe Löhne eingesetzt wurden und aus diesem Grund keine intensive betriebliche Bindung erwachsen konnte. Daß aber solche Arbeitsbeziehungen erfolgreich aufrechterhalten werden können, bedingt ein gutes Arbeitsklima, das den Mitarbeitern einen entsprechenden Freiraum einräumt. All diese Aspekte demonstrieren deutlich, dass die neuen Mitarbeiter eher am Rande des Unternehmens standen. Von dieser Regelung profitierten sowohl der Betrieb (freien Verfügbarkeit billiger Arbeitskräfte, geringe Kosten) als auch die Mitarbeiter (geringe Bindung an das Unternehmen, angenehmes Arbeitsklima, berufliche Erfahrungen sammeln, Geld verdienen). Die sozialen Beziehungen waren dabei die Grundlage eines kooperativen Zusammenhalts.

Die *Neustrukturierung* in dieser Phase der Unternehmensentwicklung, die eng mit dem wirtschaftlichen Erfolg zusammenhing, *erfüllte daher mehrere Funktionen*:

sie reduzierte das Konfliktpotential unter den Gründungsmitgliedern;

sie sicherte die Stellung der Gründungsmitglieder;

sie siedelte unternehmenspolitische Entscheidungen im Kreise der Gesellschafter an;

sie erhöhte die Leistungsfähigkeit des Unternehmen;

sie sicherte die Flexibilität der Leistungserbringung;

trotz dieser Veränderungen blieb der interne Entscheidungskreis klein.

Diese Entwicklungen waren jedoch derart gravierend, daß sie von *massiven internen Konflikten* begleitet waren, die sich im Kreise der Gesellschafter auf zwei Pole konzentrierten:

a) Die Gruppe der „*Proponenten einer Professionalisierung*" (Initiator, das Mitglied mit praktischen Vorerfahrungen und ein aus dem Studentenmilieu rekrutiertes Mitglied) sah nicht nur den Geschäftserfolg bedroht, sondern bemängelte die Qualitätsprobleme, die mangelnde Professionalität im Kundenumgang und die geringe Organisations-effizienz. Sie sahen in diesen Problemen ein Resultat unzureichender Strukturierung des Unternehmens.

b) Die Gruppe der „*Fundamentalisten der Selbstverwaltung*" (die beiden anderen studentischen Mitglieder) pochte auf die freie Gestaltung des Lebens und der Arbeit, die nicht durch strenge Regeln und Herrschaftsansprüche verwässert werden sollte. Für sie war der Unternehmenserfolg nachrangig, der als Anpassung an eine traditionellen Ökonomie mit Wachstumsorientierung abgelehnt wurde. Die von der anderen Gruppe wahrgenommenen „Probleme" waren für diese Gruppe nur „Probleme" aus der Sicht einer kapitalistischen Wirtschaftsform.

Beide Seiten erhielten jeweils Unterstützung durch neue Mitarbeiter, die aber aufgrund ihrer randständigen Positionierung wenig Gewicht hatten. Die „*Proponenten der Professionalisierung*" setzten sich in diesem Konflikt aus mehreren Gründen durch:

die sozialen Konflikte waren für die Mehrzahl der Gesellschafter und der Mitarbeiter überaus belastend;

auch Qualitätsprobleme wurden deutlich sichtbar, obwohl alle eine empfindliche Arbeitsüberlastung registrierten;

zudem wurde zunehmend ein Unmut der Kunden spürbar (z.B. keine nachvollziehbare und einheitliche Preisgestaltung);

Unterschiede in den Einstellungen zur Arbeit ließen die Erwartungshaltungen zunehmend auseinanderdriften.

Die Entwicklung in dieser Phase drängte die „Fundamentalisten der Selbstverwaltung" an den Rand, was letztlich zu einem *Ausstieg* dieser Personen aus dem Unternehmen führte. Mit der veränderten arbeitsteiligen Arbeitsstruktur konnte verstärkt die Marktentwicklung und damit eine Unternehmensplanung für die Zukunft ins Auge gefaßt werden - eine Sichtweise, die früher durch interne Konflikte verstellt war.

Allerdings bedeutete diese doch eher stürmische Umstellung in Richtung Arbeitsteilung und Hierarchisierung nicht eine Verwandlung zu einem konventionellen Betrieb, sondern es etablierten sich neue Handlungsregeln. So nutzte die (nunmehr kleinere Gruppe) von Gesellschaftern ihre neue Verfügungsgewalt nicht aus, sondern hielten die *informellen Informations- und Kooperationswege* aufrecht. Obwohl das formale Prinzip der Selbstverwaltung nun auf den Kreis der Gesellschafter beschränkt ist, beruhte die neue Ordnung weiterhin auf einer informellen Ordnung unter *partizipativer Teilnahme* aller und einer Entscheidungsstruktur auf *Konsensbasis*. Jedoch wurden bestimmte Entscheidungskompetenzen unter dem Aspekt funktionaler Erfordernisse verteilt: So waren den Gesellschaftern aufgrund ihrer zentralen Betriebsfunktion die Kalkulation, die Kundenakquisition und zentrale Planungsbereiche vorbehalten. Die Produkt-charakteristika bewirken eine weitere Differenzierung unter räumlichen Aspekten: die Akquisiteure, die das Unternehmen mit Aufträgen versorgen; die Baustellentrupps, die in Gruppen mit drei bis vier Mitarbeitern die Produkte vor Ort erstellen; jene Mitarbeiter, die am Betriebsstandort ihre Leistungen erbringen (Administration, Planung und Gärtnerei). Trotz dieser *ausgeprägten Arbeitsteilung* konnten auch ausführend tätige Mitarbeiter (beispielsweise Mitglieder der Bautrupps) das Selbstbestimmungsrecht für sich in Anspruch nehmen. Sie konnten Beiträge zu unternehmenspolitischen Fragen einbringen, solange sie nicht die Unternehmenspolitik insgesamt in Frage stellten. Darüber hinaus wurden in dieser Phase zwei periphere Mitglieder aus dem studentischen Milieu in den Kreis der Gesellschafter aufgenommen, was dieser Mitarbeiter eine *Chance auf Karriere* im Unternehmen signalisierte.

Auch das Gleichheitsprinzip wurde nicht völlig aufgehoben, sondern umdefiniert: Stand am Anfang *Gleichheit* als Gleichrangigkeit im Mittelpunkt, so schob sich langsam der Begriff der *Gleichwertigkeit* ins Zentrum der Aufmerksamkeit. Dadurch werden interne Differenzierungen und verschiedene Kompetenzen tolerierbar, solange die unterschiedlichen Tätigkeiten keine Abwertung erfahren und solange allen Mitgliedern ein Mitspracherecht eingeräumt wird. Da ein verbales Bekenntnis zur Gleichrangigkeit nicht ausreicht, mußte dieses Prinzip von den Gesellschaftern sichtbar vertreten werden, indem sie zeitweise auch geringgeschätzte Arbeiten durchführen.

Zusätzlich ist in diesem Kontext auf die Marktsituation hinzuweisen: Es gelang dem neuen Betrieb, sich am Markt mit dem damals neuen Produkt als führende Firma zu etablieren, wobei die guten Kontakte zur Wissenschaft und die Berücksichtigung neuester Entwicklungen eine hervorragende Basis schufen. Damit festigte man den Ruf einer besonders kompetenten Firma. Die Einschätzung, daß Arbeit nicht nur Lohnarbeit sein soll, sondern sich darin Lebensfreude, Beziehungen zwischen Freunden und die Nähe zur Natur manifestieren, bleibt weiterhin ein wesentlicher Bestandteil der Unternehmenskultur. Die Art der Produktion unterstützt informelle Arbeitsbeziehungen, weil die Baustellentrupps in der Natur in kleinen Gruppen arbeiten, die sich ihre Arbeit vor Ort selbständig organisieren können. Der Unternehmenserfolg ist zwar wichtig, aber vorwiegend für den Kreis der Gesellschafter, die ihre Funktion darin sehen, den Unternehmensbestand und damit die Arbeit der Mitarbeiter zu garantieren. Die Fluktuation unter den Mitarbeitern ist durchaus bewältigbar, solange bestimmte zentrale Kompetenzen nicht verlorengehen und solange die Rekrutierung über soziale Netzwerke erfolgen kann. Diese informelle Arbeitsweise fand weiterhin in „alternativen" Kundenkreisen anklang. Aber dieses Kundensegment setzte *ökonomisch relativ enge Grenzen*, weil einerseits das Produkt selbst hohe Voraussetzungen auf Kundenseite erfordert (z.B. größeres Grundstück), das Preisniveau nicht sehr hoch ansetzbar ist und Beratungsleistungen keine hohen Umsätze bringen.

Das Auftreten am Markt transportierte nach wie vor einen Selbstverwirklichungs-anspruch und eine ökologisch ausgerichtete Lebensweise, die mit den Einstellungen des Kundensegments zumindest teilweise übereinstimmte. Die steigende Zahl von Aufträgen und das damit einhergehende Wachstum führten zu einer Reihe betriebswirtschaftlicher Probleme: In zunehmendem Maße ergab sich aus der Ausweitung des Kundenkreises und den Kundenerwartungen das Erfordernis der Vereinheitlichung der Preise, die bis dahin mehr über den Daumen gepeilt als kalkuliert waren. Weiters zeigten sich erste Unsicherheiten in bezug auf die Marktstrategie, indem Kunden- bzw. Marktsegmente mit höherer Kaufkraft an Bedeutung gewannen.

Die gravierendsten Änderungen dieser Phase zeigten sich in der Organisation (primär verursacht durch die Aufgabe des Rotationsprinzips) und betrafen eine Reihe von Organisationscharakteristika:

a) Im Konflikt zwischen „Proponenten einer Professionalisierung" und „Fundamen-talisten der Selbstverwaltung" setzten sich erstere durch und ebneten den Weg zum ökonomischen Erfolg.

b) Die Gründungsmitglieder begannen sich zu spezialisieren und Arbeitsschwerpunkte zu schaffen. Dies führte zu einer wirkungsvollen Konfliktreduktion, verbesserte die Chance auf den Ausbau fachlicher Qualifikationen und ersetzte die ursprünglich undifferenzierte Gleichheit durch Gleichwertigkeit der Tätigkeiten. Der Übergang vom Generalistentum zum Spezialistentum war damit geebnet.

c) Die durch die günstige Auftragslage bedingte Rekrutierung neuer MitarbeiterInnen auf der Basis „informeller" Arbeitsverträge führte zu einer Differenzierung der Mitgliedschaft. Dies bedeutete die Abkehr vom Egalitätsprinzip und ermöglichte einen funktionalspezifischen Einsatz von MitarbeiterInnen, der die Organisation faktisch hierarchisierte. Insbesondere mitarbeitende Studierende waren an einem informellen Arbeitsverhältnis interessiert, weil sie Unverbindlichkeit mit der Möglichkeit zur Sammlung praktischer Erfahrung und mit Einkommen kombinierte. Die „informellen" Arbeitsverträge sicherten weiterhin einen flexiblen Arbeitskräfte-einsatz bei geringem Verpflichtungscharakter und verursachten im Fall von Auftrags-problemen keine Zusatzkosten.

Die Folgen dieser Transformation veränderten das Unternehmen, indem die neue Struktur verstärkt Kapazität für eine Außenorientierung des Unternehmens freisetzte. Erst die *Umdefinition von Gleichrangigkeit der Organisationsmitglieder in Gleichwertigkeit* ermöglichte die von allen akzeptierte Spezialisierung und eine weitergehende soziale Normierung der Arbeitsbeziehungen. Indem der Geschäftsführer (Initiator) als formal ranghöchster aber mitunter rangniedrige Tätigkeiten ausführte, bestätigte er symbolisch diese Form der Gleichwertigkeit. Dennoch konnte die soziale Differenzierung und die damit verbundene Arbeitsteilung informelle Informations- und Kooperationswege nicht verdrängen. Aber diese *Transformation regelte mögliche Konflikte um die Machtverteilung* und wahrte die Ansprüche der Gesellschafter. Die randständigen neuen MitarbeiterInnen verursachten niedrige Kosten und begünstigten dadurch den Unternehmensaufbau. Dennoch war Arbeit keine Lohnarbeit, sondern die Freude an der Arbeit, der Umgang mit der Natur und mit Freunden standen weiter im Vordergrund.

5.1   Diskussion des bisherigen Verlaufes

Kernfrage: *Welche Bedeutung haben widersprüchliche Erwartungen an die
                    einzelnen Positionen im Unternehmen (Rollenkonflikte)?*

Bestimmen sie für die verschiedenen Positionen im Unternehmen (z.B. Initiator,
Gründungsmitglied, peripheres Mitglied) jeweils jene Personenkreise, die Erwartungen
an diese Positionen herantragen, Beschreiben Sie diese Erwartungen und versuchen sie
zu analysieren, inwiefern zwischen den Erwartungen Widersprüche auftreten. Im Fall
solcher Widersprüche fällt es Rollenträgern schwer, die an sie gestellten Erwartungen für
alle zufriedenstellend zu erfüllen, sodass es zu Rollenkonflikten kommt. Falls Sie solche
Widersprüche feststellen, überlegen Sie, welche Folgen dies für die
Unternehmensentwicklung haben kann. Überlegen Sie auch, inwiefern sich die
Positionen, Bezugsgruppen und Erwartungen im Zuge der bisher dargestellten
Unternehmensentwicklung verändert haben. Folgende Matrix kann Ihnen die Analyse
erleichtern:

Position: .... (z.B. Initiator)	konkrete Bezugsgruppe	Erwartungen der Bezugsgruppe an die Position	mögliche Konflikte
organisationsinterne Bezugsgruppen (Gruppen von Mitgliedern des Unternehmens)			
organisationsexterne Bezugsgruppen (z.B. Kunden)			

6. Der Prozeß der Professionalisierung

Zunehmend wurden in der Differenzierungsphase *Probleme* sichtbar, die nur über eine weitere Transformation des Unternehmens bewältigt werden konnten. Die wirksam werdenden Kräfte betrafen folgende Punkte:

Die niedrigen Löhne bei gleichzeitig schlechter sozialer Absicherung der Mitarbeiter und einem hohen geforderten Arbeitseinsatz verursachten Schwierigkeiten, wie etwa die mit der Fluktuation verbundenen Kompetenzmängel und die Schwierigkeit, qualifizierte Mitarbeiter an den Betrieb zu binden. Dies hatte wiederum zur Folge, daß außer den Führungskräften des inneren Kreises nur wenige Mitarbeiter in der Lage waren, die Arbeitsqualität zu erhalten. Jene Mitarbeiter konnten aber aufgrund der prekären Anstellungsverhältnisse mit unzureichender sozialer Absicherung dann nicht gehalten werden, wenn sie lukrativere Arbeitsangebote ergaben. Allgemein resultierte aus der hohen Fluktuation das Problem, daß hoch leistungsfähige und kompetente Mitarbeiter nur kurzfristig gehalten werden konnten, dagegen weniger kompetente Mitarbeiter mit geringen Chancen auf einen anderen Arbeitsplatz längerfristig verfügbar waren. Diese negative Selektion betraf nicht nur die neuen Mitarbeiter - auch das Gründungsmitglied mit fachlicher Vorerfahrung verließ in dieser Phase das Unternehmen. Er hatte inzwischen auch für seine kleine Tochter zu sorgen, weshalb er die Erwartungen seiner Familie auf ökonomische Absicherung nicht mehr erfüllen konnte. Aus diesem Grund konnte er ein finanziell besonders lukratives Angebot einer anderen Gartenbaufirma kaum ausschlagen, da für seine biographische Situation das Einkommen im Verhältnis zu anderen beruflichen Optionen vergleichsweise extrem niedrig war. Dieser Abgang verschärfte durch den Abfluß hoher Qualifikation die Notwendigkeit einer Umstellung.

Die Art der Rekrutierung zu Niedriglöhnen auf der Basis sozialer Netzwerke unabhängig von Qualifikationen führte mittelfristig zu einem Qualifikationsproblem, das die Aufrechterhaltung der Produktqualität gefährdete. Die Identität des Unternehmens basierte aber gerade auf hoher Produktqualität, zu deren Sicherung nur wenige Mitarbeiter in der Lage waren.

Dazu kam, daß das ursprünglich angestrebte Kundensegment sich als ökonomisch vergleichsweise weniger erfolgversprechend erwies, während andere Segmente weiter an Bedeutung gewannen. Langfristig stellte sich daher die Frage, ein nur marginales und wenig gewinnversprechendes Kundensegment bearbeiten, oder das Kundensegment zu wechseln und die Marktposition abzusichern bzw. auszubauen.

Überdies traten zunehmend Konkurrenten am Markt auf, die eine systematischere Positionierung und Profilierung des Unternehmens erforderten. Insbesondere war es in diesem Kontext nötig, sich durch hohe Qualität im Rahmen stärkerer Konkurrenzbeziehungen ökonomisch abzusichern.

Die anstehenden Probleme trafen zwei zentrale unternehmerische Entscheidungen: Die Frage der künftigen Positionierung am Markt und die Frage der künftigen Möglichkeiten zur Stabilisierung der Unternehmensentwicklung. Die erster Wandlungsprozeß vom Gleichheitsprinzip auf Rotationsbasis zu einem intern ausdifferenzierten Unternehmen ermöglichte, daß diese Frage überhaupt gestellt und damit das Problem in eine bearbeitbare und entscheidbare Form gebracht werden konnte. Dadurch entsteht aber Druck auf Veränderungen im Rahmen zweier Argumente: Die soziale Funktion des

Unternehmens kann nur beibehalten werden, wenn die Marktposition zumindest gehalten wird, was aber aufgrund der zunehmenden Konkurrenz bei der gegenwärtigen Organisation schwer möglich ist. Der Beitrag des Unternehmens zur Identität seiner Mitglieder kann nur erfüllt werden, wenn über den unmittelbaren Arbeitsvollzug hinaus Anerkennung möglich ist. Diese Anerkennung kann langfristig nicht über die Gruppe erbracht werden, wenn dort aufgrund ökonomischer Probleme soziale Spannungen zunehmen.

Zwei Ereignisse waren für die künftige Unternehmensentwicklung ausschlaggebend: Der Abgang eines qualifizierten Gründungsmitglieds machte die anstehenden Probleme unübersehbar; eine während der Winterzeit in dieser Phase in Anspruch genommene Unternehmensberatung erleichterte die Weichenstellung. Für die Planung neuer Unternehmensstrategien war diese Beratung insoferne bedeutsam, weil die Gesellschafter nicht die Legitimation zur Durchsetzung einer grundlegenden Änderung hatten. Dass sie sich für die Problemdiagnose und Entwicklungsplanung einer professionellen Beratungsfirma bedienten, zeigt bereits die interne Tendenz in Richtung Professionalisierung (deshalb auch eine professionelle Beratung). Der Beratungsprozeß, in den alle MitarbeiterInnen beteiligt wurden, schuf ein Bewußtsein für die Sinnhaftigkeit von Veränderungen und schuf dadurch breite Akzeptanz. Die daran anschließende zweite Umstrukturierung führte zu einer Reihe wesentlicher Veränderungen in der betrieblichen Organisation, die wieder ideologische Fundamente der Selbstverwaltung und des Gleichheitsprinzips mitbetrafen:

a) *Marktzugang und Außendarstellung*: In der Folge der Basisentscheidung für ökonomische Prosperität veränderte sich der Marktzugang. Die alten, wenig finanzkräftigen Kunden wurden sukzessive durch neue Kunden ersetzt, die sowohl über Grundstücke als auch über Kapital verfügen, um sich eine eigene Natur zu schaffen. Parallel dazu wurden die ökonomisch wenig sinnvollen Beratungsleistungen eingeschränkt. All dies führte zu einer Distanz zu früheren „alternativen" Kunden. Mit den neuen, nunmehr finanzkräftigeren Kunden veränderten sich die Akquisitions-strategien, wobei Aufträge zunehmend über Architektenempfehlungen und (in geringerem Maß) über Ausschreibungen oder besonders interessante Projekte zustande kamen. Diese neuen Akquisitionsformen und die neuen Kundengruppen erforderten ein diesen Gruppen entsprechendes Auftreten nach außen: War am Beginn das Auftreten eher unprofessionell und vermittelte alternative Kultur (z.B. lange Haare der Mitarbeiter, Unpünktlichkeit, alte Maschinen), so professionalisiert sich nun das nach außen vermittelte Bild in Richtung einer seriösen, verläßlichen Firma, die Spitzenprodukte vertreibt und erstklassige Kundenberatung bietet. Damit erfolgt eine Anpassung an die Erwartungen potentieller externer Kooperationspartner und Kunden. Diese Strategie ermöglichte aber auch, das am Markt überdurchschnittliche Preisniveau zu halten Die Abgrenzung zu den zahlreicher werdenden Konkurrenten vollzieht sich nicht nur über das sichtbare Preisniveau, sondern auch über demonstrative Kompetenz nach außen. Das hohe Ausbildungsniveau der Mitarbeiter wird zum Verkaufsargument und fungiert als Indikator für ein qualitativ erstklassiges Produkt. Bei Planungsverhandlungen steht die Beratung im Vordergrund, die den Kunden nicht nur Kompetenzen vermittelt, sondern auch individuelle Produktentscheidungen ermöglicht. Dabei entfernte man sich auch von absoluten Ansprüchen ökologischer Art, indem man den Kunden Informationen über mehrere Wahlmöglichkeiten mit unterschiedlichen Auswirkungen auf die Ökobilanz des Produkts bot.

b) *Langfristige Stabilisierung*: Die Unternehmensentscheidung für eine Stabilisierung und ökonomisch erfolgreichen Weiterentwicklung des Unternehmens wurde weiterhin auf einer „alternativen" Basis begründet: Demnach ermöglicht erst der ökonomische Erfolg die Beschäftigung zusätzlicher Mitarbeiter, wodurch der Betrieb auch künftig eine soziale Funktion erfüllen kann. Stabilisierung heißt aber auch, die Kooperations-beziehungen zwischen den Mitarbeitern auf eine dauerhaftere Basis zu stellen, was - nicht zuletzt auch auf die inzwischen auf über 20 Mitarbeiter gestiegene Betriebsgröße - neue Abstimmungsnotwendigkeiten produzierte. Vollbeschäftigung gewann an Bedeutung, sodass man hat es in geringerem Maße mit unterschiedlichen und wechselnden Mitarbeiter zu tun hatte, deren Tücken man möglicherweise aufgrund der zeitlich begrenzten Kooperation ertragen konnte. Aus diesem Grund mußten auch die sozialen Beziehungen müssen über die Zeit stabilisiert werden.

c) *Mitarbeiterrekrutierung*: Die informelle Rekrutierung wurde ergänzt durch eine an Qualifikationen orientierten systematischen Suche nach Mitarbeitern über Inserate. Dieser Bruch gegenüber bisherigen Gepflogenheiten ermöglichte die Anstellung von Spezialisten, wodurch Qualifikationsengpässe vermieden werden konnten. Andererseits entsteht nach innen ein Qualifikationsdruck: Es ist nicht mehr so leicht möglich, eine freie Tätigkeit zu übernehmen, die vielleicht höher bewertet ist, wenn die nötigen Voraussetzungen dazu fehlen. Daher fördert diese Maßnahme auch die interne Karrieremotivation. Die Personalauswahl erfolgte aber keineswegs ausschließlich anhand funktionaler Kriterien, sondern berücksichtigte als Ergänzung die „soziale Passung". Insbesondere unter der Annahmen längerfristiger Kooperationsbeziehungen ist wechselseitiges Verständnis und Akzeptanz besonders wichtig. Die Förderung eines positiven Arbeitsklimas bildete daher einen Schwerpunkt in der Unternehmens-entwicklung.

d) *Ideologische Veränderung der Selbstverwaltungsprinzips*: Da die Stabilisierung nur dann greifen kann, wenn zugleich Voraussetzungen geschaffen werden, die Mitarbeiter auch langfristig an den Betrieb zu binden, mußten das Lohnniveau und die soziale Sicherheit angehoben werden. Die ökonomische Absicherung des Unternehmens war inzwischen so weit fortgeschritten, daß diese Kosten durchaus tragbar waren. Tätigkeiten wurden nun unterschiedlich bewertet und Leistungen unterschiedlich eingeschätzt. Dies sind zwei Zugeständnisse: Erstens ein Zugeständnis an die Bedingungen der Branche, indem Fachkräfte zumindest Branchenüblich entlohnt wurden und damit die ökonomische Motivation zu einem Betriebswechsel wegfiel; zweitens ein Zugeständnis an interne Karrieremuster, weil (erleichtert durch die Expansion) zusätzliche ökonomische und soziale Anreize geschaffen wurden. Gleichwertigkeit wird nunmehr ersetzt durch *Gerechtigkeit* in der Verteilung. Die Akzeptanz einer solchen Umorientierung wird durch die Dazugehörigkeit zu einem Unternehmen gestützt, in dem alle Mitglieder gleichermaßen mitreden können, das eine alternative Lebensweise fördert und sowohl sozialer als auch fachlicher Ebene einen Eliteanspruch stellt und somit das Selbstwertgefühl aller Beteiligten steigert.

e) *Institutionalisierung einer hierarchischen Ordnung*: In dieser Phase wurde ein Führungsgremium eingerichtet, welches die hierarchische Ordnung nun auch institutionell verfestigte. Dieses Führungsgremium organisierte die wichtigsten Arbeitsabläufe und hatte die letzte Entscheidungskompetenz. Im Zuge dessen etablierte sich eine mehrstufige Ordnung, die aus folgenden hierarchischen Ebenen bestand: geschäftsführender Gesellschafter, Gesellschafter, Führungskräftegremium und

Mitarbeiter ohne formale Entscheidungsbefugnis. Das Führungskräftegremium besteht aus den Baustellenleitern, Planern und dem Leiter der Gärtnerei. Die Baustellentrupps bestehen aus dem Leiter, dessen Stellvertreter und ein bis zwei Mitarbeitern. Durch dieses hohe Maß an Hierarchisierung wird eine Fülle von Karrieremöglichkeiten eröffnet. Damit gelingt es qualifizierte Mitarbeiter an das Unternehmen zu binden und zu motivieren.

f) *Soziale Integration der hierarchischen Ordnung in die „alternative"* *Unternehmenskultur*: Die faktischen Auswirkungen dieser Hierarchisierung werden durch fein differenzierte Entscheidungsregeln aufgefangen. Grundsätzlich wird etwa zwischen unterschiedlichen Problemtypen unterschieden:

Offenliegende *Alltagsprobleme* werden ad hoc von den unmittelbar Betroffenen gelöst.

Schwierigere Probleme, die nicht im Konsens der unmittelbar Betroffenen gelöst werden können und Koordinationsprobleme werden im Führungsgremium behandelt. Dabei werden konsensuelle Lösungen bevorzugt. Kommt bei schwierigen Problemen keine konsensuelle Lösung zustande, so wird dieses Problem mehrfach behandelt. Erst wenn sich keine Lösung abzeichnet, haben die Gesellschafter und insbesondere der Geschäftsführer das Recht, eine Entscheidung zu treffen. Allerdings sucht auch der Geschäftsführer den Konsens mit der Mehrheit, wobei im Zweifel das Firmeninteresse in den Vordergrund tritt. Zusätzlich hat die Geschäftsführung das Recht über Investitionen und über die zentrale Firmenpolitik zu entscheiden, wobei aufgrund der funktionalen Differenzierung hier auch die Information und die inhaltliche Kompetenz liegt, weshalb diese Entscheidungsstruktur auch nicht angefochten wird.

Die Baustellenleiter sind für die *Arbeitserfüllung* und die *Arbeitsqualität auf der Baustelle* zuständig und müssen die Arbeit koordinieren und mit der Materiallieferung bzw. Planung koordinieren. Sie haben daher eine Schnittstellenfunktion zur Unternehmenszentrale. Allerdings müssen sie am Bau den Konsens suchen und können nicht einfach Anordnungen aussprechen, sondern hier funktioniert die Kooperation nach informellen Abstimmungen. Abgesehen von der Koordinationsfunktion des Baustellenleiters leisten alle gleiche Arbeit, wobei nur im Notfall dem Baustellenleiter die Anordnungsbefugnis zukommt.

Daneben gibt es Faktoren, die zusätzlich persönliche Friktionen vermeiden helfen bzw. bereits im Vorfeld eines Konfliktes abfedern. Dazu gehören etwa gemeinsam veranstaltete Grillfeste, private Aktivitäten in kleineren Gruppen, die Möglichkeit, eine schönes Wochenende (auch mit Familie) gemeinsam am Swimmingteich der Firma zu verbringen, die Möglichkeit zum Wechsel der Arbeitsgruppe, und eine klare Funktionsteilung, auf die man sich im Zweifelsfall berufen kann.

Dieser in diesen Faktoren angesprochene *Trend zur Professionalisierung* drückte sich zusammengefaßt daher folgendermaßen aus:

Produkt: Obgleich die Produkte - abgesehen von den permanenten Weiterentwicklungen - erhalten blieben, wurden sie am Markt nunmehr auf andere Art verkauft: Vollprodukte ersetzten die Hilfe zum Selberbauen. Auch das Verhältnis von Produkt und Ökologie war von der Professionalisierung betroffen, indem die Verhandlungs-fähigkeit der Umweltverträglichkeit der angebotenen Produkte weiter erhöht wurde - nicht das Unternehmen bietet ein aus ökologischer Sicht fertiges Produkt an, sondern der Kunde kann nunmehr über die einzelnen Komponenten entscheiden und erhält Informationen, um die ökologischen Effekte selbst gewichten zu können.

Markt: Mit zunehmender Professionalisierung ändert sich auch der Marktzugang. Das mit vergleichsweise wenig Kaufkraft ausgestattete „Do it yourself"-Segment wurde auf der Grundlage einer Hochpreispolitik durch ein neues Kundensegment mit hoher Kaufkraft ersetzt. Dem kam auch die Position der Marktführerschaft entgegen, die mittels kompetenter Kundenberatung gegen Konkurrenten in diesem Segment verteidigt wurde. Im Zuge dessen veränderte sich die Darstellung des Unternehmens nach außen und das Selbstverständnis nach innen: Zum einen wurde durch verläßliches Einhalten von Terminen, Preislisten und ausführliche Beratung bei individuellen Produktentscheidungen der Kundenkontakt professioneller gestaltet. Zum anderen wirkte diese Positionierung als Spitzenunternehmen nach innen identitätsstiftend, wobei allerdings die Bedürfnisse der MitarbeiterInnen sich verstärkt den instrumentellen Organisationserfordernisse unterordnen mußten.

Organisation: Um qualifizierte MitarbeiterInnen im Unternehmen zu halten und dadurch das Qualitätsproblem zu bewältigen, erfolgte nach außen eine Anpassung an ein marktübliches Lohnniveau und nach innen die Einführung einer leistungsbezogenen Lohndifferenzierung. Die damit verbundene Betonung der Arbeitsqualifikation erforderte eine neue Rekrutierungspolitik, die sich nicht mehr an sozialen Netzwerken, sondern am Arbeitsmarkt und an fachlichen Qualifikationen orientierte. Dies ermöglichte eine gezielte Personalpolitik und erzeugte intern einen hohen Leistungs- und Qualifikationsdruck. Parallel zu dieser Mitarbeiterpolitik institutionalisierte sich eine mehrstufige hierarchische Ordnung: an der Spitze der geschäftsführende Gesellschafter (Initiator); um ihn herum die GesellschafterInnen, die strategisch wichtige Aufgaben wahrnehmen; das Führungsgremium (inklusive Baustellenleiter) zur Steuerung des Arbeitsablaufes und als Diskussionsforum für anstehende Probleme; MitarbeiterInnen ohne formale Entscheidungsbefugnis. Jedoch schwächt die Vorrang konsensueller Lösungen die Auswirkungen der vertikalen Strukturierung ab. Die Forderung nach Gleichheit der Mitglieder, wie dies im ersten Stadium der Unternehmensentwicklung galt, hat sich nunmehr in eine Gerechtigkeitsvorstellung verwandelt, wonach alle Mitglieder an der Unternehmensentwicklung partizipieren. Interne Differenzierungen nehmen auf unterschiedliche Ansprüche und Erfordernisse bedacht. Eine starke Konsensorientierung in allen Entscheidungsfragen sichert die Wahrung der Gerechtigkeitsvorstellung.

Die früher wichtige Innenorientierung hat sich damit vollends in eine Außenorientierung verwandelt, in der das Image eines verläßlichen „Spitzenbetriebes" gepflegt, Kunden mit entsprechender Kaufkraft umworben und eine ökologieorientierte Beratung angeboten werden. In dieser Phase wurde eine Arbeitsfähigkeit erreicht, die auf einer hohen sozialen Stabilität beruht, in der die Arbeitsverteilung solidarisch regelt und damit nach außen ein gefestigtes, seriöses Bild vermittelt.

6.1 Diskussion des bisherigen Verlaufes

Kernfrage: *Woran sind in diesem Fall die einzelnen Phasen eines Teamentwicklungsprozesses erkennbar?*

Nach Tuckman lassen sich in der Teamentwicklung häufig vier Entwicklungsphasen unterscheiden. Versuchen Sie, die in der folgenden Übersicht enthaltenen Phasen der

Teamentwicklung auf die verschiedenen Entwicklungsabschnitte des Unternehmens zu übertragen. Beschreiben Sie dabei, woran diese Phasen erkennbar sind und welche Bedeutung sie für die Entwicklungsdynamik des Unternehmens haben.

Entwicklungsphase (Beschreibung)	Woran im Fall erkennbar?	Bedeutung für den Fall?
Gründungsphase abwartendes Vortasten der Teammitglieder, um die Rollen der Teammitglieder herauszufinden; Wunsch nach Orientierung		
Konfliktphase Teammitglieder kennen langsam ihre Stärken und Schwächen; es entstehen Konflikte um die Richtigkeit des Vorgehens		
Normierungsphase Die Teammitglieder streben nach Festlegung von Standards; Zusammengehörigkeitsgefühl entsteht und Konformitätsdruck wächst		
Arbeitsphase Aufgaben und Ziele rücken in den Vordergrund; Gruppenstruktur hat sich herausgebildet und Umgangsformen haben sich stablisiert		

7. Literaturhinweise

a)   zu Person: Müller, G. F. (2000). Dispositionelle und geschlechtsspezifische Besonderheiten beruflicher Selbständigkeit. In: Zeitschrift für Differentielle und Diagnostische Psychologie, 21(4), 319-329.

Stewart, W. H. (1996). Psychological correlates of entrepreneurship. New York: Wiley.

b)   zu Rolle: Popitz, H. (1975). Der Begriff der sozialen Rolle als Element der soziologischen Theorie. Tübingen: Mohr.

Dahrendorf, R. (1977). Homo sociologicus: ein Versuch zur Geschichte, Bedeutung und Kritik der Kategorie der sozialen Rolle. Opladen: Westdeutscher Verlag.

c)   zu Team: Hackman, J. R. (1987). The design of work teams. In: J. W. Lorsch (Ed.), Handbook of organizational behavior (pp. 315-342). Englewood Cliffs, NJ: Prentice-hall.

Tuckman, B. W. (1965). Developmental sequence in small groups. In: Psychological Bulletin, 63(6), 384-399.

d)   zum Fall: Frank, H., Lueger, M. (1995): Zur Re-Konstruktion von Entwicklungsprozessen. In: Die Betriebswirtschaft 55(6), S.721-742.

Fallstudie MiniSol der Solboat GmbH i.G.

Prof. Dr. Harald Rüggeberg

Fachhochschule für Wirtschaft Berlin

1. Das Produkt und die Gründer 45

2. Der Bootsmarkt 46

3. Branchenstruktur und Wettbewerber 49

4. Das Solarbootinteresse gewerblicher Kunden 50

5. Das Solarbootinteresse von Bootshändlern 51

6. Das Solarbootinteresse von Privatkunden 52

7. Fragen zur Fallstudie 53

8. Hinweise zur Bearbeitung der Fallstudie MiniSol 53

   8.1 Angesprochene Problemschwerpunkte 53

   8.2 Hinweise für die Bearbeitung und Zeitbedarf 54

   8.3 Lösungshinweise 54

1. Das Produkt und die Gründer

Im Winter 1992/93 entwickeln fünf Berliner Ingenieure ein neuartiges Solarboot mit dem Namen "MiniSol". MiniSol ist ein sehr wendiges, geräuschlos und abgasfrei fahrendes Elektroboot mit der Möglichkeit, bei ausreichend Sonnenschein ohne "Treibstoff" zu fahren. Es ist 3,5 m lang, 1,5 m breit, wiegt 190 kg und besitzt bei einer Zuladung von maximal 250 kg einen Tiefgang von 25 cm. MiniSol bietet Platz für zwei Personen, für die ergonomisch vorgeformte Schalensitze in die Deckschale eingelassen sind. Platz zum Verstauen von Gepäck findet man im Heckteil unter einer Klappe und im Fußteil vor den Sitzen, so daß die Insassen auch eine kleinere Tour unternehmen können. Alle Teile werden aus glasfaserverstärktem Kunststoff (GFK) hergestellt, sind wetterfest und sehr robust. Das Boot wird mit bootsüblichem Zubehör (u.a. Paddel, Fender) ausgeliefert und ist unsinkbar.

Das Besondere des Bootes sind die auf dem Vordeck auf einer Fläche von $2m^2$ angebrachten Solarkollektoren. Diese 144 Solarzellen leisten 209 Watt, sind begehbar und sogar gegen stärkere Witterungseinflüsse, wie z.B. Hagelkörner bis zu 2,5 cm Durchmesser, resistent. Die Solarzellen haben eine Haltbarkeit von 30 Jahren, wobei der Wirkungsgrad nach Angaben des Herstellers Siemens in diesem Zeitraum um 10% nachlassen wird. Damit der abgegebene Strom gespeichert werden kann, befindet sich an Bord eine Bleisäurebatterie mit einer Nennkapazität von 200 Ah und einer Nennspannung von 12V. Grundproblem bei der Konstruktion war die Abstimmung der Solarmodule auf die angeschlossenen Stromverbraucher, wobei eine möglichst kleine Batterie aus Gewichtsgründen verwendet werden sollte. Hierzu wurde ein neuer Laderegler aus handelsüblichen Bauteilen selbst entwickelt, der eine Tiefentladung der Batterie wirksam verhindert. Zur Kontrolle befinden sich am Instrumentenbrett ein digitales Ampere- und ein Voltmeter, Bereitschafts- und Batterieanzeige und ein Schlüsselschalter zum Anschalten des Motors. Alle Komponenten sind mit Ausnahme der Batterie wartungsfrei und langlebig. Diese muß in Abständen von drei Jahren gewechselt werden.

Mit dem stufenlos regelbaren Elektromotor erreicht das Boot eine Höchstgeschwindigkeit von 7 km/h und eine Reichweite von maximal 28 km (nur mit der eingebauten Batterie ohne Sonneneinstrahlung). Mit Sonneneinstrahlung erhöht sich die Reichweite bei Höchstgeschwindigkeit auf 56 km. Betreibt man MiniSol ausschließlich mit Solarstrom bei einer Höchstgeschwindigkeit von 4 km/h ist die Reichweite unbegrenzt. Zu beachten ist, daß bei trübem Wetter in Deutschland immer die eingebaute Batterie wenigstens teilweise Leistung für den Bootsantrieb abgeben muß.

Aufgrund der geringen Leistung von unter 5 PS muß das Boot zwar amtlich zugelassen werden, jedoch darf Minisol führerscheinfrei auf allen Gewässern in Deutschland (Ausnahme: Berlin) betrieben werden. Minisol soll 20.000 DM kosten und kann in Eigenfertigung für 9.000,-DM hergestellt werden.

1993 wollen die Entwickler die Solboat GmbH mit einem Startkapital von 100.000 DM aus Ersparnissen gründen. Eine zum Bootsbau ausgestattete Werkstatt, in der auch der Prototyp gebaut wurde, kann günstig gemietet werden. Alle vier Teammitglieder sind wassersportinteressiert und ausgebildete Ingenieure des Maschinenbaus bzw. der Elektrotechnik. Sie waren vorher Entwickler oder Produktionsmitarbeiter und sind derzeit in Weiterqualifizierungsmaßnahmen tätig. Der zukünftige Geschäftsführer der Gesellschaft, der auch den Verkauf des Bootes übernehmen soll, hat langjährige Erfahrungen im Handel mit osteuropäischen Staaten.

2. Der Bootsmarkt

Der deutsche Freizeitbootsmarkt umfaßt Segelboote, Motorboote, nicht motorisierte oder segelbare Schlauchboote sowie Surfbretter. 25% des Bootsbestandes sind Motorboote, von denen mehr als zwei Drittel wiederum kürzer als 7,5m sind.

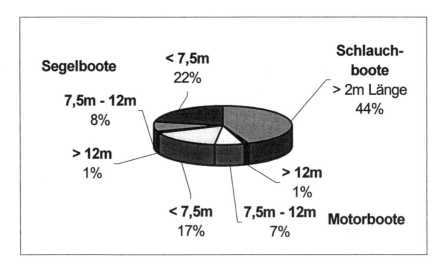

Abb. 1: Freizeitbootsbestand 1992 in Deutschland

(Quelle: Bundesverband Wassersportwirtschaft e.V.)

Das Marktvolumen des deutschen Freizeitbootmarktes belief sich 1988 auf 2.715 Mio. DM und stieg bis zum Jahre 1992 auf 3.100 Mio. DM, was einer Zunahme von knapp 15% innerhalb der letzten vier Jahre entspricht. Zu beachten ist, daß die Steigerung in den letzten beiden Jahren im Vergleich zu den vorhergehenden geringer ausfiel.

Der Verkauf neuer **Segelboote** zeigte sich aufgrund des Ausbaus der Charterflotte an der Ostsee konjunkturstabil. In der **Motorbootbranche** sind die Verkaufszahlen bei Neubooten im Jahre 1992 rückläufig. Ursache sind die sich bereits 1991 abzeichnende Marktsättigung und gestiegene Lebenshaltungskosten. Kleine preiswerte Motorboote sowie teure große Motoryachten konnten sich jedoch behaupten. Sehr hoch ist der Anteil des Gebrauchtbootsmarktes am Marktvolumen. Auf ein Neuboot kommen 4-5 Gebrauchtboote, wodurch die Preise für gebrauchte Motorboote stark gefallen sind.

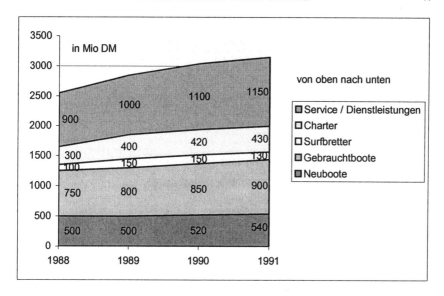

Abb. 2: Marktvolumen in Mio. DM per anno in Deutschland

(Quelle: Bundesverband Wassersportwirtschaft e.V.)

Im Bereich Zubehör, Service und Wartung ist ein positiver Trend zu beobachten. Grund dafür ist die Entwicklung des Wassersports zum Familiensport. Die Tendenz geht dahin, das eigene Boot immer besser, sicherer und komfortabler auszustatten, so daß die Familie während eines Bootsausfluges auf keine Annehmlichkeit zu verzichten braucht. Dieser Trend zum Komfort hat den Herstellern der meist elektrisch betriebenen Zusatzgeräte in der Vergangenheit hohe Wachstumsraten gebracht. Die Bootshersteller berücksichtigen inzwischen das höhere Gewicht der hierfür benötigten größeren Batterien in der Konstruktion durch die Verwendung leichterer und steiferer Materialien und entsprechenden Abstellplatz. Auch die Anbieter von Dienstleistungen (z.B. Bootsaus- und umbau) konnten vom Trend zu immer komfortableren Booten profitieren und erzielten durchgängig hohe Umsatzzuwächse.

Die Gesamtumsatzzahlen bei den **Bootsmotoren** waren 1992 steigend. Der Verkauf von Benzin-Innenbordmotoren ging um ca. 20% zurück und das Geschäft mit Dieselmotoren stagnierte. Außenbordmotoren verzeichneten aufgrund der stärkeren Nachfrage in den neuen Bundesländern einen 10%-igen Zuwachs. Elektromotore sind im Nachrüstungsgeschäft aufgrund der geringen Verbreitung und hohen Lebensdauer von Elektrobooten derzeit ein Nischenmarkt.

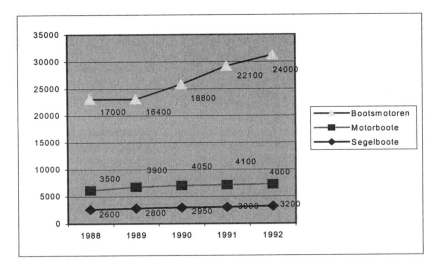

Abb. 3: Verkaufte Stückzahlen an Neubooten 1992 in Deutschland

(Quelle: Bundesverband Wassersportwirtschaft e.V.)

Zukünftig geht man von einer stabilen Schiffsbaukonjunktur in Deutschland wie auch in Österreich, der Schweiz und den Niederlanden aus. Allerdings belasten steigende Lebenshaltungskosten, hohe Kapitalmarktzinsen und die aktuelle Rezession auch in Deutschland das Geschäft, so daß sich die Bootskonjunktur wahrscheinlich in den nächsten zwei bis drei Jahren kaum verbessern wird.

Der Trend zu immer komfortableren Booten scheint sich auch in Zukunft in allen Bootsklassen fortzusetzen, so daß vor allem die Anbieter von Bootsausrüstungen und -zubehör (Bootsservice) ein Marktwachstum von ca. 10% pro Jahr für die nächsten Jahre erwarten.

Im Bereich der Elektroboote und der Bootsmotore sieht man - entgegen dem Markttrend - ebenfalls Wachstumschancen, da zunehmend Fahrverbote für Verbrennungsmotoren auf Binnenseen ausgesprochen bzw. strengere Abgasvorschriften erlassen werden. Z.B. werden durch die bayrische Schiffahrtsverordnung Sportboote mit Verbrennungsmotoren nur noch auf max. 5 Jahre und anzahlmäßig begrenzt für einzelne Gewässer genehmigt. Langfristig sollen Motorboote wahrscheinlich stärkeren Einschränkungen unterworfen werden. Solarbetriebene Freizeitboote könnten hiervon profitieren, wenn das Preis-/Leistungsverhältnis stimmt.

3. Branchenstruktur und Wettbewerber

Die wettbewerbsintensive Freizeitbootbranche ist bis auf wenige Großunternehmen von einer Vielzahl von Klein- und Kleinstunternehmen (weniger als 20 Mitarbeiter bzw. 1 Mio DM Umsatz) geprägt.

Am Markt gibt es derzeit elf Solarboothersteller, die 13 verschiedene Solarboote in zwei Segmenten anbieten. Einerseits gibt es **größere Solarboote und -yachten** ab ca. 50.000 DM (> 7 m Länge) von drei Herstellern, die zusammen 1992 zehn Solarboote im Wert von 800.000 DM an Privatpersonen verkauften. 1993 werden drei weitere Hersteller in diesem Segment erstmals Boote vorstellen.

Solarbetriebene Kleinboote unter 25.000.- DM werden erst im Prototypenstadium angeboten. Die Kleinboote haben überwiegend vier Sitzplätze und sind zwischen 4,5 und 5,5 Meter lang. Die maximale Geschwindigkeit aller Boote liegt mit Ausnahme von Spezialkonstruktionen zwischen 7 und 11 km/h. In der Regel wird der Rumpf selbst hergestellt, die restlichen Komponenten sind Zukaufteile.

Typ	Suck	HEW	Schöne	Heyn	Höffner Österreich	MiniSol
Größe	4,2 x 1,7m	4,5 x 1,5m	4,6 x 2,3m	4,2 x 1,5m	5,6 x 1,6m	3,5 x1,5m
Sitzplätze	4	4	4	1	4	2
Geschwindigkeit	8 km/h	10 km/h	10 km/h	23-25 km/h	11 km/h	7 km/h
Reichweite in h	6,5 (ohne Sonne)	6 (ohne Sonne)	5 (ohne Sonne)	k.A.	10 (ohne Sonne)	4 (ohne Sonne)
Rumpf	Trimaran	Normal	Katamaran	Katamaran	Normal	Katamaran
Batterie	2x 100Ah	4x 75Ah	k.A.	k.A.	k.A.	200Ah
DM-Preis	ca. 17.000	ca. 15.000	25.600	12.000	25.000	Ca. 20.000
Stand:	Prototyp	Eigenbau	Prototyp	Prototyp	Prototyp	Prototyp

Abb. 4: Marktüberblick: Solarboote in der Kleinbootklasse (alle < 5 PS Leistung)

Darüber hinaus verkaufen 13 weitere Hersteller in Deutschland zusammen mindestens 100 **Elektroboote** im Wert von ca. 1,5 Mio. DM/ Jahr bei Preisen zwischen 4.000.- und 30.000.- DM / Boot. Anzahl der Sitzplätze, Bootslänge und Höchstgeschwindigkeit der Elektroboote entsprechen Solarbooten.

Marktführer im Verkauf von Elektrobooten an gewerbliche Kunden ist die österreichische Firma Pehn mit 10 Beschäftigten, die in Süddeutschland und Österreich einen Marktanteil von ca. 50% hält. Es werden ausschließlich Elektroboote in der Größenklasse zwischen 4 und 30 Personen gebaut. Pehn verkauft europaweit 100 Elektroboote/Jahr, hauptsächlich an Bootsverleiher, aber auch an Privatleute.

OMC ist die deutsche Vertriebsniederlassung eines international agierenden Konzerns, der Elektroboote über Händler an Privatkunden vor allem im niedrigen Preissegment verkauft. Neben Elektrobooten aus Alu oder GFK gehören auch größere Yachten zum Produktprogramm. Das dem MiniSol vergleichbare Elektroboot ähnelt im Aufbau einem Ruderboot mit Außenbordmotor und ist speziell für Angler und Privatleute konzipiert, die nur geringe Strecken zurücklegen müssen.

Die Firma Barro ist spezialisiert auf hochwertige Aluminiumboote u.a. für Polizei, Feuerwehr und Rettungsorganisationen und bietet ein breites Spektrum vom Tretboot bis zum Elektroboot an. Elektroboote sind für Barro ein reines Zusatzgeschäft, wobei die aus Sicht von Barro geringe Nachfrage nach diesem Bootstyp sich aus der hohen Lebensdauer der Verleihboote von bis zu 30 Jahren erklärt.

Typ	Barro	Neptun-Yachten	OMC	Pehn	Weidt-mann	MiniSol
Größe	4,6 x 1,6m	3 x 2,3m	3,7 x 1,6m	5,3 x 1,8m	4,2 x 1,5m	3,5 x1,5m
Sitzplätze	4-5	4	2	4	4-5	2
Geschwindigkeit	11 km/h	10 km/h	6 km/h	10 km/h	6 km/h	7 km/h
Reichweite in h	6 (ohne Sonne)	3-4 (ohne Sonne)	k.A.	k.A.	10.	4 (ohne Sonne)
Rumpf	Alu-Norm	Normal	Alu-Norm	Normal	Normal	Katama-ran
Batterie	LKW-Batterien.	Delta (KfZ)	wartungs-frei	k.A.	k.A.	200Ah
DM-Preis	13.000	Ab 6.000	3.875	12.000	18.570	ca. 20.000

Abb. 5: Elektroboote in der Kleinbootklasse (alle < 5PS Leistung)

4. Das Solarbootinteresse gewerblicher Kunden

Eine repräsentative Befragung von 33 der 300 Bootsverleiher in Deutschland ergab, daß nur fünf (15%) der Bootsverleiher (überwiegend in Süddeutschland) Elektroboote vermieten. Keiner der Bootsverleiher hat bisher ein Solarboot im Einsatz.

N = 392 Boote	Segel-boote	Motor-boote	Elektro-boote	Paddel-boote	Ruder-boote	Tretboote
Absolut / %-Satz an Verleihbooten	44 (11,2%)	5 (1,3%)	51 (13%)	54 (13,8%)	88 (22,5%)	150 (38,2%)

Abb. 6: Verteilung der Verleihboote auf die Bootstypen bei den befragten Bootsverleihern

Ein Elektrobootverleiher besitzt ca. 10 Elektroboote mit durchschnittlich 6 Sitzplätzen pro Boot. Die Verleihe befinden sich meist in Urlaubsgebieten, und die Hauptnutzer sind Familien mit Kindern und Paare. Ein Elektroboot wird im Schnitt von 3,6 Personen genutzt und 400 Std. pro Jahr vermietet.

Der Grund für den Einsatz von Elektrobooten gegenüber Motorbooten liegt in der Führerscheinfreiheit sowie in lokalen Umweltgesetzgebungen. Als Vorteil von Elektrobooten sehen Bootsverleiher die Geräusch- und Geruchsarmut sowie den geringen Wartungsaufwand. Probleme bereiten die geringe Leistung der Batterien und Motoren bei starkem Wind. Fast alle Elektrobootbesitzer sagen, daß sie bei einer Neubeschaffung wieder ein Elektroboot kaufen würden.

Für 77% der Bootsverleiher ist ein Solarboot eine ernstzunehmende Alternative. Allerdings befürchtet man, daß Solartechnik noch nicht so zuverlässig und leistungsfähig ist. Deshalb würden Bootsverleiher nur einen geringen Mehrpreis für Solarboote akzeptieren. Die Zahlungsbereitschaft beträgt im Schnitt für ein Solarboot 11970,- DM im Vergleich zu 11400,-DM für ein Elektroboot. Wichtig ist, daß sich die Anschaffung in zwei Jahren über den Verleihpreis von 20,- DM/Std. amortisiert.

In den nächsten Jahren planen 20% der Elektrobootverleiher Neuanschaffungen in der Größenordnung von jeweils höchstens drei Elektrobooten / Jahr.

Da die Wasserzugänge eher gesetzlich eingeschränkt als erweitert werden, ist ein Wachstum mittelfristig nur in den Neuen Ländern zu erwarten, wenn die dortigen Wassersportflächen weiter touristisch erschlossen werden. Man rechnet mit höchstens 10 neuen Bootsverleihern pro Jahr.

5. Das Solarbootinteresse von Bootshändlern

Bootshändler verkaufen mehr als 50% ihrer Boote an Privatkunden, jedoch sind auch Behörden, Bootsverleiher, Ferien- und Freizeitparks sowie Bootsschulen ihre Kunden.

Die Befragung von 13 großen Bootshändlern in Deutschland ergab, daß ein leicht von Bootshändlern zu verkaufendes Boot viel Stauraum bieten muß und robust, langlebig und sicher sein sollte. Der Umweltverträglichkeitsaspekt spielt ebenso wie die Höchstgeschwindigkeit eine untergeordnete Rolle.

Nur einer der befragten großen Bootshändler verkauft Elektroboote. Die übrigen bezeichnen das Elektroboot-Konzept als unwirtschaftlich. Darüber hinaus sehen sie vor allem im Privatkundenmarkt nur eine geringe Nachfrage, da die Boote zu klein sind, die Batterie ständig nachgeladen werden muß und die Technik insgesamt wenig ausgereift erscheint.

Ein nur durch Solarkollektoren und Batterien angetriebenes Boot ist für knapp die Hälfte der Befragten von Interesse. Der Grund ist das gegenüber Elektrobooten geringere Gewicht wegen der eingesparten Batterien. Außerdem wird der Einsatz als sinnvoll erachtet, falls es gesetzliche Auflagen zum Langsamfahren gibt oder andere Einsatzmöglichkeiten vorliegen würden.

Der andere Teil der Händler sieht als Ablehnungsgründe die nicht ausgereifte Technik, den großen Flächenbedarf der Solarmodule und deren schlechten Wirkungsgrad. Als Nachteil wird auch die zu geringe Leistungsreserve gesehen. Solartechnik sehen diese Händler allenfalls als Zusatzmodul, z.B. zur Energiebedarfsdeckung an Bord, wobei derartige Anlagen zur Nachrüstung bisher noch kaum verbreitet sind. Da die ersten Anlagen aus den USA mehr als 10.000 DM je Anlage kosteten, wurde bisher nur bei einigen großen Booten über 7,5m Länge ein Einbau vorgenommen.

Aus der Sicht der meisten Händler hätten zukünftig zwar viele Kunden, speziell Segler, Verleiher und Angler wegen des Lärm- und Umweltschutzaspektes, Interesse an umweltfreundlichen Antrieben, jedoch wird der Verbrennungsmotor im Freizeitbereich führend bleiben.

Nach Meinung der Händler wäre die Mehrzahl der Kunden bereit, bis zu 10% mehr für ein umweltfreundliches Boot auszugeben, wenn die vorher genannten Kundenbedürfnisse erfüllt werden.

6. Das Solarbootinteresse von Privatkunden

In verschiedenen deutschen Segel- bzw. Yachtclubs wurden 250 Bootsbesitzer bzw. - nutzer befragt, um die Einstellung von Privatpersonen gegenüber solarbetriebenen Booten zu ermitteln.

Für 86% ist eine umweltschonende Nutzung von Gewässern sehr wichtig, für 14% wichtig. Zu ihrer Meinung zum Einsatz von Solartechnik im Bootsbereich befragt, ergab sich folgendes Stimmungsbild: Solartechnik halten die Befragten für umweltschonend (100%), heute schon nutzbar (90%), noch zu teuer (75%), in Deutschland nicht sinnvoll einsetzbar (45%), weitgehend technisch zuverlässig (40%, 29% haben hier keine Meinung).

Ein Solarboot ist für 57% der Befragten von Interesse, da sie die Geräuscharmut und die Umweltfreundlichkeit als positiv bewerten. Für 43% ist ein Solarboot uninteressant, da der Segel- bzw. Sportaspekt entscheidend ist und die Abhängigkeit von der Sonne als Energiequelle negativ erscheint.

Von den 113 befragten Motorbootbesitzern wollen sich zwölf in diesem Jahr wahrscheinlich ein neues Boot kaufen, wobei neun mit Sicherheit ein Kleinboot für durchschnittlich 20.000 DM kaufen werden. Allerdings gibt derzeit nur einer der potentiellen Motorbootkäufer an, den Kauf eines Solarbootes ernsthaft in Erwägung ziehen. Diese Person übt ihr Hobby Motorbootfahren in Gebieten aus, in denen das Betreiben von Motorbooten stark reglementiert ist (Bayrische Seen und Berlin).

Die Interessenten für ein Solarboot wären bereit, einen Preisaufschlag von ca. 10-12% auf den durchschnittlichen Anschaffungspreis zu akzeptieren, wenn dadurch sichergestellt ist, daß sie das Boot mit Sicherheit an ihrem Wohnort betreiben dürfen.

7. Fragen zur Fallstudie

Frage 1:

Teil I) Welches der beschriebenen Marktsegmente des privaten und gewerblichen Bootsmarktes ist für eine Solarbooteinführung aus der Sicht des neu zu gründenden Unternehmens am attraktivsten? Ermitteln Sie hierzu näherungsweise die Marktpotentiale der verschiedenen Marktsegmente des Solarbootmarktes.

Teil II) Bestimmen Sie anschließend Kundennutzen und Wettbewerbsvorteile für Minisol im Vergleich zu Elektrobooten / Motorbooten. Wo kann Minisol Ihrer Meinung nach sinnvoll eingesetzt werden?

Frage 2:

Für ein kleines Wassersportunternehmen ist ein Jahresumsatz von mindestens 500.000 DM erforderlich. Wie können die Gründer sich Ihrer Meinung nach langfristig im Bootsmarkt etablieren?

8. Hinweise zur Bearbeitung der Fallstudie MiniSol

8.1 Angesprochene Problemschwerpunkte:

Kernfrage ist die Markteintrittsentscheidung in einem jungen Markt, in dem Alternativprodukte vorhanden und der Nutzen einer neuen Technologie dahingehend bestimmt werden muß, ob er am Markt wesentliche Wettbewerbsvorteile bringt.

Dazu soll das Marktpotential des Solarbootmarktes bei Bootsverleihern und im privaten Freizeitbootmarkt abgeschätzt werden. Darüber hinaus ist zu diskutieren, ob diese Potentiale ausreichend groß sind, um ein junges Unternehmen dauerhaft am Leben zu erhalten.

Darüber hinaus ist über Alternativen zum Solarbootmarkt nachzudenken und hierfür ein tragfähiger Vorschlag zu machen. Dieser Vorschlag könnte z.B. in der Konzentration auf den Solar-Zubehörmarkt bestehen, wenn die für den Bootsantrieb entwickelte Technik dort profitabel vermarktet werden kann. Die Gründer müssen sich also von ihrer Erstidee lösen und eine Vermarktung ihrer Technologie in einem anderen Teilmarkt – dort aber mit erheblichem Kundennutzen - fortführen.

8.2 Hinweise für die Bearbeitung und Zeitbedarf

Die Fallstudie verlangt keine besonderen Kenntnisse des Bootsmarktes oder technische Vorkenntnisse. Die Teilnehmer sollten jedoch für eine Marktpotentialberechnung über Grundkenntnisse im Marketing verfügen. Am sinnvollsten ist die Bearbeitung in zwei bis drei Kleingruppen á ca. 5 Teilnehmern, die zufällig zusammengesetzt werden. Es sollte vorher bekanntgegeben werden, daß ein zufällig per Los bestimmtes Gruppenmitglied die Ergebnisse jeder Kleingruppe in einem Kurzvortrag von max. 5 Minuten präsentiert. Das verhindert, daß einzelne Teilnehmer in der Gruppenarbeit sich als "Trittbrettfahrer" verhalten. Wichtig ist, daß man die zu beantwortenden Fragen im Vorfeld bespricht, um die entsprechenden Informationen während des Lesens schon zusammenzustellen bzw. im Text zu markieren.

Für das Lesen des Textes und die Markierung der relevanten Textstellen sind ca. 20 Minuten erforderlich. Die weitere Bearbeitungszeit beträgt ca. 40 Minuten. Diese teilt sich auf in ...

a) je nach Vorkenntnisstand ca. 15-20 Minuten für die Berechnung der Marktpotentiale,

b) ca. 10 Minuten für die Bestimmung von Kundennutzen und Wettbewerbsvorteilen des Produktes getrennt nach Marktsegmenten und

c) 10-15 Minuten für die Entwicklung einer weiterführenden Strategie.

Eine anschließende Ergebnispräsentation benötigt zusammen mit einer kurzen Diskussion bei drei Gruppen ca. 30 Minuten. Der Gesamtbearbeitungsaufwand der Fallstudie liegt bei ca. 90 Minuten.

8.3 Lösungshinweise

Zu Frage 1:

Teil Ia) Bei **gewerblichen Kunden (Marktsegment Bootsverleiher)** gibt es einen Ersatzbedarf der 300 Bootsverleiher in Deutschland und einen Bedarf durch die Entstehung neuer Bootsverleiher. Diesen Ersatzbedarf pro Jahr kann man unter der Annahme, daß die Verteilung der Solarboot-Interessenten auch für die Bootsverleiher mit Ersatzbeschaffungen gilt, wie folgt abschätzen:

Ersatzbedarf bestehender Bootsverleiher:

300 Bootsverleiher in Deutschland	
x 0,15 (15% haben Elektroboote)	= 45 Elektrobootverleiher
x 0,2 (20% planen Neuanschaffungen)	= 9 Bootsverleiher mit Ersatzbedarf
x 0,77 (77% Interesse an Solarboot) und Interesse	= 7 Bootsverleiher mit Ersatzbedarf

x max. 3 Boote / Jahr   =   21
Boote max. Bedarf pro Jahr

x max. Zahlungsbereitschaft (Solarboot) von 11.970 DM

= 251.370 DM Ersatzbedarfspotential / Jahr für Solarboote

Den Neubedarf kann man unter der Annahme der Übertragbarkeit der Umfrageergebnisse auf die Struktur neu entstehender Bootsverleiher ebenfalls wie folgt abschätzen:

Neubedarf zusätzlicher Bootsverleiher:

10 neue Bootsverleiher pro Jahr

x 0,15 (15% Annahme (!) Elektrobootquote)   =   1,5   Bootsverleiher   mit
Elektrobooten

x 0,77 (77% Annahme (!) Solarinteresse)   ca.   1   Bootsverleiher   mit
Elektroboot & Solar-Interesse

x 10 Elektroboote pro Verleiher
            = 10 Boote Neubedarf im Jahr

x Zahlungsbereitschaft (Annahme!) von 11970,- für Solarboot

= 119.700,- DM Marktpotential für Neubedarf an Solarbooten pro Jahr

---

Das **Gesamtmarktpotential** für elektrisch betriebene Boote mit Solarkollektoren im Markt für gewerbliche Solarboot-Interessenten beträgt ca. 21 + 10 = 31 Boote / Jahr, zusammengesetzt aus

---

251.370 DM Ersatzbedarf + 119.700 DM Neubedarf = **371.070 DM / pro Jahr für die Folgejahre mit mäßiger Bootsbaukonjunktur**

Teil Ib) Im **Marktsegment der Privatkunden** ist das Marktvolumen für Solarboote nur durch Hochrechnung der Umsätze mit größeren Solarbooten oder auf Basis der Befragungsergebnisse in Yachtclubs zu bestimmen.

Hochrechnung der Umsätze auf den Privatkundenmarkt über Solarbootumsätze:

Das Marktvolumen für Solarboote **in der Größenklasse über 7 m Länge** im Privatkundenmarkt ist für 1992 mit zehn Solarbooten im Wert von **800.000 DM** gegeben.

Bisher wurden Solar-Kleinboote unter 7,5 m noch nicht verkauft. Unter der Annahme, daß sich die Stückzahlverteilung bei Motorbooten mit Verbrennungsmotoren auch bei Solarbooten einstellen würde (s. Abb. 1), entsprächen die verkauften 10 Solarboote mit mehr als 7,5 m Länge einem Anteil von 8% an dem Gesamtbestand an Motorbooten (25%), was einem Marktanteil von 8/25=32% entspräche.

Die restlichen 68% (1-0,32) wären dann Kleinboote mit Solarantrieb. Diese 68% entsprechen ca. 21 Solarbooten mit einer Länge von weniger als 7,5m. D.h., daß ein Marktpotential für 21 Solar-Kleinboote für 1993 errechnet würde. Dieses Ergebnis basiert jedoch auf **keiner** Verhaltensäußerung potentieller Käufer, ist aber aus den Verkaufszahlen des Jahres 1992 abgeleitet.

Auf der Basis der Umfrageergebnisse kann man ebenfalls versuchen, die Solarbootinteressierten abschätzen:

Von 113 Motorbootbesitzern wollen 12 (= 10,6%) 1993 ein neues Boot kaufen. Legt man die Absatzzahlen von 1992 (4000 verkaufte neue Motorboote, in Abb.3) auch in den nächsten Jahren zugrunde und unterstellt man ferner, daß jedes zweite Boot von einer Privatperson gekauft wird (Ergebnisse der Händlerumfrage), dann könnten 8,3% (1 Solarinteressierter von 12 potentiellen Bootskäufern) dieser 2000 Motorbootkäufer Solarboot-Interessenten sein, d.h.

4000 Boote x 0,5 (Privatbedarf) = 2000 x 0,083 = 166 Solarbootinteressierte

x 0,75 (75% , d.h. 9 von 12 potentiellen Käufern wollen in der Kleinbootklasse < 7,5m kaufen)

= 124 Solar-Kleinboot-Interessierte

Wenn alle ein Solarboot kaufen würden (!), ergäbe sich eine Marktpotentialobergrenze von 124 Booten pro Jahr. Demzufolge liegt das Marktpotential im Privatkundenmarkt für kleine Solarboote zwischen 21 und 124 Booten pro Jahr. Setzt man die erfragte durchschnittliche Zahlungsbereitschaft von ca. 20.000 DM x 1,1 (10-12% Solaraufschlag") = 22.000 DM an, dann ergäbe sich wertmäßig **ein Marktpotential zwischen 462.000 DM (21 Boote) und 2.728.000 DM (124 Boote).**

Hierbei ist jedoch zu beachten, daß selbst ernsthaftes Interesse nicht mit tatsächlichem Kaufverhalten verwechselt werden darf. Ob tatsächlich Minisol gekauft wird, also Marktanteile errungen werden können, hängt ab von dem erzielbaren Kundennutzen und den vorhandenen Wettbewerbsvorteilen.

Teil II) Kundennutzen und Wettbewerbsvorteile von Minisol:

Im Segment gewerblicher Kunden:

Minisol bietet – bei ausreichender Sonnenstrahlung – Energieeinsparungs- und damit Kosteneinsparungsmöglichkeiten durch mit Solartechnik gewonnenen Betriebsstrom gegenüber Elektrobooten und eine Elektrobooten vergleichbare Motorisierungsleistung. Es hat aber den Wettbewerbsnachteil von nur 2 Sitzplätzen, wodurch es als Verleihboot nur bedingt in Frage kommt, da durchschnittlich 3,6 Personen ein Verleihboot nutzen. Ob einem Solarboot ein Attraktionseffekt als Imageträger eines Verleihs zukommt, läßt sich nicht sagen. Darüber hinaus ist es derzeit mit 20.000 DM sehr teuer.

Im Segment der Privatkunden:

Minisol ist jedem Boot mit Verbrennungsmotor in der Leistung deutlich unterlegen, kann aber auf Wasserflächen, die für Motorboote gesperrt sind, führerscheinfrei – wie alle Elektroboote ähnlicher Leistung – betrieben werden und damit eine Nische besetzen. Gegenüber einem Elektroboot besitzt es nur den Vorteil, daß es die Betriebskosten für die Aufladung – bei gutem Sonnenschein (!) – deutlich reduziert. Insgesamt ist dieser Vorteil als gering einzustufen, so daß sich auch in diesem Segment keine erheblichen Vorteile bieten.

Frage 2)

Obwohl das Marktpotential bei Privatkunden selbst bei Betrachtung der Marktuntergrenze, von der in einem jungen Markt realistischerweise auszugehen ist, ungefähr doppelt so groß, wie im Markt für Bootsverleiher, reicht es keineswegs aus, um die Grundlage eines Wassersportunternehmens zu bilden.

Da kein deutlicher Nutzen im Privatkundenmarkt in Deutschland zu erkennen ist, ist es sehr unwahrscheinlich, daß das potentiell fünfköpfige Unternehmen ausschließlich durch die Herstellung von Solarbooten wirtschaftlich überleben kann. Sinnvollerweise sollte ein zusätzliches Standbein, z.b. im Handel mit Solar- und /oder Bootskomponenten zusätzlich aufgebaut werden, um eine tragfähige Unternehmensgrundlage aufzubauen.

Z.B. bietet sich der Ausrüstungsmarkt für Solar-Zusatzanlagen an, da aufgrund des Problems der vielen elektrischen Stromverbraucher an Bord – vor allem bei großen Motorbooten – ein erhebliches Gewicht durch große Batterien transportiert werden muß, was eingespart werden könnte. Es reichen schon 50 mit einer Solaranlage ausgerüstete Boote bei einem Solar-Anlagenpreis von 10.000 DM aus, um den Zielumsatz von 500.000 DM zu erreichen. Da 32% (= 1280) der 4000 jährlich gekauften neuen Motorboote über 7,5m lang sind, müssen nur 4% aller neu produzierten Motorboote (> 7,5m Länge) damit ausgestattet werden. Hier bieten sich bei Konzentration der eigenen Fähigkeiten auf einen Teilmarkt interessante Marktperspektiven.

Heute ist die Solarzubehör-Technik zur Deckung des Energiebedarfes an Bord eine etablierte und häufig bei großen Motoryachten meist in Kajütdächer integrierte Technik. Auf der Düsseldorfer Bootsmesse im Januar 2001 stellten alleine vier deutsche Hersteller in diesem Segment ihre Produkte im Solar-Zusatzanlagenmarkt aus.

Fallstudie zu Finanzierung und Förderungen - Unternehmensgründung von Fritz Wiff

Helmut Pernsteiner und *Eva Traunmüller*[1]

1. Lehrziele 61

2. Situation des Gründers 61

3. Tätigkeit des Unternehmens und Marktbeschreibung 62

    3.1 Die Kundengewinnung soll durch verschiedene Kanäle erfolgen 62

4. Finanzierung in der Gründungsphase 62

    4.1 Investitionsbedarfs 63

5. Finanzierungsalternativen 64

    5.1 Eigenkapital Fritz Wiff 64

    5.2 Eigenkapital Verwandte und Freunde 64

    5.3 Förderungen 64

    5.4 Fremdkapital 65

6. Planungen 65

    6.1 Umsatzplanung 65

    6.2 Personalplanung 66

    6.3 Aufwands- bzw. Auszahlungsplanung (ohne Investitionen) 66

7. Fragen und Überlegungen 67

8. Literaturhinweise 69

---

[1] Dr. Helmut Pernsteiner ist ordentlicher Universitätsprofessor, Dr. Eva Traunmüller ehem. Assistentin am Institut für betriebliche Finanzwirtschaft der Johannes Kepler Universität Linz/ Österreich. Beide danken den Herren Mag. Andreas Bertl und Dr. Markus Hackstein, derz. und ehem. Assistenten an diesem Institut, für die Durchsicht und für Anregungen.

1. Lehrziele

- Verständnis der Grundprobleme der finanziellen Fragen bei der Gründung (inbes. Investition und Finanzierungsalternativen)
- Mitberücksichtigung der steuerlichen Problematik
- Auseinandersetzung mit Planungsfragen

2. Situation des Gründers

Fritz Wiff (35) war in einem Möbeleinzelhandelsgeschäft lange Zeit im mittleren Management tätig. Unmittelbar nach seiner Matura begann er in diesem Möbelhandel in der Abteilung für Rechnungswesen zu arbeiten. Aufgrund von Rationalisierungs- maßnahmen im Unternehmen wurde er gekündigt und überlegt nunmehr die Gründung eines Feng-Shui-Beratungsunternehmens, wodurch ein Beginn der Selbständigkeit als Nebenerwerb ausscheidet. Fritz Wiff besuchte einige Feng-Shui-Kurse und absolvierte die Prüfung zum Feng-Shui-Einrichtungsberater. Er ist verheiratet und hat zwei Kinder im Alter von sechs und vier Jahren. Seine Frau Maria ist in einem Einkaufszentrum teilzeitbeschäftigt. Durch die Schulpflicht des älteren Kindes ist die Moblität von Fritz Wiff auf den Großraum einer mittleren Großstadt eingeschränkt.

Die fachlichen Qualifikationen als Feng-Shui-Einrichtungsberater bringt Herr Wiff einerseits aufgrund seiner langjährigen beruflichen Erfahrung im Möbelhaus und andererseits durch seine Zusatzqualifikationen durch die freiwillige Aus- und Weiterbildung im Bereich des Feng-Shui mit. Des weiteren kann er fundierte betriebswirtschaftliche Kenntnisse durch die Absolvierung einer Handelsakademie und einer anschließenden Tätigkeit in der Abteilung Rechnungswesen sowie seines Aufstieges ins mittlere Management vorweisen. Er erfüllt sämtliche rechtliche Voraussetzungen für eine Unternehmensgründung in diesem Bereich.

Das Hauptaugenmerk des jungen Unternehmens soll – zumindest vorläufig – in der Beratung liegen. Je nach Entwicklung des Unternehmens soll frühestens in fünf Jahren mit der Produktion von diversen Kleinmöbeln oder „Accessoires für die Wohnung" begonnen werden. Die Einstellung von Mitarbeitern ist derzeit nicht geplant. Die Beschäftigung einer Teilzeit-Sekretärin soll frühestens nach einem halben Jahr des Unternehmensbestehens überlegt werden. Von der Einstellung der Ehefrau als Teilzeitsekretärin wird Abstand genommen, da dadurch einerseits im Falle des Scheiterns des Unternehmens bzw. in Krisen- und Engpaßsituationen für die Familie ihr Einkommen zur Verfügung steht und andererseits die Ehefrau gerne im Einkaufszentrum arbeitet.

3. Tätigkeit des Unternehmens und Marktbeschreibung

Zur Kundengruppe von Fritz Wiff gehören Personen, die ihre Wohnung bzw. ihr Haus oder die Unternehmensräumlichkeiten neu einzurichten planen, vor allem aber jene, welche sich für Feng-Shui interessieren und durch Umstellen der bestehenden Möbel und mittels kleiner Veränderungen ein positives Raumklima schaffen wollen.

Das Interesse für Feng-Shui zeigt sich durch den steigenden Absatz von Fachbüchern in diesem Bereich. Folglich rechnet Herr Wiff mit einem starken Marktwachstum für diesen Sektor. Durch die lang andauernde Ausbildung zum Feng-Shui-Berater ist das Angebot an derartigen Beratungsstunden im städtischen Großraum gering bis nicht vorhanden. Eine vergleichbare andere Berufsgruppe, welche in diesem Segment tätig ist, sind Innenarchitekten, welche in diesem speziellen Bereich allerdings noch nicht aktiv sind.

3.1 Die Kundengewinnung soll durch verschiedene Kanäle erfolgen

Durch Kontaktaufnahme mit Autoren von Feng-Shui-Büchern soll diese Zielgruppe in der einschlägigen Literatur angesprochen werden. Es haben sich zwei Autoren bereiterklärt, in der nächsten Auflage die Liste der Feng-Shui-Berater aufzunehmen. Im hier angesprochenen Gebiet wurde bisher in keinem der beiden Bücher ein Berater erwähnt.

Des weiteren sollen in drei österreichischen Wohn-Fachzeitschriften Inserate geschaltet werden. Diese würden im ersten Jahr in jeder Monatsausgabe erscheinen und danach in länger werdenden Intervallen.

Im ersten und zweiten Monat sollen außerdem regelmäßig auf einer Video-Werbewand, welche in einem vielbefahrenen Kreuzungsbereich montiert ist, Werbeeinblendungen gesendet werden.

Darüber hinaus soll unverzüglich die Aufnahme des Einrichtungsberatungsunternehmens in den „gelben Seiten" des Telefonbuches erfolgen und weiters eine Homepage mit Einrichtungsbeispielen mit zeitgleicher Meldung bei den Suchmaschinen erstellt werden.

Als unverzügliche Maßnahme ist außerdem eine Radiowerbung in einem regionalen Sender geplant.

4. Finanzierung in der Gründungsphase

Ausgehend vom Investitionsbedarf soll die Form der Finanzierung überlegt werden.

4.1 Investitionsbedarf

Herr Wiff benötigt für seine Tätigkeit ein Büro, das sich nicht in Zentrumsnähe des Stadtgebietes befinden muss, da er sowohl Kunden in seinem Büro empfangen und anhand eines Wohnungsgrundrisses beraten als auch teilweise Hausbesuche anbieten will. Daher ist ein Auto unerläßlich. Für diese Beratungstätigkeit benötigt Herr Wiff keine teure Zentrumslage. Ein angemietetes Büro am kostenmäßig günstigeren Stadtrand reicht für seine Zwecke aus.

Die Büroeinrichtung inklusive Telefon, Computer (ein Standard-PC für die Sekretärin, ein weiterer mit CAD-Zeichenprogramm; die Computer sollen zeitgleich gekauft werden, auch wenn eine Sekretärin erst zu einem späteren Zeitpunkt eingestellt werden soll, da beim zeitgleichen Kauf ein günstigerer Preis erwartet wird), Scanner, Fax- und Kopiergerät sollen gekauft werden. Da das Büro ein Beispiel für gutes Feng-Shui sein muss, soll mit einfachen, eher günstigen Möbelstücken unter Verwendung von geschmackvollen Detaillösungen ein optimales Raumklima geschaffen werden.

Die Netto-Anschaffungskosten betragen aufsummiert:

2 Schreibtische und Sessel, mehrere Kästen, eine Sitzgruppe für Kundenempfänge	€ 6.000,--
Computer, Drucker, Modem, Programme, Scanner, Fax- und Kopiergerät, Telefonanlage	€ 8.000,--
Blumen, Pinwände, Bilder, Feng-Shui Kugeln und Spiralen, Lampenschirme, Vorhänge, Diktiergerät, Handy, Kaffeemaschine, Gläser und diverse Kleinigkeiten	€ 800,--

Das Auto könnte entweder geleast oder gekauft werden. Für die Entscheidung zwischen Kauf und Leasing stehen folgende Daten zur Verfügung:

Planungshorizont:	4 Jahre
Kalkulationszinssatz:	6%

Daten Leasing:

Vertragsdauer:	4 Jahre
Anzahlung im Investitionszeitpunkt:	€ 1.830,--
Jährliche Raten inkl. Servicekosten etc. (letztere übernimmt die Leasinggesellschaft):	€ 4.500,--

Der PKW wird bei Vertragsende an die Leasinggesellschaft retourniert. Die Leasinggesellschaft nimmt das Auto ohne Aufzahlung unter der Bedingung zurück, dass die jährliche Kilometerzahl nicht über 50.000 beträgt. Von der Unterschreitung dieser Grenze wird ausgegangen.

Daten Kauf:

Anschaffungskosten:	€ 12.500,--
Jährliche durchschnittliche Auszahlungen (Service etc.):	€ 1.500,--

Bei dieser Finanzierungsalternative soll ein Darlehen in voller Investitionshöhe aufgenommen werden. Die Tilgung erfolgt in 4 gleichen jährlichen, nachschüssigen Raten. Weiters sind 7,5% Zinsen vom jeweils offenen Betrag (vor Tilgung) zu bezahlen.

Der PKW wird am Ende der Nutzungsdauer verkauft. Verkaufserlös: € 3.000,--

5. Finanzierungsalternativen

5.1 Eigenkapital Fritz Wiff

Fritz Wiff möchte für die Unternehmensgründung sein angespartes Vermögen in der Höhe von € 7.000,-- einbringen.

Weiters besitzt er Aktien, welche derzeit einen Wert von € 1.500,-- aufweisen und in den letzten Jahren eine durchschnittliche jährliche Performance von 5% einbrachten.

5.2 Eigenkapital Verwandte und Freunde

Frau Maria Wiff könnte bei Bedarf € 2.000,-- einbringen. Auf weiteres Eigenkapital von Verwandten und Freunden möchte Herr Wiff nicht zurückgreifen.

5.3 Förderungen

Für seine Investitionen (Einrichtung und Computer) in der Höhe von € 14.000,-- informiert sich Herr Wiff über Förderungen. Ihm stehen folgende Alternative zur Verfügung:

➤ Geförderter Kredit zu 60% der Netto-Anschaffungskosten. Dieser Kredit wird fix zu den Konditionen EURIBOR + 1% (aktueller Stand EURIBOR = 5%) für 4 Jahre gewährt. Die Rückzahlung erfolgt in 3 gleich großen Teilbeträgen jeweils am Ende der Geschäftsjahre 2, 3 und 4. Zinszahlungen sind jährlich, nachschüssig fällig. Für diese Förderung erfüllt Herr Wiff sämtliche Voraussetzungen.

➤ Für Investitionsvorhaben gewährt das Bundesland eine Basisprämie von 2% der Berechnungsgrundlage in Form eines nicht-rückzahlbaren Investitionszuschusses. Die maximale Förderungsberechtigungsgrundlage wird durch die Investitionsvorhaben von Herrn Wiff nicht erreicht und auch für diese Förderung kann Herr Wiff sämtliche Voraussetzungen vorweisen.

➢ Diverse Förderungen für Mitarbeiter kann Herr Wiff nicht in Anspruch nehmen, da er vorläufig keine Mitarbeiter beschäftigen wird.

5.4 Fremdkapital

Ein Freund der Familie und gleichzeitiger Anhänger von Feng-Shui ist bereit, für die Gründung des Unternehmens ein langfristiges Darlehen in der Höhe von € 3.000,-- zur Verzinsung EURIBOR + 1% zu gewähren. Die Laufzeit dieses Darlehens soll 10 Jahre betragen, wobei die Zinsen jährlich am Jahresende und die Tilgung erst in den Jahren 5 bis 10 in gleichmäßigen Raten erfolgen soll.

Die Hausbank von Herrn Wiff ist bereit – unter Gewährung von Kreditsicherheiten – folgende Kredite zu gewähren:

➢ Investitionsdarlehen für den PKW; Konditionen wie unter „4.1. Investitionsbedarf" erwähnt.

➢ Ein Darlehen mit der Laufzeit von 15 Jahren in der Höhe von € 5.000,-- als Annuitätenkredit mit der jährlichen, nachschüssigen Annuität von € 585,-- (inkl. 8% Zinsen).

➢ Kontokorrektkredit; € 7.000,-- Kreditrahmen; 10% Zinsen; bei Überziehung 15% auf den übersteigenden Betrag.

6. Planungen

6.1 Umsatzplanung

Herr Wiff beabsichtigt, zwei Formen der Beratung (Hausbesuche und Büroberatungen) anzubieten.

Hausbesuche werden wiederum untergliedert in solche innerhalb eines Umkreises von 100 km und darüber. Bei derartigen Hausbesuchen (Typ 1) wird das Haus besichtigt und es werden vor Ort Vorschläge zur Veränderung gegeben. Diese will Herr Wiff zum Nettopreis von € 100,-- pro Stunde anbieten. Für Hausbesuche, wo er eine Distanz von über 100 km Entfernung zu bewältigen hat, wird ein einmaliger Aufpreis von € 50,-- (netto) verrechnet.

Für Beratungen im Büro ist ein Preis von € 80,-- (netto) pro Stunde geplant.

Die Bezahlung erfolgt bei Haus- und Büroberatungen bar unter Berücksichtigung der Umsatzsteuer in Höhe 20%.

Im ersten Monat wird mit dem Verkauf von 10 Büro-Beratungsstunden gerechnet, da die Werbekampagnen erst zu greifen beginnen müssen. Die Entwicklung der Umsatzdaten wird wie folgt geplant:

1. Monat	800,--
2. Monat	2.500,--
3. Monat	3.900,--
4. bis 12. Monat	49.200,--
Summe 1. Jahr	**56.400,--**
Summe 2. Jahr	**65.000,--**
Summe 3. Jahr	**70.000,--**
Summe 4. Jahr	**73.000,--**

6.2 Personalplanung

Während des ersten halben Jahres wird kein Mitarbeiter beschäftigt. Die Erledigung der Bürotätigkeiten erfolgt in diesem Zeitraum durch den Unternehmer selbst mit Unterstützung seiner Ehefrau. Nach einem halben Jahr soll halbtags eine Sekretärin beschäftigt werden (€ 900,-- monatl. Bruttolohn; es wird mit 14 Gehälter pro Jahr und jährlichen Steigerungen von 3% gerechnet, 40% Lohnnebenkosten). Die Lohnverrechnung wird dann dem Steuerberater übergeben und die Buchhaltung selbst vom Unternehmer abgewickelt. Für die Reinigung des Büros soll in regelmäßigen Abständen eine Gebäudereinigungsfirma beauftragt werden.

6.3 Aufwands- bzw. Auszahlungsplanung (ohne Investitionen)

Sämtliche unten angeführten Beträge verstehen sich netto. Die Umsatz- bzw. Vorsteuer beträgt 20%, welche jeweils im übernächsten Monat der Leistung als Zahlung fällig wird. Werden keine abweichenden Angaben gemacht, so ist damit zu rechnen, dass die angeführten Zahlungen monatlich aliquot anfallen.

Miete und Betriebskosten:	Für diese Aufwendungen wird mit monatlichen Zahlungen von € 700,-- gerechnet.
Zahlungen für den PKW	Siehe Angaben unter 4.1. Investitionsbedarf + € 2.000,-- jährlich für Benzin, Autowäsche etc.
Personal:	Siehe 6.2. Personalplanung
Beratungsaufwand inkl. Lohnverrechnung des Steuerberater	Im 1. Jahr: € 2.000,-- In den folgenden Jahren: € 800,-- jährlich
Gebäudereinigung:	€ 1.500,-- jährlich
Büromaterial:	€ 300,-- jährlich
Werbung:	Im 1. Jahr: € 10.000,--

	Im 2. Jahr: € 3.000,--
	Im 3. Jahr: € 3.000,--
	Im 4. Jahr: € 3.000,--
Gründungsspesen:	€ 200,-- bei Unternehmensgründung (keine USt)
Sachversicherungen:	€ 1.000,-- jährlich (keine USt)
Pensions- und Kranken-versicherung des Unternehmers bei der gewerblichen Wirtschaft	€ 10.000,-- jährlich (Zahlungen aliquot am Quartalsende, keine USt)
Privatentnahme bzw. Gesellschaftergehalt:[1]	Im 1. Jahr: € 10.000,--
	Im 2. Jahr: € 15.000,--
	Im 3. bzw. den Folgejahren: € 20.000,--
Ertragsteuern:	Je nach Erfolg des Unternehmens nach Einkommensteuertarif bzw. KÖSt-Satz
Sonstige Steuern:	€ 1.000,-- jährlich
Sonstige Kosten/ Unvorhergesehenes:	€ 1.000,-- jährlich

7. Fragen und Überlegungen

Gehen Sie bei der Planung vereinfachend davon aus, dass sich der EURIBOR während des Planungshorizontes nicht verändert.

1. Sollen die **Aktien** des Fritz Wiff für seine Gründung verwendet werden oder soll er sie nicht verkaufen? Welche Gründe sprechen dafür, welche dagegen?

2. Zu welcher **Rechtsform** würden Sie Herrn Wiff raten, wenn

    a) keine Eigenkapitaleinlage seiner Frau erfolgt bzw.

    b) Frau Maria Wiff ihr Eigenkapital von € 2.000,-- einbringt?

Zusatzangabe:

Gehen Sie bei kommenden Lösungen davon aus, dass sich Herr und Frau Wiff für die Rechtsform der KG entschieden haben und die Einlage von Frau Wiff mit € 3.000,-- festgelegt wurde (ausstehende Einlage € 1.000,--, welche durch künftige Gewinne aufgefüllt werden soll); weiters dass Herr Wiff seine Aktien verkauft, um ein Eigenkapital von € 8.500,-- einzubringen.

3. Ist die Kauf- oder Leasingfinanzierungsvariante für den PKW günstiger? Berechnen Sie mit Verwendung der Kapitalwertmethode die Vorteilhaftigkeit ohne Berücksichtigung von Steuerwirkungen. Vereinfachend soll für die jährlichen,

---

[1] Je nach Rechtsform

durchschnittlichen Auszahlungen eine nachschüssige Zahlung angenommen werden.

Zusatzangabe:

Gehen Sie bei den weiteren Berechnungen davon aus, dass Herr Wiff das Auto per Leasing finanziert, selbst wenn sich diese Finanzierungsvariante als ungünstigere darstellt, da Fritz Wiff bei der Finanzierung der Unternehmensgründung zu Beginn in möglichst geringem Umfang auf Kreditfinanzierung zurückgreifen möchte. Er erhofft sich dadurch für spätere Zeitpunkte eine günstigere Verhandlungsposition. Weiters soll angenommen werden, dass jene Beträge, die jährlich angegeben sind, aliquot anfallen.

4.1 Stellen Sie dem **Investitionsbedarf** die entsprechenden Finanzquellen gegenüber und diskutieren Sie die Vor- und Nachteile der unterschiedlichen Finanzierungsformen unter Berücksichtigung eines möglicherweise anfallenden Liquiditätsengpasses.

4.2 Erstellen Sie einen **Liquiditätsplan** für die ersten drei Monate, um den Liquiditäts-engpass bestimmen zu können.

4.3 Welche **Kapitalstruktur** würden Sie Herrn Wiff empfehlen und überlegen Sie weitere Möglichkeiten bei einem höheren Kapitalbedarf.

5. Erstellen Sie den Finanzplan für die kommenden 4 Jahre.

Die Kreditzinsen des Kontokorrentkredites sollen vereinfacht für den durchschnittlich aufgenommenen Kontokorrentkredit (arithmetisches Mittel von Jahresanfang und Jahresende) errechnet werden. Weiters ist davon auszugehen, dass die eventuellen Steuern vom Einkommen und Ertrag aus den Privatentnahmen getätigt werden, da es sich bei der Einkommensteuer um eine Privatsteuer handelt.

Anmerkung: Die exakte monatliche Abgrenzung für die Umsatzsteuerzahllast ist für diesen Überblick nicht erforderlich. D. h. Umsatz- und Vorsteuer, welche in den Monaten November und Dezember anfallen würden und somit in den Monaten Jänner bzw. Februar zu bezahlen wären, müssen nicht abgegrenzt werden und können zur Gänze im jeweils vorangegangenen Geschäftsjahr eingerechnet werden.

Zu welchen **Maßnahmen** bzw. anderen Finanzierungsformen raten Sie Herrn Wiff nach Fertigstellung des Liquiditäts-/Finanzplans?

6.1 Führen Sie die **Erfolgsplanung** für die 4 Jahre ohne Berücksichtigung oben erwähnter Maßnahmen durch, wenn die Investitionsgüter zu € 800,-- als geringwertige Wirtschaftsgüter anzusehen sind und für die weiteren Investitionen (€ 14.000,--) eine vierjährige Nutzungsdauer vorgesehen ist. Geringwertige Wirtschaftsgüter können im Jahr der Anschaffung zu 100% abgeschrieben werden.

6.2 Berechnen Sie weiters die **Einkommensteuer** nach folgenden Tarifen:
bis € 3.500,-- 0%
nächste € 3.500,-- 21%
nächste € 14.500,-- 31%
nächste € 30.000,-- 41%
über € 51.500,-- 50%

Mögliche Verluste aus Vorjahren reduzieren die Bemessungsgrundlage des aktuellen Geschäftsjahres!

Beachten Sie, dass die Einkommensteuer eine Privatsteuer darstellt!

6.3 Im Gesellschaftsvertrag wurde geregelt, dass ein Verlust die Einlage von Frau Maria Wiff nicht verändert. Wurde ein Gewinn erwirtschaftet, so soll zuerst eine kontokorrentmäßige Vergütung für das bereitgestellte Kapital in der Höhe von EURIBOR + 2% erfolgen (Privatentnahmen erfolgen aliquot jeweils am Monatsanfang). Wird diese nicht erreicht, so ist ein entsprechend geringerer Prozentsatz zu wählen. Übersteigt der Gewinn diesen Betrag, so soll der verbleibende Gewinn aufgrund der Arbeitsleistung von Herrn Wiff und dessen höherer Haftung im Verhältnis 2:1 aufgeteilt werden. Herr Wiff hat sich außerdem durch den Gesellschaftsvertrag verpflichtet, seinen Anteil während der ersten fünf Geschäftsjahre nicht auszuschütten (ausgenommen davon sind seine Privatentnahmen, bei Frau Wiff muss zuerst die Aufstockung ihres Anteils erfolgen und bei Erreichung der € 3.000,-- Einlage beginnt die Ausschüttung).

Nach dieser Zeit soll über die Aufnahme der Produktion entschieden werden und eine neue Regelung für die Privatentnahmen und Ausschüttungsbeträge von Herrn Wiff entschieden werden. Bezüglich der ausstehenden Einlage von Frau Wiff soll zuerst der Gewinnanteil von Frau Wiff an sie ausgeschüttet werden.

Berechnen Sie für die folgenden vier Geschäftsjahre die **Gewinn- bzw. Jahresüberschussanteile** von Herrn und Frau Wiff. Wie entwickelt sich das **Eigenkapital** der beiden Anteilseigner im Zeitablauf? Überlegen Sie Maßnahmen, falls diese erforderlich sind.

7 Wie schätzen Sie nach der vorangegangenen Planung die Situation der Liquidität, des Erfolges und der Eigenkapitalentwicklung ein und würden Sie Herrn Wiff zur Aufnahme des Produktionsbetriebes raten, wenn sich nach vier Jahren herausstellt, dass sich das Unternehmen planmäßig entwickelt hat? Wie sollten diese zusätzlichen finanziellen Bedürfnisse gedeckt werden?

8. Literaturhinweise

Lechner, K., Egger, A., Schauer, R., (2001), Einführung in die Allgemeine Betriebswirtschaftslehre, 19. Aufl., Wien, S. 207 - 363.

Drukarczyk, J., (1999), Finanzierung, 8. Aufl., Stuttgart.

Perridon, L., Steiner, M., Finanzwirtschaft der Unternehmung, 10. Aufl., München.

Kailer, N., Pernsteiner, H., Schauer, R., (2000), Initiativen zur Unternehmensgründung und Unternehmensentwicklung, Wien.

Geschäftsfeldstrategie und Finanzierung der „Medlight Laser AG"

Michael Schefczyk[1] und *Frank Pankotsch*[2]

1. Lernziele 73

2. Situation 73

3. Unternehmensdaten 74

   3.1. Gesellschaft, Marktumfeld und Wettbewerber 74

      3.1.1 Geschäftsfeld Augenheilkunde 74

         3.1.1.1 Fehlsichtigkeit 74

         3.1.1.2 „Grauer Star" 75

      3.1.2 Potentielles Geschäftsfeld Dermatologie 75

         3.1.2.1 Marktentwicklung 76

         3.1.2.2 Das FuE-/Investitionsvorhaben 76

   3.2 Starker Wettbewerb um qualifiziertes Personal 77

   3.3 Weitere Informationen 77

      3.3.1 Schutz des geistigen Eigentums und Verletzung fremder Patente 77

      3.3.2 Abhängigkeit von Geschäftsbeziehungen mit Vorlieferanten 78

      3.3.3 Zulassung der Produkte und Vertriebspartner 78

      3.3.4 Kostenerstattung durch Krankenkassen 78

      3.3.5 Forderungsausfallrisiken 78

      3.3.6 Produkthaftungsrisiko 78

      3.3.7 Steuerliche Situation 78

   3.4. Gründung der Gesellschaft und Perspektive 79

---

[1] Univ.-Prof. Dr. Michael Schefczyk, SAP-Stiftungslehrstuhl für Technologieorientierte Existenzgründung und Innovationsmanagement, Technische Universität Dresden, D-01062 Dresden.

[2] Dipl.-Wirtsch.-Ing. Frank Pankotsch, SAP-Stiftungslehrstuhl für Technologieorientierte Existenzgründung und Innovationsmanagement, Technische Universität Dresden, D-01062 Dresden.

3.5. Finanzierungsangebote 79

3.5.1 Beteiligungen 79

3.5.1.1 Hessen Kapital GmbH 79

3.5.1.2 Öffentliche Co-Finanzierung 80

3.5.1.3 Venture Capital 80

3.5.1.4 Börsengang 80

3.5.2 Förderprogramme 81

3.5.2.1 Programm A 81

3.5.2.2 Programm B 81

3.5.2.3 Programm C 82

3.5.2.4 Programm D 82

3.5.3 Kredite 82

4.   Aufgabenstellung 83

5.   Anhang 84

6.   Literaturhinweise 85

1. Lehrziele

- Auswahl verschiedener Finanzierungsformen für ein junges Unternehmen
- Auswirkungen der Finanzierungsformen auf GuV und Bilanz
- Randbedingungen für einen sinnvollen Einsatz von Venture Capital

2. Situation

Betrachtet wird ein Unternehmen im Bereich Medizintechnik, dessen Gründung unmittelbar bevorsteht. Die Gründung soll in Form einer Aktiengesellschaft erfolgen.

Die beiden zukünftigen Vorstände, die gleichzeitig die treibenden Gründerpersonen sind, sowie der Personalstamm sind bereits akquiriert bzw. aktiv in das Gründungsgeschehen einbezogen. Ein Teil der zukünftigen Mitarbeiter durchläuft derzeit ein Schulungsprogramm an den einzusetzenden Anlagen bzw. Maschinen.

Es wurden umfangreiche Marktstudien in Auftrag gegeben, die ein genaues Bild über die zu erwartende Geschäftsentwicklung ermöglichen. Kontakte zu potentiellen Lieferanten und Vertriebspartnern wurden aufgenommen, die Verträge mit den ausgewählten Kooperationspartnern sind unterschriftsreif.

Mit Banken und anderen potentiellen Kapitalgebern wurden Gespräche über die finanzielle Unterstützung der Gründung geführt. Im Ergebnis dessen liegen mehrere Angebote über Finanzierungen vor.

Ein Standort für das Unternehmen ist bereits festgelegt, entsprechende Mietverträge sind unterzeichnet. Ebenso abgeschlossen sind die Überlegungen zur Organisation und Strukturierung des Unternehmen.

Nicht vollständig geklärt sind zum jetzigen Zeitpunkt zwei Fragen:

1. Soll das Geschäftsfeld Dermatologie zusätzlich zum Stammgeschäftsfeld Augenheilkunde entwickelt werden?

2. Wie soll die Medlight AG (in Abhängigkeit von Frage (1)) finanziert werden?

3. Unternehmensdaten

3.1 Gesellschaft, Marktumfeld und Wettbewerber

Die zu gründende Medlight Laser AG soll Lasersysteme zur Optimierung medizinischer Anwendungsverfahren entwickeln, fertigen und vertreiben. Die Gesellschaft wird dazu auf dem Gebiet der Festkörperlasertechnologie tätig. Anfänglich soll sich die Gesellschaft vor allem auf die Ophthalmologie (= Lehre von Augenkrankheiten) konzentrieren. Anschließend könnte der Bereich Dermatologie hinzukommen. Innerhalb der Bereiche werden die Produkte für die medizinische Grundversorgung (Health Care) und für die Steigerung des Wohlbefindens des Patienten (Life Style) eingesetzt.

Kunden der Gesellschaft werden regelmäßig niedergelassene Ärzte, Praxisgemeinschaften, Kliniken und Operationszentren (sogenannte Laserzentren) sein. In diesen Absatzmärkten herrscht ein intensiver Wettbewerb. Länder in denen die Produkte der Gesellschaft der Vertrieb aufgebaut werden soll, sind Europa, Nordamerika, Lateinamerika, Südkorea, Taiwan und Japan.

Die Gesellschaft hat das Ziel, sich im Laser-Medizintechnik-Weltmarkt als feste Größe mit innovativen Produkten und Technologien unter dem für die Gesellschaft geschützten Markennamen „Medlight" zu etablieren.

Obwohl die Produkte der Medlight AG nach Ansicht der Gesellschaft Vorteile gegenüber den Produkten der Konkurrenz aufweisen werden, verfügen einige Wettbewerber (z. B. Laserlight, Aesculap-Meditec und Nidek) bereits über einen hohen Bekanntheitsgrad und große finanzielle Ressourcen. Der finanzintensiven Forschung und Entwicklung kommt im Hinblick auf den raschen Wandel der Technologien, denen sich der Lasermarkt ausgesetzt sieht, große Bedeutung zu.

Ein Engagement der Medlight AG im Geschäftsfeld Augenheilkunde ist gesichert. Zum derzeitigen Planungsstand noch offen ist die Frage nach Hinzunahme eines zweiten Geschäftsfeldes Dermatologie.

3.1.1 Geschäftsfeld Augenheilkunde

Das Auge ist unser wichtigstes Sinnesorgan. Jeder zweite Mensch bedarf aber einer Sehhilfe, im hohen Alter leidet jeder Mensch – früher oder später – an einer Trübung der Augenlinse. Der Laser eröffnet hier vielfältige Behandlungsmöglichkeiten.

3.1.1.1 Fehlsichtigkeit

Die refraktive Chirurgie verändert gezielt die Brechungsverhältnisse der Hornhaut, wobei die Therapie mit dem sog. Excimer-Laser die eleganteste Behandlungsmethode darstellt. Durch flächige Abtragungen von Hornhautgewebe wird die Brechkraft gezielt verändert, wobei die Abtragungstiefe mit einem Computerprogramm festgelegt wird.

Derzeit existieren drei Methoden, das gewünschte Abtragungsprofil zu erzeugen:

1. Die ersten Geräte hatten eine flächige Strahlführung.

2. Die zweite Generation bestrahlt das Auge durch einen schmalen Spalt, wodurch eine höhere Präzision erreicht wird. Während der Behandlung muss das Auge mit einem Vakuumring fixiert werden kann.

3. Die dritte Generation der Geräte lässt nur noch einen „fliegenden Punkt" über das Auge streifen, womit jede beliebige Form eingefräst werden.

Das von Medlight angebotene Gerät arbeitet nach diesem dritten Prinzip. Der Eingriff kann ambulant vorgenommen werden, das Auge muss nicht ruhig gestellt werden, da ein sog. Eye Tracker den Laserstrahl nachführt. Die Behandlung kostet ca. 1.100 €, die Krankenkassen übernehmen diese Kosten allerdings nur in Ausnahmefällen.

Medlight ist mit seinem Gerät Technologie- und Preisführer mit einem Entwicklungsvorsprung von etwa einem Jahr. Der Marktführer in diesem Gebiet hält eine Reihe von Basispatenten, die ihm noch etwa fünf Jahre 250 € Lizenzgebühr pro Behandlung einbringen. Allerdings beziehen sich diese Patente alle auf das Verfahren der ersten Generation.

Vor diesem Hintergrund ist davon auszugehen, dass Medlight in den nächsten fünf Jahren einen Anteil am Gesamtmarkt von 10% erringen kann. Der Gesamtmarkt, mit einem derzeitigen Volumen von etwa 100 Mio. €, wird Prognosen zufolge um etwa 12% pro Jahr wachsen, während gleichzeitig der Preis um 5% pro Jahr sinkt.

Der Marktführer verfügt über einen FuE-Etat (durchschnittlich 6% vom Umsatz), der in etwa doppelt so hoch ist, wie der Jahresumsatz von Medlight. Nur mit verstärkten Forschungsanstrengungen wird Medlight seinen Technologievorsprung verteidigen können.

3.1.1.2 „Grauer Star"

Die Operation des „Grauen Stars" ist die weltweit am häufigsten durchgeführte Operation. Seit den 90er Jahren wird dazu ein kompliziertes Ultraschallverfahren angewandt. Durch die Verwendung eines Lasers kann das Operationsverfahren weiter verbessert werden, es wird sicherer und schonender.

Es wird erwartet, dass pro Jahr zwischen 5 und 10% der Ultraschallgeräte durch Laser ersetzt werden. Mit einer beginnenden Markterschließung im kommenden Jahr werden insgesamt etwa 50 Geräte abgesetzt werden. Danach ist ein Marktwachstum von 100% in den nächsten fünf Jahren zu erwarten. Die Preise werden gleichzeitig um etwa 10% p.a. fallen.

Medlight verfügt bereits über ein marktreifes und zugelassenes Gerät, aber auch die Wettbewerber arbeiten an ähnlichen Geräten. Der erzielbare Marktanteil für Medlight wird daher anfangs auf 20% geschätzt, der in fünf Jahren aber auf etwa 8% sinken wird.

3.1.2   Potentielles Geschäftsfeld Dermatologie

Laser erlauben gegenüber klassischen, skalpellbasierten Operationstechniken einen präziseren Eingriff und eine bessere Blutungskontrolle. Dermatologische Laser ermöglichen häufig einen ambulanten Eingriff und können damit Behandlungskosten senken. Von besonderem Interesse sind zwei Bereiche einer dermatologischer Operationen.

Zum einen sind dies Behandlungen oberflächlicher Hautveränderungen, das sogenannte Skin Resurfacing. Hierzu zählen insbesondere die Entfernung von Hautfalten und Aknenarben sowie die Haarentfernung. Die Laserbehandlung stellt hier eine Alternative und Ergänzung klassischer Verfahren, wie z.B. dem Facelifting, dar und bietet dabei eine höhere Sicherheit und Effektivität. Gleichwohl sind die Verfahren technisch noch verbesserungsfähig. Zweiter Anwendungsbereich sind tieferliegende Hautveränderungen, wie z. B. Tätowierungen oder Sommersprossen.

Besondere Anstrengungen in Bezug auf das Produktmarketing sind in diesem Markt nicht notwendig, die Dermatologen interessieren sich dagegen sehr für Effizienz und rasche Amortisation der Geräte.

Für beide Anwendungsbereiche bietet Medlight derzeit noch keine Geräte an. Durch die Nutzung vorhandener Technologien und Erfahrungen bei der Entwicklung von Geräten für den Bereich Augenheilkunde ist bei entsprechenden FuE-Anstrengungen kurzfristig, d. h. innerhalb von etwa 2 Jahren, eine Serienreife erreichbar.

3.1.2.1 Marktentwicklung

Der Markt für dermatologische Laser kann aufgrund der derzeitigen Schönheits- und Fitnesswelle, aber auch aufgrund der derzeitigen Tätowierungswelle als ein wachsender Markt eingeschätzt werden. Während in den USA von einem jährlichen Wachstum von etwa 5% ausgegangen wird, wird in Europa ein Anstieg von etwa 40% prognostiziert. Das Volumen des globalen Marktes für dermatologische Laser wird von derzeit 670 Mio. € auf 4700 Mio. € in 5 Jahren anwachsen. Am Markt agieren derzeit zwei große Anbieter, die zusammen auf einen Marktanteil von 35% erreichen. Von den anderen Anbietern vereint keiner mehr als 5% auf sich. Dieses Bild wird sich in Zukunft nur geringfügig zugunsten der beiden großen Anbieter verändern.

Für Medlight empfiehlt sich auf diesem Markt laut einer Marktstudie die Fokussierung auf Geräte zur Behandlung oberflächlicher Hautveränderungen. Dabei soll eine duale Konzeption angewandt werden. Zum einen wird ein technologischer Entwicklungsvorsprung angestrebt, um einen optimalen Markteintritt zu garantieren. Zum anderen sollen durch eine modulare Gerätebauweise geringere Kosten ermöglicht werden. Ein Umsatzwachstum soll durch die Nutzung neuartiger Vertriebswege, wie z. B. Direktvertrieb oder Beteiligungen an sogenannten Laserzentren, sowie durch eine Erschließung des US-Marktes etwa im Jahr 3 nach dem Neueintritt in den Markt erreicht werden. Berücksichtigt man den zu erwartenden Preisverfall und die Konkurrenzsituation, so ist sind folgende Umsatzzahlen für Medlight zu erwarten: im ersten Jahr nach dem Markteintritt eine Million €, im Jahr zwei 2,6 Mio. €, im Jahr drei 6 Mio. €, im Jahr vier 9,5 Mio. € und im Jahr fünf 11,7 Mio. €.

3.1.2.2 Das FuE-/Investitionsvorhaben

Um in dem Geschäftsfeld Dermatologie tätig werden zu können, sind zum einen Forschungs- und Entwicklungsarbeiten zu leisten, zum anderen muss die Personal- und Anlagenausstattung ausgeweitet werden. Die FuE-Arbeiten nehmen in etwa zwei Jahre in Anspruch.

Für einen erfolgreichen Marktauftritt sind mindestens zwei Geräte für unterschiedliche Anwendungseigenschaften notwendig. Die Kosten für die Entwicklung von zwei derartigen dermatologischen Lasern werden mit insgesamt 5,2 Mio. € veranschlagt, die sich etwa gleichmäßig über die gesamte Entwicklungszeit verteilen. Darin enthalten sich alle Personal- (40%), Material- (20%) und Investitionskosten für Anlagen. Die Investitionen fließen fast ausschließlich in Anlagen und Geräte, die etwa 5 Jahre nutzbar sind. Weiterer wichtiger Anteil mit etwa 25% ist die Entwicklung der Software für die Bedienung und Steuerung der Geräte, wofür eine Zusammenarbeit mit dem bisherigen Geschäftspartner, den Hard- und Softwarehaus, fortgesetzt werden wird.

Für die Herstellung der Geräte ist eine Investition in Maschinen und Produktionsanlagen i. H. v. 300.000 € notwendig. Mit der Ausweitung des Geschäftes in den Bereich USA ist eine weitere Investition von 200.000 € erforderlich. Um die Anlagen auf dem Stand der Technik zu halten und so auch die Technologieführerschaft abzusichern, sind jährliche Ersatzinvestitionen i.h.v. etwa 10% der Erstinvestitionssumme einzuplanen.

Mit der Aufnahme der Produktion im Jahr 3 steigt der bisher in der Plan-GuV prognostizierte Aufwand für Personal und Material um jeweils 20% an. Die Ausdehnung in die USA führt zu einem weiteren Anstieg um 10%. Die Vorratsbestand wird um 10% ansteigen. Findet die Produktionsaufnahme später statt, verursacht dies in etwa die gleichen absoluten Kosten, erhöht um einen Inflationsaufschlag von 3% p.a.

In den in Abschnitt 1.2.1 prognostizierten Umsätze ist die Ausdehnung auf die USA bereits enthalten. Diese Ausdehnung wird von Marktexperten als unumgänglich angesehen, weswegen sie vom Vorstand der Medlight nicht in Frage gestellt wird.

3.2 Starker Wettbewerb um qualifiziertes Personal

Der künftige Erfolg der Gesellschaft hängt auch davon ab, inwieweit es der Gesellschaft gelingt, qualifizierte Mitarbeiter für die Gesellschaft zu gewinnen sowie sie dauerhaft zu halten. In der Branche besteht gleichzeitig großer Bedarf an qualifiziertem Personal.

Der Vorstand der zu gründenden AG, Herr Norbert Seidel, ist maßgeblich für die Struktur und den Erfolg des Unternehmens verantwortlich. Herr Seidel ist 39 Jahre alt und hat an der FH Regensburg Feinwerktechnik studiert. Nach seinem Studium war er fünf Jahre als Laseringenieur bei einem großen Laserhersteller tätig. Danach war er weitere sieben Jahre Leiter der FuE-Abteilung dieser Firma.

Zweiter Vorstand ist Herr Günther Wesen. Er ist 38 Jahre alt und studierter Diplom-Kaufmann. Die ersten vier Berufsjahre war er für einen großen deutschen Maschinenbauer im Bereich Marketing/Vertrieb tätig und hatte dort zuletzt die Position eines Abteilungsleiters inne. Danach wechselte er zu einer Großbank und war dort sechs Jahre in verschiedenen kaufmännischen Positionen tätig.

3.3 Weitere Informationen

3.3.1   Schutz des geistigen Eigentums und Verletzung fremder Patente

Herr Seidel verfügt über eine Reihe von Patenten und hat weitere Patente angemeldet. Die vom zukünftigen Kooperationspartner „Turner Surgical Products Inc." in Amerika zu vertreibenden Produkte der Gesellschaft „Netilas I" und „Netilas S" verletzen möglicherweise den Schutzbereich von zwei US-Patenten. Des weiteren verletzt das Produkt „Excimer-Laser" möglicherweise den Schutzbereich mehrerer, teilweise weltweit gültiger Patente. Es kann keine Gewähr dafür übernommen werden, dass Lizenzvereinbarungen überhaupt oder zu akzeptablen Bedingungen gelingen.

3.3.2   Abhängigkeit von Geschäftsbeziehungen mit Vorlieferanten

Es wird eine enge Kooperation mit einem deutschen Hard- und Softwarehaus in Potsdam angestrebt. Dieses Hard- und Softwarehaus soll verschiedene Softwaremodule zusammenfassen und dieses modulare System entsprechend den Anforderungen der Gesellschaft anpassen. Das Hard- und Softwarehaus produziert des weiteren nach Vorgabe die von der Gesellschaft entwickelte Hardware.

3.3.3   Zulassung der Produkte und Vertriebspartner

Für den Absatz sind länderspezifische Produktzulassungen erforderlich. Die Gesellschaft erwartet, dass die für die Vermarktung ihrer Produkte erforderlichen Zulassungen künftig erteilt werden. Die Gesellschaft wird mit ihren Vertriebspartnern Distributions- und Kooperationsverträge abschließen. Die Anpassung der Produkte an die jeweiligen gesetzlichen Vorschriften erfolgt gleichwohl ausschließlich auf Kosten der Gesellschaft.

Teilweise hat die Gesellschaft ihren Vertriebspartnern für die Laufzeit der mit ihnen abgeschlossenen Verträge eine territorial beschränkte Exklusivität eingeräumt.

3.3.4   Kostenerstattung durch Krankenkassen

Für die Produkte im Bereich „life style" werden von den Krankenkassen keine Behandlungskosten erstattet. Im Bereich „health care" tragen die Kassen derzeit noch die vollen Kosten, sofern die Behandlung als medizinisch notwendig eingestuft wird. Es kann nicht ausgeschlossen werden, dass der Gesetzgeber und die Krankenversicherungen die Kostenerstattung für medizinische Behandlungen im „health care" Bereich einschränken.

3.3.5   Forderungsausfallrisiken

Mit Ausnahme der teilweisen Vereinbarung von Eigentumsvorbehalten wird die Gesellschaft ihren Abnehmern ohne Gewährung weiterer Sicherheiten Zahlungsziele einräumen. Nach Angaben der Gesellschaft ist es auf dem Markt bislang zu keinen Zahlungsausfällen in nennenswertem Umfang gekommen.

3.3.6   Produkthaftungsrisiko

Die von der Gesellschaft hergestellten und vertriebenen Produkte können mit verborgenen Fehlern behaftet sein. Die Vermarktung und der Vertrieb der Produkte der Gesellschaft – insbesondere in den USA – ist daher mit einem potentiellen Produkthaftungsrisiko verbunden. Die Gesellschaft hat verschiedene Versicherungen einschließlich einer Produkthaftungsversicherung abgeschlossen.

3.3.7   Steuerliche Situation

Die Gesellschaft wird zumindest für die ersten Geschäftsjahre planmäßig Verluste ausweisen. Nach § 8 Abs. 4 Körperschaftsteuergesetz ist für den Vortrag von Verlusten Voraussetzung, dass zwischen der Gesellschaft bei welcher der Verlust entstanden ist und der Gesellschaft, die den Verlustabzug vornehmen will, rechtliche und wirtschaftliche Identität besteht. Die Finanzverwaltung vertritt die Auffassung, dass diese Identität zu verneinen ist, wenn es infolge von Kapitalerhöhungen zu Anteilsverschiebungen kommt, aufgrund derer die neu eintretenden Gesellschafter im Ergebnis zu mehr als 50% an der Kapitalgesellschaft beteiligt sind.

3.4 Gründung der Gesellschaft und Perspektive

Die Gesellschaft soll in wenigen Wochen durch Herrn Norbert Seidel als Medlight Laser AG mit einem Aktienkapital von 290.000 € in bar gegründet und in das Handelsregister eingetragen werden. Herr Seidel verwendet für die Gründung sein gesamtes liquides Vermögen von 170.000 €. Herr Wesen wird die restlichen 120.000 € einbringen. Für das Jahr 5 der Firma soll ein Gang an die Börse angestrebt werden.

3.5 Finanzierungsangebote

Zur Finanzierung ihres Gründungsvorhabens liegen Herrn Seidel und Herrn Wesen verschiedene Angebote vor. Dabei ist das mit diesen Angeboten akquirierbare Kapital insgesamt höher als der Kapitalbedarf der Medlight AG.

Die beiden Gründer haben damit eine Auswahl zwischen den Angeboten zu treffen, um einen für sie optimalen Finanzierungsmix zu erreichen. Beeinflusst wird diese Entscheidung vor allem von den Auswirkungen auf die Gesellschafterstruktur und dem Risiko der einzelnen Finanzierungsformen. Während Herr Seidel einer Aufnahme weiterer Gesellschafter derzeit noch sehr kritisch gegenüber steht, ist dies für Herrn Wesen kein Problem. Die Aufnahme von Gesellschaftern soll deswegen zum spätestmöglichen Zeitpunkt erfolgen. Beide Gründer sind aber auf eine Minimierung der Belastung aus Zinsen und Tilgung bedacht. Diese beeinflusst in hohem Maße die Liquiditätslage besonders junger Unternehmen. Für den Zeitpunkt des Börsengang wollen die beiden Gründer, soweit möglich, der Empfehlung der Experten folgen.

3.5.1   Beteiligungen

3.5.1.1 Hessen Kapital GmbH

Die öffentliche Beteiligungsgesellschaft Hessen Kapital bietet der Medlight Laser AG sofort bei Gründung eine stille Beteiligung über 900.000 € mit einer Mindestlaufzeit von drei Jahren an. Hessen Kapital erwartet jährlich eine ergebnisabhängige Vergütung von 8% des Gewinns, jedoch eine Mindestvergütung von 4% der geleisteten Einlage. Soweit die Mindestvergütung nicht aus dem erwirtschafteten Jahresergebnis (maßgeblich ist dabei der steuerliche Gewinn) entrichtet werden kann, ist sie aus dem jeweils folgenden Jahresergebnis zu zahlen. Die Gesamtgewinnbeteiligung beträgt maximal 10% der Einlage. Während der Beteiligungsdauer nicht geleistete Vergütungen werden bei Ende der Beteiligung in Form einer Endvergütung in Höhe von bis zu 220.000 € nachgeholt, soweit dem Unternehmen diese Zahlung ohne Existenzgefährdung möglich ist. Die stille Beteiligung wird vor allem bei einem Börsengang der Medlight Laser AG gekündigt. Im Falle eines Börsenganges wird die volle Endvergütung – abzüglich der zuvor geleisteten

Vergütungen – fällig, zusätzlich müssen Aktien im Nennwert von 15.000 € zum Nennwert überlassen werden.

3.5.1.2 Öffentliche Co-Finanzierung

Eine öffentliche Co-Finanzierungsgesellschaft des Bundes bietet der Medlight Laser AG eine weitere stille Beteiligung in zwei Tranchen an. Bei Gründung sollen 300.000 € ausgezahlt werden, zwei Jahre später nochmals 300.000 €. Voraussetzung für die Co-Finanzierung ist das Engagement eines zweiten Beteiligungsgebers in mindestens identischer Höhe, die zweite Tranche wird nur bei einer Mindestlaufzeit von 3 Jahren gewährt. Die Co-Finanzierungsgesellschaft erhält eine Vergütung von einmalig 20% des Beteiligungsbetrages zuzüglich 6% des Beteiligungsbetrages für jedes Jahr nach Ablauf des fünften vollen Beteiligungsjahres (Endvergütung). Die Endvergütung wird nur fällig, soweit dem Unternehmen diese Zahlung ohne Existenzgefährdung möglich ist. Anstelle dieser Endvergütung sind im Falle eines Börsenganges beide Tranchen der stillen Beteiligung in ein Darlehen über 1,0 Mio. € mit einem Zinssatz von 4% und einer Laufzeit von einem Jahr umzuwandeln. Wurde nur eine Tranche in Anspruch genommen, beträgt das Darlehn 0,6 Mio. €.

Bei planmäßiger Geschäftsentwicklung kann in drei Jahren außerdem mit einer Co-Finanzierung durch eine zweite öffentliche Beteiligungsgesellschaft gerechnet werden. Diese würde dann parallel zu einer privaten Venture Capital-Gesellschaft (VCG) das Aktienkapital um weitere 20.000 € erhöhen. Die Beteiligungsgesellschaft würde für diese Beteiligung ein Aufgeld von 1,1 Mio. € zahlen.

3.5.1.3 Venture Capital

Zwei renommierte VCG – eine unabhängige VCG aus München und die Tochtergesellschaft einer niederländischen Großbank – bieten gemeinsam an, das Aktienkapital sofort bei Gründung um 50.000 € zu erhöhen und hierfür ein Aufgeld in Höhe von 1,3 Mio. € zu zahlen.

Vom Inhaber eines einschlägigen betriebswirtschaftlichen Lehrstuhles an einer deutschen Universität erhält Herr Seidel die Prognose, dass die VCG – bei planmäßiger Geschäftsentwicklung – voraussichtlich ein Aufgeld von 2,5 Mio. € zahlen würden, wenn die VC-Finanzierung nicht sofort, sondern erst in drei Jahren in Anspruch genommen wird.

3.5.1.4 Börsengang

Ein Partner einer bekannten Investmentbank rechnet vor, dass bei planmäßiger Geschäftsentwicklung nach fünf Jahren (4. Quartal Jahr 5) eine Börseneinführung am Neuen Markt realistisch ist. Wenn das Aktienkapital dann ca. 3,6 Mio. € beträgt, können hiervon ca. 1,5 Mio. € an außenstehende Aktionäre veräußert werden. Für die 1,5 Mio. € entsprechenden Aktien könne mit einem Emissionserlös von 14,5 Mio. € gerechnet werden. Die zu emittierenden Aktien würden zu 40% aus dem Besitz der Altaktionäre stammen – der Emissionserlös würde sich entsprechend aufteilen.

Bei einem um ein Jahr früheren Börsengang kann lediglich mit einem Emissionserlös von 11,3 Mio. € gerechnet werden, verschiebt sich der Börsengang um ein Jahr nach hinten, ist ein Erlös von 17,2 Mio. € erzielbar.

Mit der Hinzunahme des Geschäftsfeldes Dermatologie erhöhen sich diese Emissions-
erlöse in Abhängigkeit vom Jahr des Markteintrittes in diesem Geschäftsfeld um folgende
Prozentsätze:

Markteintritt im Jahr 3	+30%
Markteintritt im Jahr 4	+23%
Markteintritt im Jahr 5	+14%
Markteintritt im Jahr 6	+8%
Markteintritt im Jahr 7	+3%

3.5.2 Förderprogramme

Dem Unternehmen stehen mehrere staatliche Förderprogramme offen, die es in
Abhängigkeit von den jeweiligen Programmbedingungen in Anspruch nehmen kann.

3.5.2.1 Programm A

Programm A fördert die Gründung einer selbständigen, gewerblichen Existenz sowie die
Festigung einer selbständigen gewerblichen Existenz in den ersten zwei Jahren nach der
Gründung. Gefördert werden dabei betriebsnotwendige Investitionen (z. B. Grundstücke
und Gebäude, Betriebsausstattungen wie Maschinen, Anlagen, Geräte und Beschaffung
eines ersten Warenlagers sowie Markterschließungskosten).

Die eingesetzten Eigenmittel sollen 15% der Investition nicht unterschreiten. Durch das
Programm A werden die Eigenmittel bis auf 40% der Investitionssumme, jedoch
maximal 500.000 € aufgestockt.

Die Förderung wird in Form eines Kredites gewährt, der zu 96% ausbezahlt wird. Die
Laufzeit beträgt maximal 20 Jahre. Nach maximal 10 tilgungsfreien Jahren wird in
gleichen Jahresraten getilgt. Der Zinssatz steigt gemäß folgender Aufstellung:

1. und 2. Jahr:	0,0%
3. Jahr:	3,0%
4. Jahr:	4,0%
5. Jahr:	5,0%
ab dem 6. Jahr:	6,0%

Mit den zu fördernden Investitionen darf bei Beantragung der Förderung noch nicht
begonnen worden sein. Eine Nachfinanzierung ist ausgeschlossen.

3.5.2.2 Programm B

Existenzgründer fördert ebenfalls das mit Programm A kombinierbare Programm B.
Finanziert werden Investitionen analog Programm A. Eine Nachfinanzierung bereits
durchgeführter Investitionen ist nicht möglich. Gefördert werden bis zu 75% des
Investitionsbetrages, pro Antragsteller jedoch maximal 2 Mio. €.

Die Förderung besteht in der Ausreichung eines günstigen Darlehn, das zu 96% ausbezahlt wird. Das Programm beinhaltet zwei Laufzeitvarianten: Variante 1 hat bei 2
tilgungsfreien Jahren eine Laufzeit von 10 Jahren bei einem Zins von 5,25% p.a.
Variante 2 ist bei einer Laufzeit von 20 Jahren 3 Jahre tilgungsfrei. Der Zinssatz beträgt
hier 5,5%. Für beide Varianten ist in gleichbleibenden Raten zu tilgen und kann eine

40%-ige Haftungsfreistellung gewährt werden. Wird diese in Anspruch genommen, erhöht sich der Zinssatz um 0,75%.

Alternativ kann über eine regionale Bürgschaftsbank, wie auch für andere aufzunehmende Kredite, bis zu 80% Haftungsfreistellung gewährt werden. Dafür ist ein einmaliges Bearbeitungsentgelt von 0,8% und eine jährliche Provision von 0,8% des Kreditbetrages zu entrichten.

3.5.2.3 Programm C

Die Gründung einer selbstständigen Existenz wird ebenfalls von Programm C gefördert. Finanziert werden alle mit der Errichtung eines Unternehmens im Zusammenhang stehenden Investitionen sowie die Beschaffung eines ersten Warenlagers. Die Fördersumme ist auf 50% der Investition bzw. 500.000 € begrenzt. Das Programm ist mit den Programmen A und B kombinierbar.

Gefördert wird mittels eines zinsgünstigen Darlehns, welches eine Laufzeit von 10 Jahren hat und bis zu 3 Jahren tilgungsfrei ist. Der Zinssatz beträgt 5,5%, das Darlehn ist banküblich zu besichern.

3.5.3.4 Programm D

Für die Förderung von Innovationen steht das Programm D zur Verfügung.

Mit dem Programm können FuE-Kosten finanziert werden, die bei der Neuentwicklung oder wesentlichen Verbesserung von Produkten, Verfahren oder Dienstleistungen anfallen. Zu den förderfähigen Kosten zählen:

- dem Projekt zurechenbare Personaleinzel-, Gemein-, Reise- und Materialkosten
- Investitionskosten, die sich auf das Innovationsvorhaben beziehen
- Kosten für FuE-Aufträge an andere Firmen

Die Förderung besteht in einer Kreditfinanzierung von bis zu 100% der förderfähigen Kosten, jedoch maximal 5 Mio. €. Der Kredit hat eine Laufzeit von bis zu 10 Jahren bei 2 tilgungsfreien Anlaufjahren. Der Zinssatz beträgt 5,25%.

Das durchleitende Kreditinstitut wird bei Vorhaben von Unternehmen mit einem Jahresumsatz bis 5 Mio. € zu 60% von der Haftung freigestellt, bei einem Jahresumsatz über 5 Mio. € beträgt die Haftungsfreistellung 40%.

3.5.3   Kredite

Die Hausbank von Herrn Seidel zeigt sich nach ersten Gesprächen sehr interessiert an dem Gründungsvorhaben und möchte dies nachhaltig unterstützen. Zur Finanzierung bietet sie an, einen Annuitätenkredit bis zu einer Höhe von 400.000 € zum einem Zins von 7,5% p.a. und einer Laufzeit von 10 Jahren bereitzustellen. Weitere 200.000 € könnten als Ratenkredit zu einem Zins von 9% und einer Laufzeit von 5 Jahren aufgenommen werden. Beide Kredite sind banküblich zu besichern.

Weiter wird die Hausbank einen Kontokorrent-Kredit einräumen, der in seiner Höhe etwa einem Monatsumsatz entsprechen wird. Hier ist ein Zins von 11% zu entrichten.

4.   Aufgabenstellung

Aus den vorliegenden Daten ist ein Finanzierungskonzept für das zu gründende Unternehmen zu entwickeln. Dazu sind die entsprechenden Finanzierungsbausteine auszuwählen und eine vollständige Planbilanz und Plan-GuV für die ersten sieben Jahre der Gesellschaft zu entwerfen.

In die Finanzierungsentscheidung einfließen soll die Entscheidung über die Geschäftsfelder. Hier ist über die Ausweitung in das Geschäftsfeld „Dermatologie" zu befinden. Neben der grundsätzlichen Entscheidung ist hier auch der Zeitpunkt von hoher Bedeutung.

Die im Anhang zu findenden unvollständige Plan-GuV und Aktivseite der Bilanz enthalten die prognostizierten Werte ohne eine Ausweitung des Geschäftsfeldes und ohne die Auswirkungen der Finanzierungsentscheidungen. Insbesondere ist zu beachten:

- im Kassenbestand nicht berücksichtigt sind Zins-, Tilgungs- und Steuerzahlungen sowie sonstige Veränderungen aus Investions- und Finanzierungstätigkeiten
- Der Kassenbestand soll mindestens 10.000 € betragen
- bei Steuern ist davon auszugehen, dass lediglich Körperschaftsteuer zu entrichten ist, die Gewerbesteuer bleibt außer Ansatz
- Gewinne sollen im Planungszeitraum nicht ausgeschüttet werden
- Zins-, Tilgungs- und Steuerzahlungen für ein Jahr werden jeweils am 01.01. des Folgejahres geleistet
- bei den Abschreibungen auf das Anlagevermögen (außer Finanzanlagen) wird von einer pauschalen Abschreibungsdauer von 5 Jahren ausgegangen
- als immaterielle Vermögensgegenstände wurde Software aktiviert
- die in der GuV ausgewiesenen aktivierten Eigenleistungen sind noch nicht in den Abschreibungen und der Bilanz berücksichtigt; sie beinhalten zu 50% Ausgaben für eine Marktanalyse, die Einführungswerbung und für die Erschließung von Absatzwegen, die anderen 50% wurde für ein Organisationsgutachten, die Beschaffung von Arbeitskräften und Probeläufe ausgegeben
- Zins und Tilgungszahlungen erfolgen vereinfacht immer im 1. Quartal des Folgejahres und werden aus der Kasse geleistet
- Für die Verbindlichkeiten, die nicht aus der Finanzierung herrühren, rechnet das Unternehmen mit etwa 80% der ausgewiesenen Forderungen

5. Anhang

1. Plan-GuV (alle Angaben im Tausend €)

	Jahr 1	Jahr 2	Jahr 3	Jahr 4	Jahr 5	Jahr 6	Jahr 7
A. I Umsatzerlöse	10	1.700	3.600	4.400	9.300	17.600	23.700
A. II Bestandsveränderungen	0	260	290	10	-10	40	20
A. III Aktivierte Eigenleistungen	900	1.260	0	0	0	0	0
A. IV Sonstige betriebliche Erträge	0	600	160	0	0	0	0
A. Gesamtleistung	910	3.820	4.050	4.010	9.290	17.640	23.720
B. I Materialaufwand	10	940	1.600	2.100	4.400	8.400	11.700
B. II Personalaufwand	380	1.000	1.400	2.000	2.600	3.000	3.200
B. III Abschreibungen	90	180	180	220	250	220	210
B. IV Sonstige betriebliche Aufwendungen	600	1.300	1.700	1.800	2.000	2.800	3.300
B. Operative Aufwendungen	1.080	3.450	5.080	5.620	9.250	14.420	18.410
C. Ergebnis vor Zinsen, Steuern	-170	370	-1.030	-1.610	40	3.220	5.310

2. Plan-Bilanz nach HGB – Aktivseite (alle Angaben im Tausend €)

	Jahr 1	Jahr 2	Jahr 3	Jahr 4	Jahr 5	Jahr 6	Jahr 7
A. I Immaterielle Vermögensgegenstände	20	70	30	0	0	0	0
A. II Sachanlagen	320	480	340	400	450	480	520
A. III Finanzanlagen	0	0	10	10	20	20	20
A. Summe Anlagevermögen	340	550	380	410	470	500	540
B. I Vorräte	20	770	910	1.250	1.500	1.700	2.000
B. II Forderungen	10	810	1.050	1.220	1.500	2.800	3.500
B. III Kassenbestand	40	10	610	1.200	3.200	4.200	5.600
B. Summe Umlaufvermögen	70	1.590	2.570	3.670	6.200	8.700	11.100
Bilanzsumme	410	2.140	2.950	4.080	6.670	9.200	11.640

6. Literaturhinweise

Koch, W./Wegman, J. (1999): Mittelstand und neuer Markt. Frankfurt am Main: Frankfurter Allgemeine Zeitung.

Leopold, G./Frommann, H. (1998): Eigenkapital für den Mittelstand. München: Beck.

Perridon, L./Steiner, M. (1999): Finanzwirtschaft der Unternehmung. 10. Aufl., München: Vahlen.

Baetge, J. (1996): Bilanzen. 4. Aufl., Düsseldorf: IDW-Verlag.

Coenenberg, A. G. (1997): Jahresabschluß und Jahresabschlußanalyse. 16. Aufl., Landsberg: moderne industrie

Business Plan für „ECOMFORT" – Strategische Unternehmensplanung einer innovativen Unternehmensgründung

Erich J. Schwarz[1] und *Eva Grieshuber*[2]

1. Lernziele 89

2. Einführung in den Fall 89

3. Teil 1: Business Plan 91

   3.1 Kurzfassung (Executive Summary) 91
      3.1.1 Unternehmen 92
      3.1.2 Gründerteam und Management 94
      3.1.3 Absatz 95
         3.1.3.1 Marktnachfrage/-volumen 95
         3.1.3.2 Wettbewerb/Konkurrenz 97
         3.1.3.3 Marketing/Absatzförderung 97
         3.1.3.4 Chancen und Risiken 100

   3.2 Leistungsprozess und Ausstattung 103
      3.2.1 Gebäude und Ausstattung 103
      3.2.2 Personal 104
      3.2.3 Teile und Material 105

   3.3 Diskussionfragen zum Teil 1: Business Plan 105

4. Teil 2: 106

   4.1 Problemfelder 106

   4.2 Neuorientierung 107
      4.2.1 Umfeld 107
      4.2.2 Unternehmen 108

   4.3 Diskussionfragen zum Teil 2: Krise und Neuorientierung 110

5. Literaturhinweise 110

---

[1] Univ. Prof. Dr. DI Erich J. Schwarz, Institut für Wirtschaftswissenschaften, Innovations-management und Unternehmensgründung, Universität Klagenfurt, A-9020 Klagenfurt
[2] Univ. Ass. Mag. Eva Grieshuber, Institut für Wirtschaftswissenschaften, Innovationsmanagement und Unternehmensgründung, Universität Klagenfurt, A-9020 Klagenfurt

1. Lernziele

- Erkennen der Bedeutung von Business Plänen sowie des Erstellungsprozesses durch die Unternehmensgründer
- Erkennen der erfolgskritischen Bereiche der untersuchten Jungunternehmung
  - Unternehmensumfeld (bspw. Absatzmittler, Komplementärmärkte, allgemein wirtschaftliche, gesellschaftliche und politische/rechtliche Rahmenbedingungen)
  - Unternehmensinterne Bereiche (bspw. funktionelle Teilbereiche der Leistungserstellung, Unternehmensführung)
  - Wechselseitige Interdepenzen unternehmensinterner und -externer Faktoren sowie einzelner betrieblicher Teilbereiche

2. Einführung in den Fall

Aufbau

Das vorliegende Fallbeispiel orientiert sich am Typ der *Stated-Problem-Method*, d.h., der Schwerpunkt der Aufgabe liegt weniger in der Problemanalyse, der Erarbeitung von Lösungsvorschlägen oder der Informationsbeschaffung, sondern vielmehr in der Kritik der vorgegebenen Lösung sowie in der Suche nach alternativen Lösungsvorschlägen.[1] Bei der vorgegebenen Lösung handelt es sich in diesem Fall um den Ausschnitt eines Business Plan einer innovativen Unternehmensgründung.

Der Business Plan wurde zum Zeitpunkt der Gründung (Beginn des Jahres 1) erarbeitet. Der Ausschnitt des Business Plans ist im ersten, umfassenderen Teil der Fallbeschreibung auf den Seiten 3 – 19 dargestellt. Der zweite Teil beschreibt die Situation drei Jahre nach der Entwicklung des Business Plans. Zu diesem Zeitpunkt hat das Jungunternehmen eine existenzbedrohende Krise hinter sich. Im zweiten Teil der Fallbeschreibung, Seiten 20 – 24, werden die Gründe für die Krise sowie die Ansätze zur Neuorientierung kurz dargestellt.

Die Aufgabenstellung in Form von Diskussionsfragen befinden sich jeweils anschließend an die Angaben zu Teil 1 und Teil 2. Der erste Teil ist vor allem der kritischen Diskussion des Business Plans hinsichtlich seiner Stärken und Schwächen sowie der enthaltenen Widersprüche, der zweite Teil ist der Erarbeitung von Vorschlägen zur Neuorientierung (Alternativensuche) gewidmet.

---

[1] Vgl. Eschenbach, Kreuzer, Neumann (Hrsg.): Fallstudien zur Unternehmensführung, Stuttgart, 1994, S.9-23

Inhalt

Der im Rahmen dieses Fallbeispiels beschriebene Betrieb, das innovative Anlagenbauunternehmen ECOMFORT, wurde durch sieben Gesellschafter in Form einer GmbH gegründet. Da keiner der Gründungsgesellschafter über eine betriebs- wirtschaftliche Ausbildung verfügte, versuchte man dieses Defizit über die Einbindung externer Betriebsberater (Unternehmensberater, Steuerberater) zu kompensieren. Die Erstellung des Unternehmensentwicklungskonzeptes (Business Plan) erfolgte großteils durch den Unternehmensberater, aber auch durch die Gründungsgesellschafter.

Mangelnde Abstimmung zwischen einzelnen Aspekten des Business Plans führte zu inhaltlichen Widersprüchen. Unstimmigkeiten fanden sich etwa im Bereich der Wettbewerbsstrategie sowie bei der Abstimmung einzelner betrieblicher Teilbereiche. Zudem wurden einige Bereiche des Unternehmensentwicklungskonzeptes nur oberflächlich ausgearbeitet oder falsch eingeschätzt. Die Schwächen des Business Plans hatten Konsequenzen. Gegen Ende des zweiten Geschäftsjahres schlitterte das Jungunternehmen in eine ernste Krise, die sich vor allem in akuten Liquiditätsproblemen äußerte.

Die Krise machte eine intensive Auseinandersetzung mit operativen und strategischen Aspekten der Unternehmensführung notwendig. Das Ergebnis war eine Neuorientierung in den Bereichen Unternehmensstrategie sowie Beschaffung, Absatz und Organisation. Das betrachtete Jungunternehmen, ECOMFORT, beschäftigte zu diesem Zeitpunkt zwölf Mitarbeiter, die aufgrund des überdurchschnittlich guten Betriebsklimas die Konsolidierungsmaßnahmen durch vermehrten Arbeitseinsatz und die Zustimmung zu temporären Gehaltssenkungen wesentlich unterstützten. Gemeinsam mit den Mitarbeitern der entsprechenden Bereiche wurden alle Geschäftsprozesse analysiert und teilweise neu organisiert.

Die Übersicht vermittelt einen Eindruck über die Entwicklung des Unternehmens:

Zeit	1. Jahr	2. Jahr	3. Jahr	4. Jahr	5. Jahr
Umsatz (Tsd. Euro)	406,98	1.090,12	1.831,40	2.543,60	4.578,49
Gewinn (Tsd. Euro)	-77,98	-115,55	36,05	169,33	181,69
Beschäftigte	4	8	12	15	22
Markt	stagnierender Markt, konventionelle Brennstoffe (Stückholz, Hackschnitzel) dominieren Markt	Komplementär- markt (Pellets) beginnt sich zu entwickeln	Pelletstechnologie schafft neue Wachstums- potentiale	starke Expansion des Marktes für Pelletsanlagen, neue Märkte inner- und außerhalb der EU	Fortsetzung dieses Trends

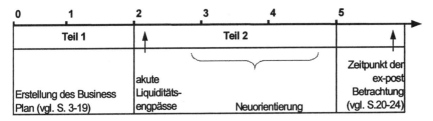

Aufbau des Fallbeispiels (Zeitachse in Jahren)

3. Teil 1: Business Plan

3.1 Kurzfassung (Executive Summary)

ECOMFORT beschäftigt sich mit der Entwicklung, der Produktion und dem Vertrieb von vollautomatischen Biomasseheizanlagen. Es handelt sich dabei um innovative, umweltschonende Heizanlagen, die in kleinen Wohnanlagen, in gewerblichen Betrieben, als auch in kleineren öffentlichen Gebäuden eingesetzt werden können.

Die Produktpalette von ECOMFORT besteht aus zwei Produktlinien, die sich primär durch die verwendbaren Brennstoffe – Hackschnitzel und Holzpellets – unterscheiden. Das innovative Element dieser Heizanlagen liegt in ihrer technischen Realisierung. Darüber hinaus stellen Holzpellets eine Innovation am Brennstoffmarkt dar.

Die Gründung des Unternehmens erfolgt durch sieben Gründungsgesellschafter in Form einer GmbH. Bei den Gesellschaftern handelt es sich um zwei Personengesellschaften (Elektronos OEG sowie Techstahl GmbH), die jedoch nur über kleine Anteile verfügen, sowie um fünf natürliche Personen. Zwei der Gesellschafter sind, wie auch die beiden anderen Unternehmen, nur kapitalmäßig an der Unternehmung beteiligt. Einer der beiden, Herr DI Klug, Mitarbeiter des Forschungsinstitutes "Technologie der Biomassenutzung", bringt als Lizenzgeber technologisches Know-How ein. Die drei anderen Gesellschafter, die Herren Baum, Huber und Blumauer, werden bei ECOMFORT auch als Dienstnehmer tätig. Herr Baum übernimmt die Geschäftsführung.

Das Eigenkapital in Höhe von 260.000 Euro wird von sechs der Gründer bar eingebracht. Der siebente Gründer, der wissenschaftliche Begleiter, bringt das technologische Wissen, das jedoch – über Unternehmensanteile hinaus – durch Lizenzzahlungen entlohnt wird, und Grundstücke zur Besicherung eines langfristigen Kontokorrentkredites in Höhe von 400.000 Euro ein.

Diese Kapitalbasis ist ausreichend, um die Liquidität von ECOMFORT während des ersten Jahres sicherzustellen. Die geplanten Fixkosten des ersten Jahres und die Gründungskosten betragen rund 360.000 Euro. Um die Entwicklung der Liquiditäts- und Finanzsituation abschätzen zu können, wurden von einem Unternehmensberater Break-Even-Analysen durchgeführt. Je nach Szenario für unterschiedliche variable Kostenanteile und Stückverkaufspreise wurde ein früher Break-Even-Point bei 96

Anlagen und ein später Break-Even-Point bei 120 Anlagen errechnet. Nach Schätzung der Gründer ist die Marktnachfrage hoch genug, um im ersten Jahr mindestens 100 Anlagen verkaufen zu können.

Ziele und Arbeitsschwerpunkte für die nächsten Jahre sind

▪   eine rasche Realisierung von Umsätzen durch Konzentration auf den Verkauf,

▪   eine möglichst geringe Kostenbelastung durch Zukauf von Komponenten in Ländern mit niedrigem Preisniveau (Ungarn, Slowenien) sowie

▪   die Sicherung der Qualität und des technologischen Vorsprungs durch intensive Zusammenarbeit mit Forschungseinrichtungen in der Weiterentwicklung der Produkte.

3.1.1   Das Unternehmen

ECOMFORT beschäftigt sich mit Entwicklung, Produktion (Assembling) und Verkauf von modernen Biomasse-Heizanlagen. Im Bereich Forschung und Entwicklung bestehen seit der Vorgründungsphase Kooperationsbeziehungen zum Institut für Technologie der Biomassenutzung, die Entwicklung und Weiterentwicklung wird von eigenem Personal im Betrieb durchgeführt. Die Fertigung der einzelnen Komponenten wird nach genauer Spezifikation durch den Entwickler von externen Anbietern durchgeführt, die Produktion im Jungunternehmen umfaßt im wesentlichen nur die Endmontage. Die Distribution, als besonders kritischer Leistungsbereich, erfolgt direkt und indirekt über Absatzmittler. ECOMFORT bietet darüber hinaus umfassende Planungs- und Beratungsleistungen sowie intensive Kundenbetreuungsdienste an.

Für die Gründung des Unternehmens sind zwei Faktoren ausschlaggebend. Herr DI Klug sieht in der Gründung eines eigenen Unternehmens die Möglichkeit, sein Patent auf diesen Heizkessel optimal zu verwerten. Aufgrund des überdurchschnittlichen guten Wirkungsgrades bei niedrigen Schadstoffemissionen, wird das Marktpotential von Heizanlagen mit diesem Kessel als hoch eingeschätzt. Dazu kommt, dass der Betrieb, in dem die Herren Baum, Huber und Blumauer bis dato beschäftigt waren, nach einem Ausgleich von einem anderen Unternehmen übernommen und nicht wie geplant weitergeführt wird.

Über die genannten Faktoren hinaus ist die ökologische Einstellung und die tiefe Überzeugung aller Gründungsgesellschafter, daß in den kommenden Jahrzehnten ein weitreichender Strukturwandel im Bereich der Energieversorgung stattfinden wird, für die Gründung des Unternehmens von großer Bedeutung. Die Gründer, die sich bereits durch Veranstaltungen sowie auch durch gemeinsame Projekte im Bereich der Energienutzung durch Biomasse kennen, sehen im Umstieg von nicht-erneuerbaren auf erneuerbare Energieträger einen notwendigen Schritt zur Minderung lokaler und globaler Umweltprobleme, vor allem der Treibhausklima-Problematik. Die energetische Nutzung von Biomasse-Brennstoffen durch moderne, emissionsarme Heizanlagen ist weitgehend CO_2-neutral.

Die Unternehmensphilosophie orientiert sich an den Prinzipien der wirtschaftlich, sozial und ökologisch nachhaltigen Entwicklung. Die "ökonomische Gesundheit" des Unternehmens bildet zusammen mit der Zufriedenheit von Kunden und Mitarbeitern sowie dem Anspruch, einen Beitrag zur Minderung von Umweltproblemen zu leisten, die Handlungsmaxime und das oberste Unternehmensziel.

Der Betonung ökologischer Verantwortung sowie der bewußten und kontinuierlichen Kommunikation derselben wird hoher Stellenwert zugewiesen. Die Berücksichtigung von Umweltschutzbelangen findet bei allen Prozessen der Leistungserstellung ihren Niederschlag. Bei der Auswahl der Lieferanten und Vorprodukte, vor allem aber bei der Herstellung und beim Vertrieb bemüht sich das Unternehmen um effiziente und schonende Nutzung von Ressourcen. Auf der unternehmensexternen Seite werden durch finanzielle und nicht-finanzielle Unterstützung von diversen Institutionen umweltspezifische Bewußtseinsbildung, vor allem aber die Verbreitung von Biomassebrennstoffen gefördert.

Der zweite wesentliche Pfeiler der Unternehmenspolitik liegt in der Berücksichtigung sozialer Belange. Dieser Dimension versucht das Unternehmen durch flexible Arbeitszeiten, eigenverantwortliche Aufgabenbereiche und ein ständiges Weiterbildungsangebot gerecht zu werden. Ergänzung findet diese Dimension in der Betonung zwischenmenschlicher Werte wie Vertrauen und gegenseitige Anerkennung. Diese Grundhaltung bildet auch bei der Auswahl von Kooperationspartnern und Mitarbeitern ein wesentliches Kriterium. Der Transfer dieser Werte ist für die Dauerhaftigkeit der Beziehung zu externen Ressourcenträgern (Lieferanten, Absatzmittler, Dienstleister) und Kunden ausschlaggebend.

Der wirtschaftliche Erfolg von ECOMFORT - als dritte Dimension – soll vor allem durch Kundenorientierung realisiert werden. Die rasche Realisierung von Umsätzen soll durch einen offensiven Markteintritt gewährleistet werden. Das Hauptaugenmerk in den nächsten Monaten liegt im Bereich Verkauf. Gleichzeitig soll die Liquiditätsbelastung von ECOMFORT auf der Kostenseite möglichst gering gehalten werden. Dieses Ziel soll einerseits durch Kostendegressionseffekte aufgrund möglichst hoher Stückzahlen sowie andererseits durch den Zukauf von preisgünstigen Komponenten in Slowenien und Ungarn erreicht werden. Nicht zuletzt soll eine kontinuierliche Innovationsorientierung und Weiterentwicklung der Produkte einen hohen Qualitätsstandard sicherstellen.

Die Unternehmensphilosophie findet im Firmenleitbild seinen schriftlichen Niederschlag. Der Aushang des Firmenleitbildes hat einen zentralen Platz im Eingangsbereich des Firmengebäudes.

Firmenleitbild

Am Ende des 21. Jahrhunderts wird die Energieversorgung der Menschheit auf erneuerbaren Energieträgern basieren. Die Biomassebrennstoffe werden dabei eine wichtige Rolle spielen. Wir wollen zusammen mit unseren Kunden nach den Prinzipien der nachhaltigen Entwicklung dazu beitragen.

Ziel unseres Handelns ist die Herstellung der Ausgewogenheit zwischen der langfristigen Erhaltung

- *der ökonomischen Gesundheit unseres Unternehmens,*

- *der Zufriedenheit unserer Mitarbeiter,*

- *der Zufriedenheit unserer Kunden,*

- *der sozialen Gesundheit unserer Gesellschaft*

- *und der ökologischen Gesundheit unserer Umwelt.*

Daraus leiten wir folgenden Grundsätze ab:

a) *Beim Betrieb, bei der Herstellung und beim Vertrieb unserer Produkte werden alle Ressourcen sparsam und effizient genutzt.*

b) *Beim Betrieb und bei der Herstellung unserer Produkte wird erneuerbaren und recyclebaren Rohstoffen der Vorzug gegeben.*

c) *Beim Betrieb unserer Produkte mit den in der Bedienungsanleitung angegebenen Brennstoffen wird die Belastung der Umwelt durch Abgase, Asche und Lärm minimiert.*

d) *Durch ständige Weiterentwicklung unserer Produkte wollen wir sowohl den Nutzen für unsere Kunden, als auch für die Umwelt erhöhen.*

e) *Beim Einkauf werden Lieferanten und Produkte bevorzugt, die ebenfalls unseren Richtlinien entsprechen.*

f) *Bei der Gestaltung und Pflege unseres Firmengeländes wird die Förderung der biologischen Vielfalt berücksichtigt.*

g) *Wir unterstützen finanziell und formell Institutionen, die sich für die Förderung der Biomassebrennstoffe einsetzen.*

h) *Wir möchten einen Beitrag für die Region, in der wir leben und arbeiten, leisten. Wir bevorzugen Mitarbeiter mit Wohnsitz nahe des Firmensitzes und Lieferanten aus der Region.*

3.1.2 Gründerteam und Management

Der Gründungsgesellschafter und Geschäftsführer, Herr Baum, verfügt als Stahlbauschlosser und langjähriger Werkstättenleiter über Erfahrung in der Metallverarbeitung. Neben seinen Fachkenntnissen ist vor allem die langjährige praktische Auseinandersetzung mit Mitarbeitermotivation und -führung zu erwähnen. Die Lust zur Selbständigkeit, gepaart mit den realen Gegebenheiten (Ausgleich und Übernahme des Unternehmens, in dem er bis dahin beschäftigt war) sowie seiner ökologieorientierten Motivation, sind für das Engagement bei ECOMFORT ausschlaggebend. Seine Aufgabenbereiche umfassen die gesamten Agenden der Geschäftsführung, der technischen Leitung und der Verwaltung.

Der zweite mittätige Gesellschafter, Herr Huber, der ebenfalls in der Stahlbaubranche beschäftigt war, ist für die Montage der vorgefertigten Teile zu Heizanlagen sowie für die Außenmontage und Inbetriebnahmen der Anlagen bei den Kunden zuständig. Gerade im technischen Bereich ist eine enge und effiziente Zusammenarbeit dieser beiden Gründer von besonderer Bedeutung, wobei sich ihre berufliche Vergangenheit als Arbeitskollegen als wertvoll erweist.

Der dritte angestellte Gründungsgesellschafter, Herr Blumauer, war zuvor als Servicetechniker in einem anderen Heizkesselbauunternehmen tätig. Er verfügt somit über ausgezeichnete Marktkenntnisse. Seine Aufgaben bei ECOMFORT liegen im Bereich Service und Vertrieb.

Da niemand aus dem Kreis der Gründerteams über eine kaufmännische Ausbildung verfügt und die Einstellung eines entsprechenden Mitarbeiters aus Kostengründen derzeit nicht sinnvoll erscheint, wurde und wird laufend ein Unternehmens- und Steuerberater herangezogen.

3.1.3 Absatz

3.1.3.1 Marktnachfrage/-volumen

Einflußfaktoren für die Marktentwicklung

Der Markt für Biomasseheizanlagen wird im wesentlichen von den Entwicklungen auf den Komplementär- und Substitutionsproduktmärkten beeinflußt. Die bedeutendsten Substitutionsprodukte für Biomasseheizanlagen stellen Öl- und Gasfeuerungsanlagen, jedoch auch projektierte oder realisierte Fernwärmenetze dar. In Gebieten, die mit Fernwärmenetzen erschlossen sind oder in naher Zukunft erschlossen werden, ist das Absatzpotential sehr gering. Eine Ausnahme dazu stellen Nahwärmenetze dar, die sich in einem Leistungsbereich von einhundert bis einigen hundert Kilowatt (kW) bewegen und in einem lokal begrenzten Gebiet mehrere Familienhäuser mit Wärme versorgen. Die Betreiber solcher Nahwärmenetze sind zumeist bäuerliche Erwerbsgemeinschaften. Da diese Landwirte über ausreichend Holz verfügen und vermehrt zusätzliche Erwerbsquellen erschließen müssen, übernehmen sie die Organisation und den Betrieb der Wärmeversorgung über lokale Netze. Sie stellen ein kleines Zielgruppensegment des Unternehmens dar.

Bei Öl- und Gasheizanlagen handelt es sich um direkte Konkurrenzprodukte zu Biomasseheizanlagen. Ölheizungen sind am Markt relativ weit verbreitet, ihre Vor- und Nachteile bei den Konsumenten bekannt. Ein Vorteil, der für Ölheizungen spricht, ist die ubiquitäre Verfügbarkeit des Heizstoffes. Heizöl ist im Brenn- und Treibstoffhandel erhältlich und wird zumeist direkt ins Haus geliefert. Ein Nachteil von Ölheizungen ist die hohe Umweltbelastung. Der Bedienungskomfort von Ölheizungen hängt stark vom Modell ab. In zahlreichen Gesprächen der Gründer mit Hausbesitzern und Bauherren auf einschlägigen Messen wurde das Image der verschiedenen Heiztechnologien untersucht. Demnach reicht das Image von Ölheizungen von "sehr bedienerfreundlich und einfach in der Handhabung" bis "aufwendig" und "unangenehm, da schmutzig". Biomasseheizanlagen werden aufgrund der oftmals noch unausgereiften Technologie teilweise zu Recht oftmals mit den Attributen "wenig bedienungsfreundlich" und "unsicher im Betrieb" versehen. Gasheizungen haben in dieser Hinsicht ein besseres Image als Ölheizung und Biomasseheizungen.

Komplementärprodukte für Biomasseheizanlagen sind die Biomasse-Brennstoffe Stückholz, Hackschnitzel und Holzpellets. Bei Holzpellets, das sind unter hohem Druck zu zylindrischen Röllchen gepreßte Holz- und Sägespäne, handelt es sich um einen innovativen Brennstoff. Pellets wurden erstmals Mitte der Achtziger Jahre hergestellt, die Produktion wurde jedoch damals aufgrund technischer Probleme eingestellt. Erst jüngst erfahren Pellets steigendes Interesse. Die Gründe dafür liegen in den Vorteilen, die Pellets gegenüber Stückholz und Hackschnitzel auszeichnen. Als bedeutendster Vorteil ist die konstante, standardisierte Qualität des Brennstoffs anzuführen. Pellets sind zudem einfach zu handhaben und verursachen keine nennenswerten Lager- und Transportprobleme. Im Gegensatz zu Stückholz- und Hackschnitzelheizungen gewährleisten vollautomatische Pelletsheizungen während des ganzen Jahres einen verläßlichen und bedienungsfreien Betriebsablauf. Vor allem bei Hackschnitzel, die meist aus Abfallholz aus der Forstwirtschaft gehäckselt werden, können Fremdkörper aus Metall im Heizkessel oder bei den Fördereinrichtungen zu Funktionsstörungen führen. Aufgrund der hohen Qualitätsschwankungen kann auch keine optimale Verbrennung (Wirkungsgrad, Emissionen) gewährleistet werden.

Bedeutende Entscheidungsdeterminanten beim Kauf einer Heizanlage stellen – neben den Anschaffungskosten – die Betriebskosten für die Heizanlagen dar, die wesentlich von den Preisentwicklungen der einzelnen Brennstoffe beeinflußt werden. Im Zeitraum von 1986 – 1993 unterlag der Preis für Brennholz nur geringfügigen Steigerungen. Die Preise für die fossilen Energieträger Öl und Gas, sowie für Fernwärme unterlagen hingegen starken Schwankungen. Der Vergleich der absoluten Preise für Öl und Pellets zeigt, daß hier momentan nur geringe Unterschiede bestehen. Der Preis für 1 kg Holzpellets mit einem Heizwert von 5 kWh beträgt zum Zeitpunkt der Gründung 0,145 Euro, für einen Liter Heizöl leicht mit einem Heizwert von 10 kWh rund 0,36 Euro. Die erforderlichen Lagerkapazitäten für den Jahresbedarf (inklusive Behälter, Auslaufwannen bei Öl, Fördereinrichtungen) sind ebenfalls annähernd gleich. Die Pauschale für Anlieferung und Abfüllung sind für beide Brennstoffe gleich hoch. Problematisch ist nur die Erhältlichkeit der Biomasse-Brennstoffe Holzpellets. Wie auch bei Hackschnitzel existiert (derzeit noch) kein Vertriebsnetz.

Ein weiterer Faktor, der die Entwicklung des Biomasseheizungsmarktes beeinflußt, sind finanzielle Förderungen für erneuerbare Energie, die von Institutionen des Bundes, der Länder sowie einzelner Gemeinden angeboten werden. Die Palette dieser Förderungen reicht von sehr unspezifischen mit der Zielsetzung des stärkeren Einsatzes erneuerbarer Energien bis zu sehr konkreten Fördermaßnahmen für die Inbetriebnahme von Biomasseheizkessel. Die Förderpakete variieren in Umfang und Ausgestaltung vor allem in den einzelnen österreichischen Bundesländern sehr stark. Zu bemerken ist jedoch, daß sich in den Bundesländern, die Biomassetechnologien in der Vergangenheit stärker förderten (vor allem Niederösterreich, Oberösterreich und Steiermark), Biomasseheizanlagen wesentlich stärker durchsetzen konnten als im österreichweiten Vergleich. In Anbetracht der Tatsache, daß bereits seit dem Jahr 1980 von seiten des Bundes, aber auch seitens diverser Länder langfristige Förderungsentwürfe und -richtlinien erarbeitet wurden, und auch die Europäische Gemeinschaft vermehrt Umweltschutzbelange, unter anderem auch den Bereich der erneuerbaren Energien, als wesentlichen Politikbereiche definiert hat, sind von dieser Seite eher positive Impulse für die Marktentwicklung zu erwarten.

Vergangene und zukünftige Marktentwicklung

Nach Angaben der niederösterreichischen Landwirtschaftskammer wurden in ganz Österreich während der letzten Jahre rund 1.000 bis 1.500 Biomasse-Kleinanlagen (bis 100 kW) pro Jahr abgesetzt. Der Markt ist stabil und wies in den vergangenen Jahren eine leicht steigende Tendenz auf. Dabei handelt es sich jedoch vor allem um Stückgut- und Hackschnitzelheizungen, also traditionelle Biomasseheizungen. Pelletsheizungen werden erst zum gegenwärtigen Zeitpunkt am Markt eingeführt. Pelletsheizungen stellen ein Konkurrenzprodukt zu Öl- und Gasheizungen dar und weisen im direkten Vergleich mit ihnen Vorteile auf. Dies ist, neben der erwarteten günstigen Entwicklung der Rahmenbedingungen, ein wesentlicher Grund, daß für die kommenden Jahre von einem wachsenden Markt für Biomasseheizanlagen ausgegangen werden kann.

Anzahl der verkauften Kleinanlagen [Stk./Jahr]						Erwartete Entwicklung [Stk./Jahr]		
Jahr(e) vor Gründung						Jahr(e) ab Gründung		
-6	-5	-4	-3	-2	-1	1	2	3
1052	892	1036	1548	1501	1443	1500	1800	2300

Tabelle 1: Entwicklung des Marktes für Biomasseheizanlagen

Da neben Pelletsheizungen auch Hackschnitzelheizungen angeboten werden, ist gewährleistet, daß ECOMFORT auch bei anfänglichen Anlaufschwierigkeiten am Markt für Pelletsheizungen Umsätze realisieren kann. Das Jungunternehmen besetzt mit seinem Markteintritt zu einem Zeitpunkt, zu dem sich der Markt für Pelletsheizungen erst zu entwickeln beginnt, eine bedeutende Position als Anbieter. Mit beiden Produkten gemeinsam soll in den nächsten Jahren durchschnittlich ein Marktanteil von mindestens 10% erreicht werden, wobei im ersten Jahr der Absatz von maximal hundert Anlagen realistisch erscheint (vgl. Tabelle 2):

Geplante Verkaufszahlen [Stk./Jahr]		
Jahr(e) ab Gründung		
1	2	3
100	200	250

Tabelle 2: Planabsatz für die ersten drei Geschäftsjahre

3.1.3.2 Wettbewerb/Konkurrenz

Die Angebotsseite des Marktes für Biomasseheizanlagen, zu denen neben Hackschnitzel- und Pellets- auch Stückholzheizkessel zählen, umfaßt zum Gründungszeitpunkt rund dreißig ernstzunehmende Anbieter am für Biomasseheizanlagen relevanten Markt. Es handelt sich dabei im wesentlichen um Österreich. Ein kleiner Teil der Nachfrage kommt auch aus Deutschland, der Schweiz, den skandinavischen Ländern und Norditalien. Es wird erwartet, dass diese Märkte in den nächsten Jahren stark an Attraktivität gewinnen werden. Derzeit verfügen fünf Konkurrenzunternehmen gemeinsam über einen Marktanteil von 80%. Dabei handelt es sich vor allem um größere, etablierte Anlagenbauunternehmen mit Sitz in Österreich und Deutschland. Bei den anderen Mitbewerbern handelt es sich vorrangig um kleine österreichische Unternehmen. Der Wettbewerb am Markt für Hackschnitzelfeuerungen ist relativ stark.

3.1.3.3 Marketing/Absatzförderung

Die relativ hohe Wettbewerbsintensität auf dem Markt für Biomasseheizanlagen erfordert eine klare Positionierung und Abgrenzung von den Mitbewerbern. Um die "optimale"

Wettbewerbsposition bestimmen zu können, sind die Bestimmungsfaktoren und Dimensionen des Kundennutzens zu analysieren. Der Grundnutzen von Biomasseheizanlagen stellt das Produkt "Wärme" dar. Diese Leistung wird jedoch auch von den anderen Substitutionsgütern Öl- und Kohleheizungen sowie Fernwärme und Gasheizungen erbracht.

Zielgruppen

Die Branchenkenntnis der Gründer sowie mehrere auf einschlägigen Fachmessen durchgeführte Befragungen erlauben eine genaue Beschreibung der Zielgruppen von ECOMFORT. Die primäre Kundenschicht von ECOMFORT bilden Privatpersonen, die in zwei Gruppen unterteilt werden können.

Die erste Gruppe besteht größtenteils aus Land- und Forstwirten, die vorwiegend Hackschnitzelheizungen kaufen. Diese Kundenschicht ist zumeist technisch versiert und in der Lage, kleinere Probleme selbst zu beheben. Die Tatsache, daß für Hackschnitzel kein Vertriebsnetz im engeren Sinn existiert, stellt kein wesentliches Problem für den Verkauf von Hackschnitzelheizungen dar. Landwirte verfügen zumeist selbst über Holz, das sie mit Häckslern, die oftmals von landwirtschaftlichen Nutzmaschinenringen zur Verfügung gestellt werden, verarbeiten können, oder sie beziehen Hackschnitzel direkt über lokale Forstbetriebe bzw. andere Landwirte. Ein kleiner Teil dieser Zielgruppe sind die bereits erwähnten bäuerlichen Erwerbsgemeinschaften.

Im Gegensatz dazu stellt die zweite Zielgruppe höhere Anforderungen an die Funktionstüchtigkeit und die Bedienungsfreundlichkeit der Anlagen. Die zweite Zielgruppe umfaßt Hausbauer, die sich bei Neubau für ein Heizsystem entscheiden müssen, und Hausbesitzer, die ihr Heizsystem austauschen oder erneuern, sowohl aus ländlichem, aber auch aus städtischen Gebieten. Dieser Gruppe gehören Personen aller Berufsstände an, wobei allerdings die Zahlungsbereitschaft vom Einkommen und der ökologischen Einstellung der Kunden abhängt. Abgesehen von einem kleinen Kundensegment wenig preissensibler Privatpersonen, der "Ökopioniere", stellt der Preis der Heizanlage sowie die erwarteten Kosten des Betriebes (diese werden bei Biomasseheizanlagen in erster Linie von der Qualität, der lokalen Verfügbarkeit und dem Preis des Brennstoffes determiniert) für alle anderen Kunden das bedeutendste Kaufkriterium dar.

Marketing-Mix

Produkt und Leistungen

Die ECOMFORT-Heizanlagen finden in jedem Wohnhaus mit Heizraum Platz. Eine vollautomatische Befüllung und ein fast vollautomatischer Betrieb während der ganzen Heizperiode (abgesehen von der Entleerung des Aschenbehälters) gewährleisten einen hohen Bedienungskomfort. Die Hackschnitzel oder Holzpellets werden aus dem Lagerraum (rund 10 bis 15 m^3 für ein Einfamilienhaus) über die Beschickungsanlage mit einer rückbrandsicheren Einrichtung oder über einen Zwischenbehälter in die Brennkammer eingebracht. ECOMFORT bietet fünf verschieden Beschickungssysteme an, womit jeder baulichen Situation optimal Rechnung getragen wird. Durch die Kesselregelung wird der benötigte Brennstoff dem Feuerraum zugeführt. Die Verbrennung erfolgt unter getrennter Zufuhr von Primär- und Sekundärluft, wobei eine ausreichende Verweilzeit der brennbaren Gase in einer heißen Brennzone gewährleistet ist. Der aufgesetzte Kessel erfüllt die Funktion eines Wärmetauschers und scheidet die Flugasche ab. Innovatives Element an den ECOMFORT-Heizanlagen sind vor allem die Turbulatoren, die eine optimale Funktionsweise des Wärmetauschers gewährleisten sowie die automatische Reinigung begünstigen. Die wichtigsten Parameter für die Regelung sind die Sauerstoffsonden bei Lambdasteuerungen. Durch kontinuierliche Brennstoffzulieferung ist ein gleichbleibend guter Wirkungsgrad gewährleistet und eine gute Anpassung des Verbrennungsprozesses an den tatsächlichen Wärmebedarf möglich. Diese Funktion wird darüberhinaus durch witterungsgeführte Heizregelkreise optimal genützt.

Für die Kaufentscheidung sind vor allem das Vertrauen des Kunden in den störungsfreien Betrieb sowie der Preis der Heizanlage ausschlaggebend. Zudem ist auch der Zusatznutzen des Heizsystems von großer Bedeutung. Der Zusatznutzen entsteht vor allem durch folgende Aspekte:

- Umweltfreundlichkeit - Beitrag zur Minderung des Treibhauseffektes
- Bedienungskomfort durch vollautomatischen Betrieb
- Umfassende Planung, Kundenbetreuung und Service
- Versorgungs- und relative Preissicherheit - Vermeidung der (Auslands)abhängigkeit von fossilen Energieträgern
- Wertschöpfung im Inland sowohl in bezug auf die Anlage, als auch den Energieträger Holz
- Produktqualität, v.a. Betriebssicherheit

Da ein störungsfreier Heizbetrieb gewährleistet ist, konzentriert ECOMFORT seine Bemühungen bei den potentiellen Käufern von Pelletsheizungen auf die Kommunikation des Zusatznutzens. So stellt die Umweltfreundlichkeit dieser Heiztechnologie ein bedeutendes Verkaufsargument dar. Der Netto-Effekt des trotz optimaler Verbrennung emittierten Kohlenstoff ist klein, da durch den Aufbau von Biomasse (Pflanzenwachstum) der Atmosphäre ungefähr gleich viel Kohlendioxid entzogen wie durch einen kontrollierten Verbrennungsvorgang freigesetzt wird. Im Gegensatz zu fossilen Brennstoffen – wie Öl oder Kohle – wird die Atmosphäre somit nicht mit zusätzlich freigesetztem Kohlendioxid belastet.

Der hohe Bedienungskomfort von modernen Biomasseheizanlagen ist ebenfalls häufig ein entscheidendes Kaufkriterium. Aus diesem Grund setzt man auch auf die innovative Technologie der Pelletsfeuerung, die wesentlich weniger Betreuungsaufwand durch den Anwender benötigt, als dies bis dato bei Holzfeuerungsanlagen der Fall war. Problematisch erweist sich dabei, dass noch kein Vertriebsnetz für Holzpellets existiert. Aus diesem Grund bietet ECOMFORT Pelletsanlieferung zum Selbstkostenpreis als Zusatzleistung für seine Kunden an. Diese Leistung soll aus Kapazitätsgründen nur solange als nötig durch ECOMFORT angeboten werden. Um die Errichtung eines flächendeckenden Vertriebnetzes für Holzpellets zu forcieren, engagiert sich ECOMFORT bei einigen Verbänden und Vereinen zur Förderung nachhaltiger Energie. Das Jungunternehmen ist auch Mitbegründer des "Pelletsverband Austria".

Die Kundenbetreuung stellt einen wesentlichen Leistungsbestandteil dar. Neben ausführlicher Information und Beratung, ist vor allem die Planung der Anlage eine verkaufsnotwendige Leistung und stellt zudem den optimalen Betrieb der Anlage sicher. Das Wissen, jederzeit das Serviceangebot nützen zu können, soll für die Kunden das Kaufrisiko durch das neue Produkt reduzieren. Das Jungunternehmen bietet einen 24-Stunden-Wartungs- und Reparaturdienst durch qualifizierte Servicetechniker an und wird dieses Angebot in den kommenden Jahren ausbauen.

Preis

Die Preisfindung erfolgt einerseits durch Kalkulation, um Kostendeckung zu gewährleisten. Um jedoch wettbewerbsfähig zu sein, ist andererseits eine Orientierung an den Preisen der Konkurrenten unerläßlich. Aufgrund intransparenter Preisgestaltung der Mitbewerber durch stark unterschiedliche Gewährung von Rabatten und Skonti und unterschiedliche Ausstattungsmerkmale wird ein Durchschnittspreis geschätzt. Dieser beträgt für Hackschnitzelheizungen mit einer 25 kW-Leistung rund 14.500 Euro,-. Ölheizanlagen sind im Marktdurchschnitt um rund 2.100 Euro bis 7.300 Euro günstiger als Hackschnitzelheizungen der entsprechenden Leistungskategorie. Für Pelletsheizungen existierte bis dato noch kein Marktpreis, da diese aktuell von ECOMFORT am Markt eingeführt werden.

Die Preise für Hackschnitzelheizungen von ECOMFORT entsprechen dem Marktdurchschnitt für Hackschnitzelheizungen, sie liegen also bei rund 14.500 Euro, die Preise für Pelletsheizungen werden sich zwischen den Preisen für Hackschnitzel- und Ölheizungen bewegen und je nach Leistungskategorie zwischen 2.100 Euro und 3.600 Euro über dem Preis für Ölheizungen liegen. Die Produkte von ECOMFORT werden also je nach Typ und Leistung, inklusive Montage und Zusatzeinrichtungen wie der automatische Beschickungsanlage, abzüglich Rabatten und Skonti zwischen 9.500 Euro und 14.500 Euro kosten.

Vertrieb, Verkauf und Absatzförderung

In dieser Branche stehen prinzipiell eine Reihe von Vertriebsformen zur Auswahl. Neben Formen des Direktverkaufs wie über Außendienstmitarbeiter, Handelsvertreter oder eigene Verkaufslokale besteht auch die Möglichkeit der Nutzung externer Vertriebskanäle wie Rauchfangkehrer, Fachhändler, Architekten und vor allem Installateure. Neben den Vertriebskosten sind jedoch auch die jeweiligen Vor- und Nachteile der einzelnen Vertriebsformen zu beachten.

Ein großer Vorteil beim Vertrieb über Installateure wäre die Möglichkeit, auf ein gut ausgebautes Vertriebsnetz zurückzugreifen. Installateure, die als direktes Bindeglied zwischen Unternehmen und Kunden eine einflußreiche Position einnehmen, leisten für Biomasseanlagenhersteller zur Zeit aber kaum aktive Verkaufsunterstützung. Es kann davon ausgegangen werden, daß viele Installateure geringes Interesse zeigen werden, die Produkte von ECOMFORT zu listen. So werden aufgrund des grossen Angebotsspektrums langjährig bewährter Heizsysteme Biomasseheizkessel zumeist nur auf Kundenanfragen angeboten. Dies resultiert nicht zuletzt auch aus unzureichenden produktspezifischen Fachkenntnissen. Eine weitere Konsequenz der technischen Überforderung können Planungs- und Dimensionierungsfehler sein, die sich negativ auf die Effizienz und den Betrieb der Heizanlage, und somit auf die Betriebskosten, aber auch auf das Image von Biomasseheizungen auswirken. Die erwähnten Nachteile des

Vertriebskanals "Installateur" gelten, zumindest teilweise, auch für die anderen potentiellen externen Vertriebspartner.

Bei Direktverkauf über fix angestellte Außendienstmitarbeiter und Handelsvertreter, die auf Provisionsbasis arbeiten, treten diese Nachteile nicht auf. Die Verkäufer verfügen über produktspezifische und allgemeine wärmetechnische Kenntnisse und fühlen sich dem Unternehmen gegenüber verpflichtet. Ihr Gehalt setzt sich aus einem relativ geringen Fixum und einer umsatzabhängigen Gehaltskomponente zusammen. Der Nachteil einer Kostenbelastung durch Angestellte wird jedoch durch die eben genannten Vorteile kompensiert, weshalb Verkäufer, unterstützt durch Handelsvertreter, vor allem zu Beginn die tragende Säule des Vertriebssystems darstellen. Zusätzlich dazu werden bereits in den nächsten beiden Jahren Anstrengungen unternommen werden, um das Vertriebsnetz der Installateure zu nutzen. Dazu wird notwendig sein, Lobbying für das Produkt zu betreiben und das Unternehmen aus Perspektive der Installateure als Kooperationspartner attraktiv zu gestalten. In Planung ist ebenfalls die Errichtung eigener Vertriebs- und Servicestellen in Österreich und Deutschland. Diesbezügliche Überlegungen sollen jedoch frühestens in ein bis drei Jahren, in Abhängigkeit der Geschäftsentwicklung und möglichen Kostenbelastung, konkretisiert werden.

Werbung und Public Relations

Die Aktivitäten im Bereich Werbung und Öffentlichkeitsarbeit werden, aufgrund von Kosten-Nutzen-Überlegungen stark fokussiert, von ECOMFORT selbst durchgeführt. Es wird davon ausgegangen, dass sich potentielle Käufer von Heizanlagen zumeist über folgende Art und Weise Überblick über den Markt und die Angebote der verschiedenen Hersteller verschaffen:

- Gespräche mit Installateuren,
- Fachmessen und Ausstellungen für Bauen/Wohnen,
- Freunde und Bekannte, die als (zukünftige) Hausbesitzer bereits selbst Erfahrungen sammeln konnten.

Ein Teil der Werbemaßnahmen wird auf Installateure gerichtet. Durch gezielte, direkte Informationsschreiben und Gespräche mit Außendienstmitarbeitern von ECOMFORT soll das Interesse dieses Berufstandes an Biomasseheizungen geweckt werden. Die Erwartungen an die aktive Verkaufsunterstützung durch Installateure sind jedoch aus den oben angeführten Gründen nicht sehr hoch. Da aber davon ausgegangen wird, sowohl das Unternehmen, als auch das Produkt in den nächsten Jahr fest am Markt etabliert zu haben, wird erwartet, daß die Bereitschaft der Installateure, Biomasseheizungen zu listen, zunehmen wird. Der Aufbau dieser Vertriebs- und Verkaufsunterstützungsschiene wird also zunächst eher im Hintergrund stehen, während Präsentationen auf einschlägigen Fachmessen und Ausstellungen fixer Bestandteil der Arbeit von ECOMFORT sein werden.

Die Möglichkeiten der Einflußnahme auf informelle Informationsquellen wie Freunde oder Bekannte sind begrenzt. Die wesentliche Voraussetzung um mittel- und langfristig am Markt reüssieren zu können, wird in hoher Kundenzufriedenheit gesehen. Diese soll durch das Dienstleistungsangebot von ECOMFORT erreicht werden. Zufriedene Erst-

und Referenzkunden sind bedeutende Multiplikatoren, die es zunächst zu gewinnen gilt. Dies soll durch persönliche Kontakte der Gründer und im Rahmen der im nächsten Jahr stattfindenden Fachmessen, aber auch durch die Außendienstmitarbeiter erfolgen. Nach Maßgabe der verfügbaren Arbeitszeit ist auch geplant, daß die Außendienstmitarbeiter direkt an den Baustellen und Rohbauten Gespräche mit den Bauherren suchen, auf Produkt- und Dienstleistungsangebot aufmerksam machen und Informationsmaterial (Broschüren und Anlagenbeschreibungen) zur Verfügung stellen.

Umsatzziele

In der Annahme, daß sich die Zahl der verkauften Anlagen hinsichtlich Type und Leistungskategorie in den ersten drei Jahren gleichmäßig verteilt, kann von einem durchschnittlichen Preis von 12.000 Euro ausgegangen werden. Bei Erreichen der oben genannten Absatzziele sollen die nachstehend angeführten Umsatzerlöse realisiert werden:

Geplanter Umsatz [Tsd. Euro]

Jahr(e) ab Gründung		
1	2	3
1200	2400	3000

Tabelle 3: Planumsatz für die ersten drei Geschäftsjahre

Die Instandsetzungs- bzw. Installationsarbeiten werden unentgeltlich durchgeführt, ebenso wie Service-, Wartungs- und Reparaturarbeiten während des einjährigen Garantiezeitraumes. Darüber hinaus wird vor allem in den ersten Jahren aufgrund des noch geringen Alters der Anlagen kaum Bedarf an Wartungs- und Reparaturarbeiten bestehen. Aus diesem Grund werden in den ersten Jahren keine Umsätze aus dem Zusatzleistungsangebot erwartet.

3.1.3.4 Chancen und Risiken

Das Überleben während der ersten Jahre und die Etablierung am Markt kann von zwei Faktoren negativ beeinflußt werden:

- Entwicklung des Ölpreises derart, daß der Betrieb von Ölfeuerungsanlagen spürbar günstiger wird als die Alternativen,
- sehr langsame Entwicklung des Komplementärmarktes "Holzpellets".

Pellets könnten sich schlecht am Markt durchsetzen, wenn der Preis zu hoch angesetzt würde oder diese aufgrund von Distributionsproblemen schlecht oder nur in Verbindung mit hohem Zeit- und Geldaufwand erhältlich wären.

3.2 Leistungsprozess und Ausstattung

Der Prozess der Leistungserstellung umfaßt im wesentlichen die Entwicklung, die Fertigung und die Montage. Die Fertigung der Teile führt ECOMFORT nicht selbst durch, sondern läßt dies außer Haus nach strengen Vorgaben produzieren (vgl. dazu 4.3). Die Tätigkeiten im Bereich der Entwicklung werden sich in nächster Zukunft auf Weiterentwicklungsarbeiten beschränken. Die Gründer haben jedoch bereits Pläne für die Entwicklung von Neuprodukten im Bereich der Verstromung von Biomasse. Eine Übersicht des Leistungsprozesses bietet die Tabelle 4.

Leistungs-prozesse	Tätigkeiten	Art der Leistungs-erstellung
Entwicklung	Weiterentwicklung der Technologie (bspw. Verbrennung, Steuerung und Regelung, Wärmetausch)	Eigenleistung und Kooperation mit Forschungsinstitut
	Entwurf und Spezifikation der Einzelteile (u.a. Kesselkörper und -türe, Turbulatoren, Beschickungsschnecken, Getriebe/Motor (für Beschickung, Austrag, Luft), Verkleidung und Isolierung, Mikroprozessor)	Eigenleistung
Fertigung	Produktion der Einzelteile nach genauen Vorgaben (CAD) durch Zulieferer	Fremdbezug
Montage	Assembling der Teile zu verkaufsfertigen Heizanlagen	Eigenleistung

Tabelle 4: Darstellung der Leistungserstellungsprozesse

3.2.1 Gebäude und Ausstattung

Geeignete Räumlichkeiten, die aus zwei kleinen Büros und einer Montage- und Lagerhalle bestehen, wurden angemietet und adaptiert. Sie befinden sich in einem Gewerbegebiet auf dem Gelände eines Stahlbauunternehmens. Dies hat den Vorteil, daß bereits auf einige Infrastruktureinrichtungen zurückgegriffen werden kann. Der Aufwand für Miete und Betriebskosten für das erste Jahr beträgt 29.000 Euro. Die Anschaffung der erforderlichen maschinellen Anlagen erfolgt zu günstigen Konditionen aus der Konkursmasse eines liquidierten Stahlbauunternehmens. Zusammen mit den Kosten für die Büroausstattung beträgt der Aufwand für die gesamte Betriebs- und Geschäftsausstattung 22.000 Euro.

Der Raumbedarf für die Leistungserstellung, also Montage und Entwicklung, ist relativ gering. Die Entwicklungsarbeiten werden in Kooperation mit dem Institut für Technologie der Biomassenutzung durchgeführt. Um eine zielgerichtete Zusammenarbeit sowie den Technologietransfer zu gewährleisten, werden einzelnen Mitarbeitern des Forschungsinstitutes Arbeitsplätze in den Räumlichkeiten von ECOMFORT zur Verfügung gestellt. Den größten Platzbedarf erfordert die Lagerung der vorgefertigten und zugekauften Teile, da zu jedem Zeitpunkt der gesamte Jahresbedarf zur Verfügung stehen soll.

3.2.2 Personal

Die Aufgabenteilung der drei mittätigen Gründungsgesellschafter ist wie folgt geregelt:

Herr Baum:

Geschäftsführung, technische Leitung (Entwicklung und Vorgaben), Assembling, Verwaltung inklusive Sekretariatsarbeiten

Herr Huber:

Innenmontage (Assembling der Teile), Außenmontage (Inbetriebnahme bei Kunden)

Herr Blumauer:

Service und Vertrieb (Außendienst), bei Bedarf auch Assembling

Herr Baum und Herr Blumauer widmen sich weiters den in Abschnitt 3.3 "Marketing/Absatzförderung" beschriebenen Aufgaben zu Verkauf und Werbung. Nach Schätzungen der Gründer, wird es zunächst möglich sein, die anfallende Arbeitsaufgaben mit dieser Personalausstattung zu bewältigen:

Assembling (Montage der Kompontenten bis zur Auslieferung)		Anmerkungen
durchschnittliche Assemblingzeit pro Anlage [Std.]	38	Es handelt sich dabei um vorsichtige Schätzungen aufgrund von Erfahrungswerten aus der Montage der Pilotanlage. In Anbetracht von Effizienzsteigerungen aufgrund von Lerneffekten ist eine Unterschreitung dieser Zeit sehr wahrscheinlich.
Arbeitszeit pro Person und Monat [Std.]	160	Exklusive Überstunden
Mitarbeiter im Assemblingbereich	2	Huber, Baum (neben Geschäftsführung), Blumauer nach Bedarf und zeitlicher Verfügbarkeit (siehe unten)
max. mögl. produzierte Anlagen pro Jahr [Stk.]	101	
Auslieferung und Endmontage		
Arbeitszeit pro Person und Anlage [Std.]	8	Inklusive Fahrtzeit
Service und Kundenbetreuung (Check und Feineinstellung drei Monate nach Inbetriebnahme) pro Anlage [Std.]	4,5	Annahme: Dieser erste Check wird in den ersten 12 Monaten bei rund 75% der Kunden durchgeführt und erfordert rund 6 Stunden Zeitaufwand (= 6x0,75)
Bei Annahme: 100 produzierte und verkaufte Anlagen pro Jahr [Std.]	1250	durchgeführt von Blumauer; bei 160 Std./Monat und 12 Monaten (= 1920 Stunden Jahresarbeitszeit) noch genügend Zeit für Mithilfe beim Assembling

Tabelle 5: Darstellung des Personalbedarfs und der Aufgabenteilung

3.2.3 Teile und Material

Die Gestaltung der Beschaffungswege orientiert sich am Spezifikationsgrad und am Preis der einzelnen Posten. Grundsätzlich ist zwischen Standardteilen, die ohne Schwierigkeiten von verschiedenen Lieferanten zu günstigen Konditionen zu beziehen sind, und den in Auftragsfertigung hergestellten Teilen zu unterscheiden.

Die Standardteile nehmen stückmäßig ungefähr den selben Anteil wie die spezifizierten Teile ein, kostenmäßig liegen sie jedoch wesentlich darunter. Das Hauptaugenmerk des Beschaffungswesens liegt demnach bei den Teilen, die in Fremdfertigung nach Spezifikation von ECOMFORT hergestellt werden.

Für die Fertigung der Heizkessel, der mit Abstand teuersten Teile, konnte ein ostungarisches Kesselbauunternehmen ausfindig gemacht werden, dessen Preisangebot um 25% unter dem österreichischen Durchschnitt lag. Da sich diese Unternehmen in der Lage sieht, die erforderliche Stückzahl zu liefern, wurden bereits Bezugsverträge vereinbart. Andere wichtige Komponenten, wie bspw. Förderschnecken, werden von einem südslowenischen Betrieb gefertigt. Der restliche Bedarf an Teilen wird durch kurzfristige Liefervereinbarungen mit regionalen Anbietern gedeckt.

3.3   Diskussionsfragen zu Teil 1: Business Plan

- Welche Funktionen haben Business Pläne und weshalb spielt der Planungsprozess als solches eine bedeutende Rolle? Gehen Sie bei der Diskussion auch auf Zielgruppen von Business Plänen und die Bedeutung von Zielen des Gründer bzw. Gründerteam sowie des Unternehmens ein.

- Diskutieren Sie den Business Plan von ECOMFORT.
    - Worin liegen die Stärken und Schwächen?
    - Enthält der Unternehmensplan Widersprüche?
    - Welche bedeutenden Aspekte wurden im Business Plan vernachlässigt? (Beachten Sie dabei, dass die Darstellung des quantitativen Teils, wie etwa der Finanzplanung, hier nicht erfolgte).

- Welche Wettbewerbsstrategie verfolgt ECOMFORT? Diskutieren Sie die strategischen Dimensionen des Unternehmenskonzeptes hinsichtlich Sinnhaftigkeit, Vollständigkeit und Systematik.

4. Teil 2: Krise und Neuorientierung

4.1   Problemfelder

Gegen Ende des zweiten Jahres nach Aufnahme der Geschäftstätigkeit befand sich ECOMFORT in akuten Liquiditätsengpässen. Lieferantenforderungen und andere Zahlungsverpflichtungen konnte nicht oder nur mit erheblicher zeitlicher Verzögerung nachgekommen werden. Der Geschäftsführer beschloß im Einvernehmen mit den anderen Gründern als letzten Ausweg vor der drohenden Liquidation, bei der Hausbank ein zweites, langfristiges Darlehen zu beantragen. Die Beziehungen zur Hausbank waren aufgrund der offenen Informationspolitik gut, so daß diese grundsätzlich bereit war, Gespräche über eine zusätzliche Fremdfinanzierung zu führen.

Im Rahmen der Kreditverhandlungen waren der Geschäftsführer und die anderen Gründer gezwungen, sich erstmals intensiv mit Liquiditäts- und Finanzplänen auseinanderzusetzen. Bei der Erstellung des Unternehmenskonzepts zum Zeitpunkt der Gründung hatte der Unternehmensberater die Wettbewerbsstrategie formuliert und die Planrechnungen durchgeführt. Die Aktivitäten der Gründer konzentrierten sich hingegen primär auf die technische Realisierung, die technologische Weiterentwicklung sowie Produktgestaltung und Vertrieb. Man versuchte, die empfohlene Kostenführerschaft durch Bezug von billigen Komponenten aus Ungarn sowie durch Realisierung von Kostendegression aufgrund hoher Stückzahlen umzusetzen.

Neben den strategischen Fehlern in der Unternehmensplanung war auch eine unzureichende Liquiditäts- und Finanzplanung für die Unternehmenskrise verantwortlich. Die Absatz- und Umsatzschätzungen erwiesen sich als zu hoch. Diese Planzahlen wurden jedoch nicht aufgrund einer mangelnden Nachfrage, sondern vorrangig wegen der Kapazitätsprobleme verfehlt. Folgende Übersicht vermittelt einen Eindruck über die Planungsfehler bzw. –ungenauigkeit bei der Personal-kapazitätsplanung:

	Plan	Ist
Produzierte Anlagen [Stk.]	101	75
durchschnittl. Arbeitszeit (inkl. Überstunden) pro Person und Monat [Std.]	160	250
Arbeitszeit pro Anlage [Std.] (da keine gesonderte Erfassung erfolgte: inklusive Auslieferung, Endmontage und Check)	52	120

Abweichungsanalyse, Personalkapazitätsplanung, 1. Jahr

Die Schere zwischen Aufwendungen und Erträgen wurde jedoch vor allem durch die unerwartet hohen Kosten vergrößert. Die Ursachen der massiven Kostensteigerungen lagen in folgenden Bereichen:

- Forschungskooperation: Die Organisation der Kooperation war kaum formalisiert und nicht zuletzt mangels der Formulierung konkreter Ziele von divergierenden Interessenslagen geprägt. Diese Form der Forschungskooperation erwies sich als ineffizient und kostenintensiv, da kaum umsetzbare Ergebnisse gewonnen werden konnten. Die letztendlich verwerteten Forschungs- und Entwicklungsergebnisse trugen aufgrund einer Reihe von technischen Fehlern zu massiven Imageproblemen bei.

- Beschaffung: Auf Anraten des Beratungsunternehmens wurde, um die Leistungserstellung möglichst kostengünstig durchführen zu können, ein ungarischer Zulieferer mit der Produktion der Feuerungskessel beauftragt. Wie sich nach einigen Monaten herausstellte, war die Qualität der Kessel jedoch mangelhaft. Die Kostenbelastung stieg aufgrund von Nachbearbeitung und Reparaturen stark an. Der Einstandspreis war bei der Lieferantenauswahl das einzige Entscheidungskriterium.

- Verkauf: Primäres Ziel zum Zeitpunkt des Markteintrittes war - auf Anraten des Unternehmensberaters - die Realisierung von möglichst hohen Umsätzen. Man konzentrierte sich nicht auf ein räumlich eingeschränktes Gebiet, sondern nahm jeden Auftrag an. Die Kunden von ECOMFORT waren über den gesamten deutschsprachigen Raum verteilt. Zu Beginn der Tätigkeit verfügte das Jungunternehmen über keine Service- und Kundendienstkapazitäten. Diese waren jedoch wegen der befürchteten und auch eingetretenen Imageschäden, die wiederum aus den bereits erwähnten technischen Anlaufschwierigkeiten resultierten, dringend notwendig. Der schnelle Aufbau des Kundendienstes und vor allem die große räumliche Verteilung der Kunden führten zu großen Kostenbelastungen. Generell entwickelte sich die Kapazitätsbelastung vor allem in personeller Hinsicht höher als geplant. Neben erhöhten Kosten (vor allem für Überstunden) führte dies dazu, dass Aufträge gar nicht angenommen oder mit zeitlicher Verzögerung bearbeitet wurden.

- Personalplanung: Die Schätzungen des Zeitbedarfes für die Leistungserstellung basierten auf Annahmen der Gründungsgesellschafter. Diese hatten zwar bereits Erfahrung im Stahlkesselbau, waren jedoch mit den spezifischen Problemen der neuen Technologie zuwenig vertraut. Die Zeitbedarfsschätzungen erwiesen sich als zu niedrig und resultierten in enormen Personalkapazitätsengpässen. Aufgrund der unzureichenden Personalbedarfsplanung wurde auch nicht die Notwendigkeit einer Personalbeschaffungs- und –entwicklungsplanung erkannt.

- Eigenkapital: Die hohen Liquiditätsbelastungen aus den oben angeführten Bereichen führten dazu, daß aus der von Beginn an schwachen Eigenkapitalausstattung ein massiver Eigenkapitalmangel wurde, der zu akuten Liquiditätsproblemen führte.

4.2　Neuorientierung

4.2.1　Umfeld

Wie die positive Entwicklung der Absatz- und Umsatzzahlen zeigt, waren die Entscheidungen betreffend des Markteintrittes und der Produkt-Markt-Positionierung (anfangs Hackschnitzel zu Realisierung erster Umsätze bei gleichzeitiger Marktvorbereitung und –bearbeitung des Marktsegment „Pelletsheizungen") grundsätzlich richtig. Zum Zeitpunkt der Gründung bzw. des Markteintrittes war der Pelletsheizungsmarkt, vor allem aber der Komplementärmarkt für Brennstoff, noch sehr jung. Es gelang ECOMFORT, dieses Marktsegment frühzeitig zu besetzen.

Aus diesem Grund sahen die Gründer keine Veranlassung, in dem angesprochenen Bereich Änderungen vorzunehmen. Die Maßnahmen wurden im Prinzip so weitergeführt wie bisher (ständige Beobachtung des Marktes und der Branche, Engagement bei Verbänden zur Förderung von Biomasse u.ä.).

4.2.2 Unternehmen

Die Ursachen für die Unternehmenskrise lagen in unternehmensinternen Feldern. Konsolidierungsmaßnahmen mussten also in diesen, im folgenden beschriebenen Bereichen vorgenommen werden.

Der bedeutendste Aspekt der Neuorientierung war die Formulierung der Wettbewerbsstrategie. Obwohl aufgrund des sich intensivierenden Wettbewerbs die Produktpreise und somit die Kostensituation des Unternehmens von großer Bedeutung sind, liegt der Schwerpunkt der Aktivitäten von ECOMFORT in der Positionierung als Qualitäts- und Technologieführer.

Erst durch den Entwurf einer umfassenden Unternehmensstrategie und der Abstimmung zwischen Strategie und Ressourcen – etwa zwischen Absatzpolitik und personeller Kapazität – wurde es möglich, die schon großteils zum Zeitpunkt der Gründung formulierten Elemente des Marketing-Mix umzusetzen. So zeigte sich beispielsweise im Rahmen einer Kundenbefragung, die etwa ein Jahr nach der Unternehmenskrise durchgeführt wurde, daß man einen Großteil der Kunden tatsächlich ausschließlich aufgrund der Mundpropaganda gewonnen hatte. Die konsequente Kunden- und Serviceorientierung war offensichtlich bei diesem innovativen, mit beträchtlichen finanziellen Aufwand und hohen Anforderungen an die Zuverlässigkeit verbundenen und daher aus Perspektive des Kunden risikobehafteten Produktes unbedingt notwendig. Dazu trägt auch das im Zuge der Neuausrichtung aufgebaute Planungs- und Controllingsystem bei, das neben Aspekten der internen Unternehmensrechnung wie Liquiditäts- und Finanzplanung auch F&E, Marketing, Personal, Qualität- und Umweltmanagement umfasst.

Für den relativ niedrigen Gewinn (vgl. dazu die Übersicht im Einführungskapitel) sind, neben dem Aufwand für F&E und für Schulungsmaßnahmen, die Marketingkosten mitverantwortlich. Da man sich dazu entschlossen hat, am aktuell starken Marktwachstum zu partizipieren, wurde die Marketingstrategie besser darauf abgestimmt. Zusätzlich wurde eine Agentur für Werbung und Öffentlichkeitsarbeit beauftragt. Einen weiteren beträchtlichen Aufwandsfaktor stellen die Erweiterungs-aktivitäten am Standort dar. Um eine Kapazitätserweiterung vornehmen zu können, wurde ein benachbartes Grundstück erworben und eine neue Lager- und Montagehalle errichtet.

Im Bereich Absatz wurde das Ziel „Verkaufszahlenmaximierung" durch eine fokussierte und überlegte Marktbearbeitung ersetzt. Im Zuge der strategischen Neuorientierung wurde der Zielmarkt erstmals bewußt anhand einiger Kriterien eingegrenzt. So konzentrierte man sich nach der Unternehmenskrise in geographischer Hinsicht auf den Verkauf in Gebieten, wo Beratung und Kundendienst durch das Unternehmen möglich war. Unmittelbar nach der Neuorientierung bearbeitete ECOMFORT ausschließlich die Region Südösterreich. Sukzessive wurden auch in anderen Gebieten Direktvertriebs- und Servicestellen selbst aufgebaut oder Partner gewonnen. Um die Qualität der Leistungen im gesamten Absatzgebiet sicherzustellen, nehmen diese Partner an den regelmäßigen

Schulungen durch das Unternehmen teil. Außerdem verpflichten sie sich, die Vertriebs- und Servicerichtlinien des Unternehmens einzuhalten.

Das Führungsteam umfaßt neben dem Geschäftsführer weitere vier Personen, die alle am Unternehmen beteiligt sind. Neben dem Führungsteam haben auch die anderen Mitarbeiter weitreichende Partizipationsmöglichkeiten, vor allem in ihren eigenen Aktivitätsbereichen, aber auch bei grundsätzlichen Entscheidungen zur Unternehmens- entwicklung. Sehr viel Aufmerksamkeit wird der Fort- und Weiterbildung geschenkt, die sowohl im Haus, als auch extern durchgeführt wird.

Die Kooperationsbeziehung im Bereich Forschung und Entwicklung wurde in Hinblick auf Erfolgs- und Mißerfolgsfaktoren analysiert und neu gestaltet. Wegen des enormen Marktdruckes und der starken Veränderungen am Markt für Biomassefeuerungsanlagen stand fest, dass man auf eigene Entwicklungsaktivitäten nicht verzichten konnte. Es gelang, einen Mitarbeiter des Instituts für Technologie der Biomassenutzung, der das Unternehmen und die Produkt durch die Zusammenarbeit bereits kannte, zu gewinnen. Gemeinsam mit einem weiteren Mitarbeiter ist er für die Weiterentwicklung der Technologie im Hause sowie für das Management externer Forschungsprojekte zuständig. Jedes Forschungsprojekt wird hinsichtlich Ziel, Zeitraum und Ressourcen vor Projektbeginn genau definiert und der Projektfortschritt laufend und abschließend evaluiert. Für den Bereich F&E werden jährlich fünf Prozent des Umsatzes zur Verfügung gestellt.

Neben der Forschungskooperation wurde auch mit einem anderen Heizanlagenanbieter eine enge Zusammenarbeit aufgebaut. Da sich die beiden Unternehmen auf geographisch unterschiedliche Zielmärkte konzentrieren, besteht keine direkte Konkurrenzsituation, obwohl es sich um eine Kooperationsbeziehung zwischen Unternehmen der gleichen Absatzstufe handelt. Die Unternehmen sind ungefähr gleich groß und einander in wesentlichen Aspekten der Unternehmenspolitik ähnlich, was beide Seiten als wichtige Faktoren einer erfolgreichen Zusammenarbeit sehen. Die Kooperation erstreckt sich auf gemeinsame Beschaffung sowie Lobbyingaktivitäten und Öffentlichkeitsarbeit für Biomasse. Durch die gemeinsame Einkaufspolitik realisieren beide Unternehmen erhebliche Kosteneinsparungen.

Die Fertigung der Komponenten erfolgt nach genauer Spezifikation durch ECOMFORT durch jeweils einen Hauptlieferanten der einzelnen Produktgruppen. Aus Gründen der Versorgungssicherheit bestehen auch jeweils Beziehungen zu Zweitlieferanten, wobei hier die Absatzmengen erheblich geringer sind.

Obwohl Lieferantenbeziehungen im Firmenleitbild bereits thematisiert wurden („Beim Einkauf werden Lieferanten und Produkte bevorzugt, die ebenfalls unseren Richtlinien entsprechen"), fand eine Konkretisierung dieser Leitlinie erst im Rahmen der Restrukturierungsmaßnahmen statt. Ergebnisdokument der Überlegungen zur Konkretisierung bildet ein Lieferantenbewertungsbogen, der die für ECOMFORT wesentlichen Auswahlkriterien enthält.

Zum Teil wurden auf der Beschaffungsseite enge Kooperationen aufgebaut, wie beispielsweise die Beziehung zum Lieferanten der Heizkessel, dem Herzstück der Anlagen. So werden beispielsweise regelmäßig beiderseitige Kapazitätsanpassungen vorgenommen, gemeinsam Materialtests durchgeführt und die Einführung von Entwicklungs- und Konstruktionssoftware geplant und realisiert. Ein wesentliches

Element dieser Kooperationen bildet auch Kenntnis der Organisation und Prozesse des jeweils anderen Unternehmen.

4.3   Diskussionsfragen zu Teil 2: Krise und Neuorientierung

▪ Welche weiteren Maßnahmen könnte ein Programm zur Neuorientierung von ECOMFORT enthalten bzw. wie könnten die skizzierten Maßnahmen konkretisiert werden?

▪ Gerade bei Unternehmen wie ECOMFORT, die großteils nach genauer Spezifikation fertigen lassen, stellen beschaffungsseitige Kooperationsbeziehungen einen kritischen Erfolgsfaktor dar. Welche Aspekte sollten Ihrer Ansicht nach in einen Kriterienkatalog zur Lieferantenauswahl im Fall von ECOMFORT Eingang finden?

5.   Literaturhinweise

Bhide, A. (1996): The questions every entrepreneur must answer. In: Harvard Business Review, 74 (1996) 6, S.120-130

Dollinger, M. J. (1999): Entrepreneurship: strategies and resources. 2nd ed., New Jersey

Klandt, H. (1999): Der integrierte Unternehmensplan: Gründungsmanagement. München, Wien

Leining, M. (1999): Das Unternehmenskonzept (Der Business Plan). In: Sabisch, H. (Hrsg.): Management technologieorientierter Unternehmsgründungen, Stuttgart, S.41-51

Mugler, J. (1998): Betriebswirtschaftslehre der Klein- und Mittelbetriebe, Bd. 1 und 2, 3., überarb. Aufl., Wien, New York

Pleschak, F./Sabisch, H./Wupperfeld, U. (1994): Innovationsorientierte kleine Unternehmen: Wie Sie mit neuen Produkten neue Märkte erschließen, Wiesbaden

Porter, M. (1999): Wettbewerbsstrategie (Competitive Strategy): Methoden zur Analyse von Branchen und Konkurrenten. 10., durchges. u. erw. Aufl., Frankfurt am Main, New York

Sabisch, H. (1999): Unternehmensgründung und Innovation – Gesamtüberblick, Aufgaben, Probleme. In: Sabisch, H. (Hrsg.): Management technologieorientierter Unternehmensgründungen, Stuttgart, S.19-39

Business Plan der FEMTOLASERS Produktions GmbH - Vom Weltrekord in der Grundlagenforschung zur High Tech Gründung

*Jan Häupler** und *Adolf Stepan***

1. Lernziele 113

2 Einleitung 113

3 Business Plan der Femtolasers GmbH 114

    3.1 Zusammenfassung 114

    3.2 Unternehmensdarstellung 116

    3.3 Organisation und Management 117

    3.4 Geschäftsfeld 118

    3.5 Marktanalyse 120

    3.6 Wettbewerbsanalyse 124

    3.7 Absatzpolitik - Marketingplan 124

    3.8 Technologie, Forschung & Entwicklung 126

    3.9 Produktion und Logistik 127

    3.10 Zukunftsperspektiven 127

    3.11 Finanzplan 129

    3.12 Ausstiegsszenario 132

    3.13 Anhang 132

4 Fragensammlung 141

5. Literaturhinweise 141

---

* Univ.-Ass. Mag. DI. Jan Häupler, Institut für Betriebswissenschaften, Arbeitswissenschaft und Betriebswirtschaftslehre, Technische Universität Wien, Theresianumgasse 27, 1040 Wien.
** o.Univ.-Prof. DI. Dr. Adolf Stepan, Institut für Betriebswissenschaften, Arbeitswissenschaft und Betriebswirtschaftslehre, Technische Universität Wien, Theresianumgasse 27, 1040 Wien.

1. Lehrziele

- Gestaltung technologieorientierter Business Pläne
- Kategorien von Erfindungen und Innovationen
- Zielgruppenorientierte Marktanalyse
- Preisstrategien und Preisgestaltung

2. Einleitung

Die Femtolasers Produktions GmbH mit Sitz in Korneuburg wurde im Juli 1997 mehrheitlich von Andreas Stingl, Ferenc Krausz und Christian Spielmann gegründet. Sie ist das Nachfolgeunternehmen der Stingl OEG mit Sitz in Korneuburg, welche im Dezember 1994 von den oben genannten Personen in das Firmenbuch eingetragen wurde. Ausgangspunkt der Unternehmensgründung waren Forschungsarbeiten in der Abteilung Lasertechnik und Quantenelektronik an der Technischen Universität Wien. Im Rahmen seiner Dissertation ist es Herrn Stingl 1993 gelungen, den ersten kompakten Femtosekundenlaser am Labortisch zu entwickeln. Das besondere an diesem Laser ist, dass neben der räumlichen Bündelung des Lichts, wie sie bei herkömmlichen Lasern stattfindet, zusätzlich eine zeitliche Fokussierung erfolgt, wobei ein Laserpuls weniger als 10 Femtosekunden (fs) beträgt (1 fs=10^{-15}sek.). Nach der Präsentation seiner Forschungsergebnisse bei internationalen Konferenzen sah sich Herr Stingl mit einer Vielzahl von Anfragen durch wissenschaftliche Kollegen konfrontiert, die derartige Laser für Ihre Forschungsarbeiten benötigten. Aufgrund dieser großen Nachfrage entschloss er sich gemeinsam mit seinen Kollegen das System zu kommerzialisieren.

Bei innovativen und speziell bei technologieorientierten Gründungen ist die Erstellung eines vollständigen Businessplans, dessen Angaben auf fundiertem Datenmaterial aus der Vergangenheit beruhen, häufig mit Problemen verbunden. Einerseits ist die Abschätzung von Marktpotential und Konkurrenz bei der Erschließung neuer Märkte nur ansatzweise möglich. Andererseits muss berücksichtigt werden, dass jede Technologie ein zeitlich begrenztes Potential aufweist (*"window of technology"*) und dieses rechtzeitig ausgeschöpft werden sollte, bevor Konkurrenten oder Substitutionsprodukte auftreten. Daher muss in solchen Fällen zum Zeitpunkt des Markteintritts vielfach mit einem nur teilweise vollständigen Businessplan begonnen werden, der die Bereiche Geschäftsfeld, Technologie, Produktion und Logistik sowie Organisation und Management behandelt bzw. eine erste Liquiditätsplanung enthält. Markt- und Wettbewerbsanalyse sowie darauf aufbauend der Marketing- und Finanzplan sollten in Ansätzen vorhanden sein, eine detaillierte Planung ist allerdings erst im Laufe der Zeit möglich. Eine solche muss in weiterer Folge jedoch regelmäßig durchgeführt werden, wobei die Planungstiefe aufgrund der Markterfahrungen regelmäßig zunimmt. Parallel dazu kann durch laufende

Soll-Ist Vergleiche und die entsprechenden Anpassungen die Qualität des Businessplans zusätzlich gesteigert werden.

Diese Überlegungen spielen auch bei Femtolasers eine wesentliche Rolle. In diesem Fall führte die starke Nachfrage nach Femtosekundenlasern im Bereich der Grundlagenforschung 1994 zu einem raschen Markteintritt. Er wurde dadurch erleichtert, dass der Nutzen der neuen Technologie für die Kunden offensichtlich war (*"Demand-Pull"* Innovation). Alle seit damals gemachten Erfahrungen haben die regelmäßig durchgeführten Planungen des Unternehmens wesentlich beeinflusst. Der in weiterer Folge abgebildete Businessplan basiert auf den entsprechenden originalen Planungsunterlagen der Femtolasers Produktions GmbH, wobei aus Redaktionsgründen einige Änderungen durchgeführt wurden.

Die zukünftige Entwicklung des Unternehmens ist insofern von einem neuerlichen Markteintritt geprägt, als in den nächsten Jahren auch industrielle und medizinische Anwender als Kunden gewonnen werden sollen. Da diese vom Nutzen der Innovation zum Teil erst überzeugt werden müssen, liegt dabei eine *"Supply-Push"* Situation vor, die ungleich schwieriger zu managen ist. In einem solchen Fall stellt die Bearbeitung des Marktes einen wesentlichen Erfolgsfaktor dar, sodass der Marketingstrategie eine zentrale Bedeutung zu kommt. Insofern sind auch die Anforderungen an die Markt- und Wettbewerbsanalyse höher. Eine in diesem Zusammenhang durchaus notwendige Analyse der Laserbranche sowie der potentiellen Konkurrenz durch Anbieter substitutioneller Technologien wurde vom Unternehmen bisher nicht durchgeführt. Sie fehlt daher auch in diesem Businessplan, sollte jedoch für eine erfolgreiche Umsetzung der zukünftigen Expansionsschritte auf jeden Fall durchgeführt werden.

3. Business Plan der Femtolasers GmbH

3.1 Zusammenfassung

Die Femtolasers Produktions GmbH (Femtolasers) entwickelt, fertigt und verkauft Systeme zur Erzeugung ultrakurzer Laserpulse. Neben dem Einsatz dieser Lasersysteme in der Grundlagenforschung reichen die Anwendungsgebiete der Laserpulse von Materialuntersuchung und –bearbeitung über Telekommunikation bis zu Medizin und Chemie. Das Unternehmen wurde im Juli 1997 von drei Wissenschaftlern der Technischen Universität als Nachfolgegesellschaft der Stingl OEG gegründet und wird auch heute noch von den Gründungsmitgliedern Andreas Stingl, Ferenc Krausz und Christian Spielmann geleitet. Die operative Geschäftsführung hat Andreas Stingl inne, strategische Entscheidungen werden einstimmig von den drei Hauptgesellschaftern getroffen.

Das Produktionsprogramm der Femtolasers Produktions GmbH umfasst drei Produktgruppen:

- FEMTOSOURCE Oscillators sind prismenfreie, optische Oszillatoren für die Erzeugung kurzer Laserpulse mit höchsten Spitzenleistungen. Die Dauer der Pulse liegt unter 10 fs (1 fs=10^{-15}sek.), wobei Spitzenleistungen von über einem Megawatt erreicht werden.

- FEMTOPOWER Amplifiers sind Titan Saphir - Verstärker (Ti:Saphir) mit kompaktem Aufbau, die bei der Verstärkung der Laserpulse hohe Wirkungsgrade bei gleichzeitig hoher Zuverlässigkeit ermöglichen.

- FEMTOMETER Diagnostics sind Autokorrelatoren, die eine Visualisierung der durch FEMTOSOURCE Oscillators erzeugten beziehungsweise durch FEMTOPOWER Amplifiers verstärkten Laserpulse ermöglichen.

Der Markt für die Produkte von Femtolasers umfasst einerseits Universitätsinstitute und Forschungsgruppen, andererseits medizinische und industrielle Anwender. Bisher wurde fast ausschließlich der wissenschaftliche Markt mit Schwerpunkt Europa, Japan und Nordamerika bearbeitet, wodurch die heutigen Kunden von Femtolasers vor allem aus der Grundlagenforschung kommen. Im Rahmen der industriellen und medizinischen Anwendungen ist der Einsatz von Femtosekundenlasern beim Imaging, in der Laserchirurgie, in der Mikroskopie, als Alternative zur Röntgenstrahlung, in der Kurzzeitspektroskopie, in der Telekommunikation, in der Materialbearbeitung sowie der Meßtechnik denkbar.

Von FEMTOSOURCE konnten 1999 15 Stück abgesetzt werden. Für das Jahr 2000 ist ein Absatz von 20 Einheiten zu erwarten. Aufgrund der Ausweitung des Marktes auf industrielle und medizinische Anwendungen sind für die kommenden fünf Jahre die folgenden Absatzzahlen geplant.

Femtosource	2001	2002	2003	2004	2005
Einheiten/Jahr	30	50	100	250	500

Von FEMTOPOWER konnten 1999 2 Einheiten verkauft werden, für das Jahr 2000 ist ein Absatz von 3 Einheiten geplant. Die Absatzzahlen für die nächsten fünf Jahre lauten:

Femtopower	2001	2002	2003	2004	2005
Einheiten/Jahr	4	8	12	18	25

Von FEMTOMETER konnten 1999 10 Einheiten verkauft werden, für das Jahr 2000 wird ein Absatz von 16 Einheiten angestrebt. Die Absatzzahlen für die nächsten fünf Jahre betragen:

Femtometer 1	2001	2002	2003	2004	2005
Einheiten/Jahr	16	20	24	30	36

Für 2001 ist die Entwicklung einer einfacheren Variante von FEMTOMETER geplant, die in weiterer Folge die folgenden Stückzahlen aufweisen soll:

Femtometer 2	2001	2002	2003	2004	2005
Einheiten/Jahr	10	30	36	45	75

Für die einzelnen Produktgruppen sind als jährliche Umsätze in Euro geplant:

jährl. Umsatz in EURO	2001	2002	2003	2004	2005
FEMTOSOURCE	900.000	1.500.000	2.500.000	3.750.000	5.000.000
FEMTOPOWER	450.000	800.000	1.200.000	1.800.000	2.500.000
FEMTOMETER	360.000	420.000	504.000	630.000	840.000

Mit obigen Daten ergibt sich der folgende Erfolgsplan in Euro:

	2001	2002	2003	2004	2005
Umsätze	1.710.000	2.720.000	4.204.000	6.180.000	8.340.000
-variable Kosten	840.000	1.322.000	2.018.000	2.937.000	3.932.000
Deckungsbeitrag	870.000	1.398.000	2.186.000	3.243.000	4.408.000
-Fixkosten	890.600	1.393.200	1.839.760	2.462.666	3.223.500
-Abschreibungen	65.863	82.125	115.875	146.713	160.200
Bruttogewinn	-86.463	-77.325	230.365	633.622	1.024.300
-Steuern	0	0	78.324	215.431	348.262
Nettogewinn	-86.463	-77.325	152.041	418.190	676.038
+Abschreibungen	65.863	82.125	115.875	146.713	160.200
Cash Flow	-20.600	4.800	267.916	564.903	836.238

Derzeit ist Femtolasers der führende Anbieter von Femtosekundenlasern im Bereich der Grundlagenforschung. Ziel von Femtolasers ist es, auch auf anderen Märkten weltweit die Nummer 1 für Femtosekundenlaser zu werden. Daher soll 2002 als Voraussetzung für die Ausweitung des Marktes auf medizinische und industrielle Anwender die Produktion weitgehend automatisiert werden, wofür ein Wechsel des Standorts und Investitionen größeren Umfanges notwendig werden. Die Position von Femtolasers soll in den nächsten 5 Jahren durch ein jährliches Umsatzwachstum von mindestens 30% gefestigt werden und ein Börsengang im Jahr 2005 soll das weitere Wachstum ermöglichen.

3.2 Unternehmensdarstellung

Firma: Femtolasers Produktions GmbH

Gründungsdatum: Juli 1997

Standort: Floragasse 7/620, A-1040 Wien

Gründungsteam

O.Univ.-Prof. DI. Dr. Ferenc Krausz, 37 Jahre

O.Univ.-Prof. DI. Dr. Ferenc Krausz, geboren 1962, studierte Physik an der Technischen Universität Budapest, dissertierte und habilitierte an der TU Wien. Zur Zeit ist er ordentlicher Professor am Institut für Photonik an der TU Wien und als in strategische Entscheidungen eingebundenes Gründungsmitglied für Femtolasers tätig.

A.o.Univ.-Prof. DI. Dr. Christian Spielmann, 36 Jahre

A.o.Univ.-Prof. DI. Dr. Christian Spielmann, geboren 1963, studierte Elektrotechnik an der TU Wien wo er auch dissertierte und habilitierte. Zur Zeit ist er außerordentlicher Professor am Institut für Photonik an der TU Wien und als in strategische Entscheidungen eingebundenes Gründungsmitglied sowie für die Abwicklung und Koordination wissenschaftlicher Projekte für Femtolasers tätig.

DI. Andreas Stingl

DI. Andreas Stingl, geboren 1963, arbeitete nach seinem Diplomstudium Elektrotechnik an der TU Wien an seiner Dissertation an der Abteilung Lasertechnik und Quantenelektronik, wo er versuchte, Laserpulse mit einer möglichst kurzen Pulsdauer zu erzeugen. Nach den ersten erfolgreichen Versuchen entschloß er sich 1994 gemeinsam mit seinen damaligen Betreuern, das vorhandene Know How in Form eines Unternehmens umzusetzen. Seit damals ist Herr Stingl Geschäftsführer der Stingl OEG und anschließend von Femtolasers.

Eigentumsverhältnisse

23 1/3%	o.Univ.-Prof. DI. Dr. Ferenc Krausz
23 1/3%	a.o.Univ.-Prof. DI. Dr. Christian Spielmann
23 1/3%	DI. Andreas Stingl
10%	Mag. Angela Krausz
10%	ag. Elisabetz Meitz-Spielmann
10%	ag. Tília Stingl de Vasconcelos Guedes

Beteiligungen und Kooperationen

Das Unternehmen ist unabhängig und an keinem anderen Unternehmen beteiligt.

3.3 Organisation und Management

Management

Das Management setzt sich aus den drei Gründungspersonen zusammen, wobei die operative Geschäftsführung durch Andreas Stingl erfolgt. Strategische Entscheidungen technischer und wirtschaftlicher Natur werden einstimmig von den Gesellschaftern

Andreas Stingl, Ferenc Krausz und Christian Spielmann getroffen. Darüber hinaus übernimmt Christian Spielmann das "Zukunfts"-Projektmanagement zur Vorbereitung von F&E Projekten.

Organisation

Femtolasers ist in Form einer Produktgruppen/Funktionsbereich - Matrix organisiert, wobei folgende Funktionsbereiche eingerichtet sind:

Produktmanagement, Einkauf, Verkauf, CAD-Entwicklung, Logistik, EDV, Qualitätssicherung und Systemassemblierung

Die einzelnen Mitarbeiter besitzen klar abgegrenzte Aufgaben- und Kompetenzbereiche, in denen sie möglichst selbständig und mit großer Freiheit die gesetzten Ziele erfüllen sollen.

Mitarbeiterstruktur und –entwicklungsplan

Zusätzlich zu den drei Gründungsmitgliedern beschäftigt Femtolasers zehn Mitarbeiter in den folgenden Funktionen:

- Produktmanagement: 3
- Einkauf: 1
- Verkauf: 1
- CAD-Entwicklung: 1
- Logistik: 1
- EDV: 0.5
- Qualitätswesen: 0.5
- Systemassemblierung: 2

Mit der Ausweitung der Produktion ist die Aufnahme weiterer Mitarbeiter geplant.

	2001	2002	2003	2004	2005
neue Mitarbeiter	3	5	4	4	4
Summe	13	18	22	26	30

3.4 Geschäftsfeld

Das Geschäftsfeld der Femtolasers Produktions GmbH besteht in der Entwicklung, Planung, Herstellung und Installation von Lasersystemen zur Erzeugung ultrakurzer Laserpulse, sowie der Einschulung der Kunden auf diesen Systemen. Das kundenspezifische Angebot von Femtolasers reicht von Einzelkomponenten bis zum Komplettgerät, wobei über die vorgegebene Spezifikation hinaus höchste Qualitätsansprüche erfüllt werden.

Produkte

Die einzelnen Produkte lassen sich in drei komplementäre Produktgruppen einordnen, die gemeinsam zu einer bisher unerreichten Kombination von Zuverlässigkeit, einfachem Aufbau und Kundenfreundlichkeit bei der Erzeugung von kürzesten Laserpulsen führen. Alle Produktgruppen stellen Innovationen dar, die durch Entwicklungsvorsprung, spezielles Know How und Patente geschützt sind.

FEMTOSOURCE Oscillators

Diese Produktserie an optischen Oszillatoren zur Erzeugung von kurzen Laserpulsen mit höchsten Spitzenleistungen bietet in Form einer neuen Generation von prismenfreien mirror-dispersion-controlled (MDC) Femtosekundenoszillatoren folgende Vorteile für den Kunden gegenüber herkömmlichen prismenkontrollierten Systemen:

- In MDC Oszillatoren ist erstmals die Erzeugung von hochqualitativen Pulsen mit einer Dauer kleiner 10 fs im nahen Infrarot direkt aus einem Oszillator möglich.

- MDC Systeme sind sehr kompakt und haben einen einfachen Aufbau, sowie außergewöhnlich reproduzierbare Leistungsparameter, weil sie außer dem Laserkristall keine Komponenten im Resonator enthalten, die vom Laserlicht durchlaufen werden.

- FEMTOSOURCE Oscillators liefern höchstmögliche Spitzenleistungen von über 1 Megawatt.

FEMTOPOWER Amplifiers

In Kombination mit obigen Oszillatoren bietet diese neue Generation von Ti:Saphir - Verstärkern im Kilohertzbereich folgende Eigenschaften:

- Ein sonst komplizierter, ineffizinter „Pulse-stretcher", wie er normalerweise verwendet wird, kann durch eine einfache optische „delay line" ersetzt werden, weil die extrem kurzen Oszillatorpulse beim Durchlaufen von wenigen cm Glas ausreichend verlängert werden. Dies führt gemeinsam mit dem effizienten Aufbau des Kompressors zu einem wesentlich höheren Wirkungsgrad.

- Zur Rückkehr der Ausgangspulse (nahe zur ursprünglichen Pulsdauer) kann der Kompressor kompakt aufgebaut werden, weil die Pulse zuvor nicht übermäßig verlängert werden.

- *Gain narrowing* im Verstärker wird durch die Verwendung eines auf sehr große Bandbreiten optimierten multipass Schemas stark erleichtert.

- Die Zuverlässigkeit und Effizienz des Systems wird durch VACTEC (Vacuum Chamber Thermo Electric Cooling) stark erhöht. Dieses System sorgt dafür, dass der Verstärkerkristall in einer Vakuumkammer „eingefroren" wird, wodurch thermal lensing und eine Beschädigung des Ti:Saphir Kristalls verhindert werden.

FEMTOMETER Diagnostics

Diese Serie an Autokorrelatoren dient in Form von äußerst kompakten Zusatzkomponenten zur Visualisierung der durch FEMTOSOURCE Oszillatoren erzeugten beziehungsweise durch FEMTOPOWER Verstärker verstärkten Laserpulse.

Ergänzende Dienstleistungen / USPs

Femtolasers ist bemüht die spezifischen Wünsche der Kunden schon bei der Entwicklung und Planung der entsprechenden Produkte miteinzubeziehen. Dazu gehört auch die Beratung durch Femtolasers auf dem Gebiet der Lasertechnik und in angrenzenden Fachgebieten. Die Einschulung eines Kunden erfolgt in Form eines 3-tägigen Seminars in einem eigenen Wiener Labor. Dieser Kundenkontakt wird aufgrund des freundschaftlichen Verhältnisses zwischen Femtolasers und seinen Kunden häufig für kulturelle Events genützt, wodurch der innovative Charakter des Unternehmens auch auf der Ebene des Marketings unterstrichen wird. Die Installation der Produkte erfolgt schließlich vor Ort, auf Wunsch durch Mitarbeiter der Femtolasers GmbH.

3.5 Marktanalyse

Die Femtolasers GmbH vertreibt ihre Produkte weltweit. Bis jetzt sind vor allem Universitätsinstitute und andere Forschungsgruppen Kunden von Femtolasers, wobei eine Reihe von industriellen oder medizinischen Anwendungen die Erschließung neuer Märkte ermöglichen.

Zielgruppen

Universitätsinstitute und Forschungsgruppen

Diese vor allem aus der Grundlagenforschung kommenden Kunden benötigen die Produkte von Femtolasers für die Durchführung ihrer Experimente in der Physik, der Chemie oder ähnlichen Forschungsgebieten. Eine Liste aller bisherigen Kunden findet man im Anhang. Der Exportanteil in dieser Zielgruppe beträgt zur Zeit 90%. Die Produkte von Femtolasers ermöglichen den Forschern das Vorstoßen in neue Dimensionen der Lasertechnologie mit dem Vorteil, dass sie sich mit Ausnahme einer kurzen Einschulung nicht näher mit der Komplexität von Lasersystemen beschäftigen müssen und sich somit vollkommen ihrer eigentlichen Forschungsaufgabe widmen können.

Industrielle und medizinische Anwender

In den folgenden Gebieten ist die Anwendung von Femtosekundenlasern denkbar:

- *Imaging:* Durch Femtosekundenpulse kann Terahertz (THz) - Strahlung (T-Ray) erzeugt werden, die sowohl Hartgewebe (Zahn, Knochen) als auch Weichgewebe (Haut) durchdringt. Dadurch bietet sich diese neuartige Technologie als Alternative zu Magnet Resonanz Tomographie an. Mit Optical Coherent Tomography (OCT) kann z.B. die menschliche Netzhaut in Sekundenbruchteilen durch den Laserstrahl analysiert werden. Der Femtosekundenlaser ermöglicht eine berührungsfreie Analyse mit Auflösung im Zellbereich.

- *Kurzzeitspektroskopie:* Sie beschäftigt sich mit der Untersuchung sehr rasch ablaufender Prozesse in Materialien und findet in der Physik, der Chemie, der Biologie und der Halbleiterforschung statt. Dabei kommt es zu einer Anregung auf einer extrem kurzen Zeitskala, wodurch die Auflösung ebenso kurzer Reaktionen im Material (z.B. Relaxationsschwingungen in Halbleitern) möglich wird.

- *Telekommunikation:* Sie bedient sich zunehmend optischer System, wobei die MDC Oszillatoren der Produktgruppe FEMTOSOURCE eine Reihe von Vorteilen mit sich bringen. Einerseits kann die Übertragungsrate durch das Vordringen der kurzen Pulse in den Terahertzbereich erhöht werden und andererseits geht mit der Erzeugung extrem kurzer Pulse die Bereitstellung eines sehr breiten Spektrums Hand in Hand. Vor allem in der Breitbandtelekommunikation würden bei diesem Verfahren aufgrund der Speisung aller Kanäle von einer Quelle keine Synchronisationsprobleme auftreten.

- *Materialbearbeitung:* Bei der Bearbeitung feinster Strukturen (micromachining, ablation) kann durch den Einsatz ultrakurzer Laserpulse die Feinheit der zu bearbeitenden Oberfläche erheblich verbessert werden, weil trotz der sehr hohen Intensitäten, nicht so große Energiemengen notwendig sind, die das umliegende Material erwärmen würden.

- *Laserchirurgie:* Die für die Materialbearbeitung vorteilhaften Eigenschaften können auch bei der Augenbehandlung (Abtragung von Hornhaut) zu einer Verbesserung der Operationsergebnisse führen.

- *Röntgenstrahlung:* Da bei der Herstellung von Röntgenstrahlen durch einen Femtosekundenlaser nur ein scharf begrenzter Strahlungskegel gebildet wird, wäre die Röntgenstrahlung auf diese Weise nicht mehr gesundheitsgefährdend.

- *Weitere Anwendungen:* Hochauflösende Mikroskopie und Meßtechnik

Marktvolumen und –potential

Im folgenden soll anhand der bisherigen Verkaufszahlen für die einzelnen Produktgruppen das Marktvolumen abgeschätzt werden:

FEMTOSOURCE Oscillators

Seit 1996 konnten von den Oszillatoren 35 Einheiten verkauft werden, wobei 1999 15 Stück abgesetzt wurden. Für das Jahr 2000 ist ein Absatz von 20 Einheiten geplant.

Zielgruppe Forschung (Femtosource 1)

Bei der Abschätzung der Nachfrage durch Forschungsinstitute kann von einer jährlichen Steigerung um 10 Einheiten ausgegangen werden. Ab 2003 ist mit einer konstanten Grundauslastung von 50 Stück/Jahr für die weitere Zukunft zu rechnen. Diese Untergrenze wird durch die Erschließung neuer Märkte in Asien, Australien und Südamerika unterstützt.

Ein weiterer Aspekt, der in diesem Zusammenhang zu beachten ist, ist die technische Weiterentwicklung der Systeme. Die gewaltigen Fortschritte der jeweils neuen Modelle bei Bedienungskomfort, Kompaktheit, Zuverlässigkeit und Leistung führen zu einer Neuanschaffung durch die Kunden, lange bevor die eigentliche Lebensdauer der Systeme erreicht wird, sodass 50 Stück/Jahr eine realistische Untergrenze darstellen.

Zielgruppe Industrie und Medizin (Femtosource 2)

Für die Abschätzung der Nachfrage außerhalb von Forschungsinstituten liegen bisher keine Erfahrungswerte vor. Daher sind Kooperationen mit mehreren namhaften Industriekonzernen mit weltweitem Vertrieb geplant, für die Femtolasers als OEM Lieferant (Original Equipment Manufacturer) fungieren kann.

Bisher konnte mit einem Kunden eine OEM Vereinbarung getroffen werden (OEM Kunde), der neben der Grundlagenforschung auch die anwendungsnahe Forschung beliefert. Damit wurde ein erster Schritt in Richtung industrieller und medizinischer Anwendungen gesetzt. Die Gespräche mit potentiellen OEM Kunden haben ergeben, dass die Nachfrage in diesem Markt sehr stark vom Preis des Produktes abhängig ist. Bei einem Preis von 30.000 Euro ist mit einem zusätzlichen Absatz von 10 Einheiten pro Jahr zu rechnen, bei einem Preis von 25.000 Euro mit 50 zusätzlichen Einheiten. Sollte es gelingen den Preis durch die Automatisierung der Produktion innerhalb der nächsten 5 Jahre drastisch zu reduzieren (siehe 7.1.2), wäre ein Absatz bis zu 500 Einheiten/Jahr erreichbar.

Marktpotential

Aufgrund der oben durchgeführten Einschätzung des Marktes sind für die kommenden 5 Jahre die folgenden Absatzzahlen geplant.

Einheiten/Jahr	2001	2002	2003	2004	2005
FEMTOSOURCE 1	30	40	50	50	50
FEMTOSOURCE 2	0	10	50	200	450
FEMTOSOURCE	30	50	100	250	500

FEMTOPOWER Amplifiers

Seit 1998 wurden 6 optische Verstärker verkauft, 2 davon im Jahr 1999. Für das Jahr 2000 ist ein Absatz von 3 Einheiten geplant. Durch die Einführung eines neuen Modells wird für das Jahr 2001 eine Erhöhung auf 4 Einheiten und durch eine Kapazitätserweiterung eine Erhöhung auf 8 Einheiten im Jahr 2002 angestrebt. Durch die Zusammenarbeit mit OEM Kunden, sollte der Absatz für Verstärker auf 25 Einheiten pro Jahr (2005) gesteigert werden.

Femtopower	2001	2002	2003	2004	2005
Einheiten/Jahr	4	8	12	18	25

FEMTOMETER Diagnostics

Von den Autokorrelatoren sind seit 1996 40 Einheiten abgesetzt worden, die Verkaufszahl für 2000 beträgt rund 10 Einheiten. Für das Jahr 2001 ist ein Absatz von 16 Einheiten geplant. Eine dramatische Ausweitung der jetzigen FEMTOMETER Serie ist nicht geplant. Da diese System vorwiegend für den wissenschaftlichen Markt von Interesse ist, wird sich langfristig eine Stückzahl im Bereich von 30 – 40 Systemen pro Jahr einstellen.

Femtometer 1	2001	2002	2003	2004	2005
Einheiten/Jahr	16	20	24	30	36

Für 2001 ist die Entwicklung einer einfacheren Variante von Femtometer Diagnostics zu erheblich niedrigeren Preisen mit folgenden Stückzahlen geplant:

Femtometer 2	2001	2002	2003	2004	2005
Einheiten/Jahr	10	30	36	45	75

Eintrittsbarrieren für den Bereich industrieller und medizinischer Anwendungen

Automatisierung der Produktion

Um die geplanten Absatzzahlen erreichen zu können, muss der Verkaufspreis für den Laser reduziert werden (siehe 7.1.2). Da dies nur bei einer gleichzeitigen Reduktion der Produktionskosten möglich ist, wird eine Automatisierung der Produktion notwendig. Gemeint ist damit vor allem die Umstellung der bisher durch die Mitarbeiter von Femtolasers per Hand durchgeführten Montage. Dies soll schrittweise durch die entsprechenden Investitionen erreicht werden. Hierfür wird möglicherweise eine externe Finanzierung notwendig sein.

Erlangung eines „industrial standard" für Kurzpulslaseroszillatoren

Um mit dem vorliegenden, passiv optimierten System einen sogenannten „industrial standard" zu erreichen, ist es notwendig auch aktive Stabilisierungsmaßnahmen zu implementieren. Konkret handelt es sich dabei um eine Halbleiterstruktur, die als Laserspiegel ausgebildet wird und die das Koppeln der einzelnen Moden (sprich die Erzeugung der kurzen Pulse) selbständig startet. Über die Lizenzierung einer derartigen Lösung wird im Augenblick nachgedacht (siehe 5.3.3).

Schaffung eindeutiger Lizenzsituationen

Ein weiterer wichtiger Aspekt in diesem Zusammenhang ist die Patent- und Lizenzfrage. Ohne die oben beschriebene Halbleiterstruktur im Oszillator, ist für den Vertrieb des Lasers das Patent zum sogenannten „Kerr-lens mode-locking"-Verfahren erforderlich, das in etwa die gleiche Funktion erfüllt. Es befindet sich im Besitz von John's Lasers (JL), wobei JL ein Mitanbieter im Bereich modenverkoppelter Kurzpulslaser ist und dementsprechend geringes Interesse an der Lizensierung dieser Technologie an Femtolasers hat. Die Vermarktung der Systeme ist derzeit nur aufgrund einer mündlichen Vereinbarung möglich, bei der sowohl JL als auch Femtolasers gegenseitige Patente nützen beziehungsweise stillschweigend verletzten (cross-licensing). Dies stellt jedoch einen höchst unbefriedigenden und unsicheren Zustand dar.

Mit dem Erwerb der Lizenz über die Halbleiterstruktur könnte „Kerr-lens mode-locking" ersetzt werden, wodurch die Unsicherheit mit JL automatisch ausgeräumt wäre. Beim Patentinhaber der Halbleiterstruktur handelt es sich um Wayne's Technologies (WT), die einen Großteil ihres Umsatzes mit Lizenzeinnahmen verdienen. Daher ist dieses Unternehmen sehr daran interessiert, Femtolasers als Kunden zu gewinnen. Für den Erwerb des WT-Lizenzpaketes spricht auch die bisherige Zusammenarbeit mit WT, wodurch eine Reduktion der Lizenzgebühren erreicht werden kann.

3.6 Wettbewerbsanalyse

Bei der Analyse der Wettbewerbssituation muss zwischen den einzelnen Zielgruppen unterschieden werden, da vor allem für den Bereich der Grundlagenforschung die Lasersysteme von Femtolasers aufgrund des hohen Entwicklungsstandes, sowie der hohen Kompaktheit und Stabilität den Konkurrenzprodukten bisher weit überlegen waren. Im Bereich industrieller und medizinischer Anwendungen hingegen ist mit stärkerem Wettbewerb zu rechnen.

Universitätsinstitute und Forschungsgruppen

Zu den schon am Markt befindlichen Konkurrenten gehören:

John's Lasers (100 fs Systeme mit hohem technischen Reifegrad – „industrial standard")

Arnd's Lasers (100 fs Systeme mit hohem technischen Reifegrad – „industrial standard")

Henry's Lasers (15 fs Systems als Baukasten für den rein wissenschaftlichen Anwender)

In den USA wird daneben aus Kostengründen noch vielfach auf Eigenbau durch die Forscher zurückgegriffen. Vor allem in Europa und in Japan ist die Eigenfertigung ähnlicher Oszillatoren in Anbetracht des hohen Reifegrades und der durch die Forschungsgruppen nur sehr schwer reproduzierbaren Technologie kaum vorhanden.

Industrielle und medizinische Anwender

Vor allem im Bereich der Optical Coherent Tomography stellt der Einsatz von verhältnismäßig billigen Superfluoriszenzdioden eine starke Konkurrenz dar. Diese Halbleiterelemente sind jedoch sowohl in der Bandbreite als auch in der Leistungsausbeute stark limitiert, wodurch sich für die Technologie von Femtolasers Chancen ergeben. Bei dieser und allen anderen industriellen und medizinischen Anwendungen bedarf es jeweils einer genauen Analyse der bisher verwendeten Technologien und ihrer Anbieter. Diese sollen in Zusammenarbeit mit den jeweiligen OEM Kunden durchgeführt werden.

Potentielle Konkurrenz

Bei der Eröffnung neuer Märkte durch den Durchbruch bei diversen Applikationen im industriellen und medizinischen Bereich ist zu erwarten, dass die Hersteller von 100 fs Systemen (siehe 6.1) auch auf die Erzeugung ultrakurzer Pulse übergehen werden. Um ihnen den Markteintritt zu erschweren, müssen die Preise der Produkte von Femtolasers durch effiziente Produktionsmethoden reduziert sowie das intellektuelle Eigentum durch Patente ausreichend geschützt werden.

3.7 Absatzpolitik - Marketingplan

Die Absatzpolitik von Femtolasers umfasst eine Reihe von aufeinander abgestimmten Maßnahmen, um die Absatzziele zu erreichen. Die im folgenden angeführten Marketingaktivitäten wurden bisher ausschließlich auf die Zielgruppe Grundlagenforschung ausgerichtet. Ein Teil dieser Maßnahmen soll vorerst direkt für den Bereich der industriellen und medizinische Anwendungen übernommen werden. Für eine gesonderte Bearbeitung dieses Marktes wird in weiterer Folge ein eigener Marketingplan als Grundlage für die Akquisition neuer OEM - Kunden entwickelt.

Produktpolitik

Die Produktpalette von Femtolasers umfasst drei Produktgruppen (siehe 4.1), die optimal aufeinander abgestimmt sind und sowohl einzeln als auch in einem Paket erworben werden können. Der Laser selbst wird nicht nur als Komplettgerät, sondern auch als Bausatz angeboten, was besonders von Universitäten geschätzt wird, die ausreichend qualifiziertes Personal zum Aufbau des Lasers aus den Komponenten von Femtolasers haben. Neben dem Verkauf der Produkte ist die Qualitätssicherung ein besonderes Anliegen von Femtolasers, damit Stabilität und Zuverlässigkeit garantiert werden können.

Kontrahierungs-, Preis- und Finanzierungspolitik

Für die drei Produktgruppen gibt es jeweils einen Listenpreis, von dem den einzelnen Distributoren Abschläge gewährt werden. Der Preis orientiert sich jeweils an den Marktpreisen vergleichbarer Geräte. Eine Preisuntergrenze ergibt sich aus den Kosten für die Fertigung.

Für FEMTOSOURCE Oscillators soll der Preis durch die Automatisierung der Produktion von momentan 35.000 Euro auf 10.000 Euro im Jahr 2005 reduziert werden.

Femtosource	2001	2002	2003	2004	2005
Preis (TS Euro)	30	30	25	15	10

Bei FEMTOPOWER Amplifiers soll ein Preis von 100.000 Euro beibehalten werden, wobei gleichzeitig die Qualität laufend verbessert wird. Aufgrund des hohen Finanzierungsbedarfs für derartige Verstärker sind vor allem Kunden aus der Forschung auf Fördergelder angewiesen. Die lange Dauer zwischen Einreichung eines Förderprojekts und der endgültigen Zusage führt dazu, dass zwischen der Angebotslegung und dem Verkauf eines Verstärkers bis zu 1,5 Jahre vergehen. Dies erfordert eine entsprechend langfristige Planung für diese Produktgruppe.

Bei FEMTOMETER Diagnostics beträgt der Preis für die Standardvariante durchschnittlich 14.000 Euro, die einfachere Variante soll um 4.000 Euro verkauft werden.

Distributionspolitik

Der Vertrieb erfolgt zum Teil mit Hilfe von Distributoren für die Märkte Europa, USA, Japan und Asien (siehe Anhang), die ihren Vertrieb selbständig organisieren und durchführen. Besonders im asiatischen Raum sind Distributoren mit großem Interesse an Femtolasers herangetreten. Für die Zielgruppen Industrie und Medizin ist die Kooperation mit einem oder mehreren namhaften Industriekonzernen mit weltweitem Vertrieb geplant, für die Femtolasers als OEM - Lieferant (Original Equipment Manufacturer) fungieren kann. Für Japan und USA soll daneben ein Netz an Distributoren bestehen bleiben. Für die Produktgruppe Femtopower erfolgt die Distribution in Europa direkt durch Femtolasers. Dadurch kann einerseits ein stärkeres Verhältnis zu den Kunden aufgebaut, andererseits die Wertschöpfung erhöht werden.

In Zukunft soll der Vertrieb zum Teil über Internet erfolgen. In einem ersten Schritt wird den Kunden in Form eines Online-Formulars die Möglichkeit geboten, gezielt Informationen über Femtolasers und seine Produkte anzufordern, in einer weiteren Stufe soll eine elektronische Bestellung ermöglicht werden.

Kommunikationspolitik

Die Kommunikationspolitik von Femtolasers ist sehr stark auf den persönlichen Kontakt mit den Kunden ausgerichtet. Dabei sind die zahlreichen Kontakte der Firmengründer mit Forschungskollegen von Nutzen, die in Form von Publikationen in Fachjournalen und Vorträgen auf internationalen Konferenzen vertieft werden können. Auf diese Weise und durch Mundpropaganda hat sich Femtolasers im Rahmen der Scientific Community bereits einen Namen gemacht und kennt einen Großteil der potentiellen Kunden.

Als Werbemaßnahmen betreibt Femtolasers eine Homepage mit Informationen über das Unternehmen und seine Produkte und führt regelmäßige Aussendungen an Kunden und potentielle Kunden durch. Daneben tritt Femtolasers mindestens dreimal im Jahr auf Branchen- und Fachmessen auf, wo es seine Produkte und Dienstleistungen vorstellt. Im Rahmen seiner PR-Tätigkeit ist es Femtolasers auch schon mehrmals gelungen, das Unternehmen in Form von Zeitungsartikeln einer breiteren Öffentlichkeit vorzustellen (Standard. 29.1.1997, Profil: 27.9.1999). Auch in Fachzeitschriften konnten derartige Publikationen erreicht werden (elektronik report: 04/1999). In Zukunft soll die Kommunikationspoitik durch noch größeres Engagement im Internet und durch Werbeschaltungen in Fachjournalen verstärkt werden.

3.8 Technologie, Forschung & Entwicklung

Technologie

FEMTOLASERS hat sich zum Ziel gesetzt, der Femtosekundentechnologie in den verschiedensten Bereichen der Industrie und Medizin zum Durchbruch zu verhelfen, indem es kompakte, robuste, einfach zu bedienende und kostengünstige Femtosekundensysteme erzeugt. Durch die jahrelange Entwicklungsarbeit wurde die technologische Grundlage für die Produktion der einzelnen Produktgruppen geschaffen, wobei das technologische Know How in Form von derzeit 10 Patenten weitgehend abgesichert ist.

Das Design der Systeme hängt sehr stark von der geplanten Stückzahl ab. Einzelteile werden grundsätzlich in CNC-Technologie gefertigt. Bei größeren Stückzahlen werden komplexere Teile entworfen, die es ermöglichen das Gesamtsystem aus einer geringeren Anzahl von Einzelteilen aufzubauen, wodurch Montagezeit gespart und die Stabilität der Systeme maßgeblich verbessert werden kann. Ähnliches gilt für die optischen Komponenten. Bei größeren Stückzahlen müssen die einzelnen Optikelemente mehrere Funktionen erfüllen, dürfen aber komplizierter im Design (Beschichtung) sein.

Forschung und Entwicklung

Aufgrund der Herkunft aus der Grundlagenforschung nützt Femtolasers die bestehenden Kontakte zur Technischen Universität Wien und investiert sehr viel in die Forschung und Entwicklung neuer Verfahren und Produkte. Das Unternehmen beteiligt sich regelmäßig an Forschungsprojekten, die von verschiedenen Institutionen (siehe 11.5) finanziert werden. Das jährliche Forschungsbudget für solche Projekte betrug im Jahr 1999 330.000 Euro, wobei ungefähr die Hälfte davon gefördert wurde. Im Jahr 2001 beträgt das Forschungsbudget 440.000 Euro. Langfristig beabsichtigt Femtolasers ein Forschungsbudget von 10% des jährlichen Umsatzes.

3.9 Produktion und Logistik

Produktion

Die Produktion der einzelnen Komponenten für die jeweiligen Produktgruppen ist komplett ausgelagert. Femtolasers versucht für jeden Bauteil zumindest zwei Lieferanten zu haben, um nicht in Produktionsschwierigkeiten zu kommen. Die endgültige Montage der Geräte erfolgt in zwei Labors, getrennt nach den Produktgruppen Femtopower beziehungsweise Femtosource und Femtometer. Das Labor für Femtosource besteht aus einem Raum der Reinheitsklasse 10.000 für Aufbau und Test, einem Raum der Reinheitsklasse 100 für den Aufbau der Optik und einem Montageraum für die mechanische Synthese der Bauteile.

Im Augenblick wird für die Produktion eines FEMTOSOURCE Oscillators ca. 1 Woche benötigt. Im Zuge der Ausweitung des Marktes auf medizinische und industrielle Anwender ist es für die Fertigung größerer Stückzahlen notwendig, die Produktion weitgehend zu automatisieren. Zu diesem Zweck soll 2002 ein Wechsel des Standortes erfolgen. Für FEMTOPOWER Amplifiers beträgt die Fertigungsdauer in etwa 4 Wochen.

Logistik

Die Lieferung der fertigen Produkte erfolgt in Zusammenarbeit mit international tätigen Speditionsunternehmen (z.B. Panalpina für Übersee) mit Hilfe von speziellen Holzcontainern. Kleingeräte und einzelne Komponenten werden durch UPS versendet. Bei FEMTOPOWER Amplifiers werden lediglich für Verpackung, Versand, Installation, Test und Einschulung ca. 4 Wochen benötigt.

3.10 Zukunftsperspektiven

Die größte Herausforderung besteht in Zukunft darin, die Fertigungsmethode von derzeit „hand made by post docs" auf eine automatisierte Fertigung umzustellen. Hierfür soll in den kommenden Jahren die Grundlage geschaffen werden, sodass dem weiteren Wachstum von Femtolasers nichts im Wege steht.

Terminplan

Die Meilensteine kombiniert mit dem Absatzplan für die Oszillatoren für die nächsten fünf Jahre sind in der folgenden Tabelle ersichtlich.

Jahr	Meilenstein	jährlicher Absatz FEMTOSOURCE
2001	3 neue Mitarbeiter	30 Einheiten
2002	neuer Betriebsstandort, neue OEM Kunden	50 Einheiten
2003	neues Oszillatormodell	100 Einheiten
2004	neue OEM Kunden	250 Einheiten
2005	Börsegang zur weiteren Expansion	500 Einheiten

Investitionsstrategie

Das Produkt mit der größten Wertschöpfungstiefe (ca. 30%) ist der Oszillator. Dieser Wert soll beibehalten beziehungsweise durch den Aufbau von Economies of Scale im Zuge der Automatisierung der Fertigung erhöht werden. Die Wertschöpfungstiefe des Verstärkers liegt aufgrund der langen Fertigungsdauer knapp unter 30% und soll auf diesem Niveau gehalten werden.

Chancen und Risken

Die Chancen von Femtolasers liegen in der Entstehung eines Marktes für Femtosekundenlaser für medizinische und industrielle Anwendungen. Durch die jahrelangen Erfahrungen bei Entwicklung, Produktion und Vertrieb derartiger Systeme hat Femtolasers die Grundlage geschaffen, ihre Technologie einem breiteren Kreis an Anwendern als bisher anzubieten. Voraussetzung dafür ist unter anderem die effiziente Erweiterung der Produktionskapazität bei gleichzeitiger Automatisierung der Fertigung. Sollten diese Schritte gelingen, ist Femtolasers ein erfolgreiches Wachstum gesichert.

Dazu bedarf es einerseits der Überwindung der unter 5.3 skizzierten Markteintrittsbarrieren, nämlich der Schaffung einer eindeutigen Lizenzsituation sowie der Erlangung eines "industrial standard". Risiken für Femtolasers bestehen andererseits bei der synchronen Weiterentwicklung des Marktvolumens und der Produktions-kapazität. Ein einseitiges Wachstum der Kapazität würde der weiteren Entwicklung von Femtolasers hinderlich sein.

Vision und Strategie

Die FEMTOLASERS Produktions GmbH hat sich zum Ziel gesetzt, weltweit die Nummer 1 im Bereich modenverkoppelter Kurzpulslaser (Femtosekundenlaser) zu werden. Durch die Entwicklung leistungsfähiger und kostengünstiger Geräte sollen laufend neue Anwendungsgebiete für diese Technologie erschlossen werden. Für die nächsten 5 Jahre plant Femtolasers ein jährliches Umsatzwachstum von mindestens 50%.

Anschließend soll ein Börsengang die Grundlage für das weitere Wachstum der FEMTOLASERS Produktions GmbH sein.

3.11 Finanzplan

Der im Anhang in tabellarischer Form ersichtliche Finanzplan beginnt mit dem Jahr 2001 und umfasst einen Planungshorizont von fünf Jahren, wobei die ersten drei Jahre in Monate (2001) beziehungsweise Quartale (2002/2003) aufgespaltet sind. Die Planzahlen sind in EURO angegebenen.

Eröffnungsbilanz 31.12.2000

	Aktiva	Passiva	
Anlagevermögen	78.300	178.400	Eigenkapital
Umlaufvermögen	260.100	160.000	Fremdkapital
Bilanzsumme	338.400	338.400	Bilanzsumme

Das Anlagevermögen von Femtolasers setzt sich aus immateriellen Wertgegenständen (Patente, Lizenzverträge), Maschinen (Luftentfeuchtungsanlage, Flowbox, Laser, etc.), Büroeinrichtungen (Klimaanlage), EDV Anlagen (PC, Software) und sonstiger Betriebsausstattung (Meßgeräte, Optischer Tisch, Diodenlaser etc.) zusammen. Das Umlaufvermögen besteht aus Werkstoffen, Forderungen, einem Bankguthaben und dem Kassabestand.

Investitionsplan

Zu Beginn des Jahres 2001 ist die Einrichtung eines neuen Arbeitsplatzes im Ausmaß von 40.000 für die Produktgruppe FEMTOPOWER geplant. Für die drei neuen Mitarbeiter wird außerdem eine entspreche EDV Ausrichtung zu je 2.500 angeschafft. Bei einem Umzug im Jahr 2002 können die Einrichtungen der bisherigen Arbeitsplätze weitgehend übernommen werden. Für die durch den Umzug notwendige neue Klimaanlage und die neuen Reinräume sind 2002 Investitionen von 20.000, für Büromöbel 25.000 geplant.

Für die Einrichtung neuer Arbeitsplätze sind ab 2002 die folgenden Investitionen vorgesehen:

	2002	2003	2004	2005
neue Arbeitsplätze	5	4	4	4
jährliche Investitionen	183.000	143.000	143.000	143.000

Für die Ausstattung neuer Mitarbeiter mit EDV Anlagen sind ab 2002 Ausgaben von 6.000 - 9.000 pro Quartal geplant.

Kostenplan

Die variablen Kosten (K_v) für die Fertigung der einzelnen Produktgruppen fallen zum Großteil für den Zukauf der Einzelkomponenten an und sind für die einzelnen Produktgruppen unterschiedlich hoch. Für die Kalkulation wird davon ausgegangen, dass die variablen Durchschnittskosten (variablen Stückkosten) k_v bei der Produktion größerer Mengen abnehmen, was auf Preisnachlässe beim Einkauf der Einzelteile und Lernkurveneffekte zurückzuführen ist.

Variable Stückkosten k_v	2001	2002	2003	2004	2005
FEMTOPOWER	37.500	34.000	34.000	34.000	34.000
FEMTOSOURCE	15.000	15.000	12.500	7.500	5.000
FEMTOMETER 1	13.000	10.500	10.500	10.500	10.250
FEMTOMETER 2	3.200	3.000	3.000	3.000	2.850

Die fixen Kosten setzen sich aus den Kosten für Personal, Miete (derzeit inkl. Energie), Telefon, Fracht - Zoll, Marketing, Patente, Forschungsprojekte sowie Reisekosten und sonstigen Fixkosten (Büromaterial, ISO-Zertifizierung, Steuerberater, etc.) zusammen. Der Verlauf der gesamten Fixkosten beträgt:

	2001	2002	2003	2004	2005
Summe der Fixkosten K_f	890.600	1.393.200	1.839.760	2.462.666	3.223.50 0

Berechnet man das Verhältnis der gesamten jährlichen Fixkosten (K_f) zum Gesamtumsatz erkennt man, dass dieses aufgrund von Skalenerträgen im Zuge der angestrebten Automatisierung ab 2003 drastisch abnimmt.

	2001	2002	2003	2004	2005
K_f in % vom Umsatz	52%	51%	44%	40%	39%

Man kann davon ausgehen, dass der Anteil der einzelnen Produktgruppen an den Fixkosten über die Jahre hinweg konstant bleibt, wobei insgesamt das Verhältnis der Personalkosten zu den sonstigen Fixkosten im Zuge der Automatisierung abnehmen wird:

Anteil an	Femtopower	Femtosource	Femtodiagnostics	Summe
Personalkosten	26%	67%	7%	100%
anderen Fixkosten	43%	45%	12%	100%
Summe der Fixkosten	33%	58%	9%	100%

Umsatzplan

Aufgrund der in Kapitel 5.2 geplanten Absatzzahlen und der in Kapitel 7.1.2 vorgesehenen Preise ergeben sich die in Tabelle ersichtlichen jährlichen Umsatzerwartungen für die einzelnen Produktgruppen.

jährlicher Umsatz	2001	2002	2003	2004	2005
FEMTOSOURCE	900.000	1.500.000	2.500.000	3.750.000	5.000.000
FEMTOPOWER	450.000	800.000	1.200.000	1.800.000	2.500.000
FEMTOMETER	360.000	420.000	504.000	630.000	840.000

Finanzierungsplan

Für die laufenden Forschungsprojekte sind von einer Reihe von Institutionen Förderungen zugesagt worden. Dazu gehören die Europäische Union, der Forschungs-förderungsfonds für die gewerbliche Wirtschaft (FFF), der Fonds zur Förderung der wissenschaftlichen Forschung (FWF), der Wiener ArbeitnehmerInnen Förderungsfonds (WAFF) und der Wiener Wirtschaftsförderungsfonds (WWFF).

Aus dem Liquiditätsplan wird ersichtlich, dass für die vorgesehenen Investitionen kein Bedarf an einer zusätzlichen externen Finanzierung besteht, sodass das geplante Wachstum derzeit aus dem Cash Flow des Unternehmens finanziert werden kann.

Erfolgsplan

Eine vereinfachte GuV - beziehungsweise Cash Flow - Rechnung zeigt, dass 2001 sowohl Gewinn als auch Cash Flow negativ sind und 2002 zwar noch Verluste auftreten, der Cash Flow allerdings schon über Null liegt. Break Even wird 2003 erreicht, wobei der Gewinn ab dann kontinuierlich steigt. Die Möglichkeit von Verlustvorträgen wird nicht berücksichtigt, insofern kann von einer zusätzlichen Liquiditätsreserve ausgegangen werden.

	2001	2002	2003	2004	2005
Umsätze	1.710.000	2.720.000	4.204.000	6.180.000	8.340.000
-variable Kosten	840.000	1.322.000	2.018.000	2.937.000	3.932.000
Deckungsbeitrag	870.000	1.398.000	2.186.000	3.243.000	4.408.000
-Fixkosten	890.600	1.393.200	1.839.760	2.462.666	3.223.500
-Abschreibungen	65.863	82.125	115.875	146.713	160.200
Bruttogewinn	-86.463	-77.325	230.365	633.622	1.024.300
-Steuern	0	0	78.324	215.431	348.262
Nettogewinn	-86.463	-77.325	152.041	418.190	676.038
+Abschreibungen	65.863	82.125	115.875	146.713	160.200
Cash Flow	-20.600	4.800	267.916	564.903	836.238

3.12 Ausstiegsszenario

Sollte die geplante Entwicklung des Unternehmens nicht möglich sein, kann ein strategischer Partner mit dem Ziel der Verschmelzung gesucht werden. Weiters besteht die Möglichkeit des Verkaufs von Femtolasers an die Konkurrenz beziehungsweise an seine OEM Kunden. Der Wert der Femtolasers Produktions GmbH manifestiert sich vor allem in ihrem großen Know how, welches durch derzeit 10 Erfindungen die zum Patent angemeldet sind, dokumentiert ist.

3.13 Anhang

Kunden

Österreich

- Institut für Allgemeine Physik der Technischen Universität Wien
- Institut für Experimentalphysik der Karl-Franzens-Universität
- Institut für Festkörperphysik der Technischen Universität Wien
- Institut für Experimentalphysik der Universität Innsbruck

Kanada

- Steacie Institute for Molecular Sciences National Research Council of Canada, Department of Chemistry

Dänemark

- Aarhus University

Frankreich

- Thomson CSF, Laboratoire Central de Recherches

Deutschland

- Institut für Physikalische Chemie III der Universität Karlsruhe
- Physikalisches Institut, LS für Optik (Friedrich-Alexander-Universität Erlangen Nürberg)
- Philipps Universität Marburg, FB Physik, AG HL-Phys.
- LMU, Quantenelektronik
- Friedrich Schiller Universität - Institute für Optik & Quantenelektronik
- RWTH, Institut für Halbleiterelektronik
- Max Born Institut, Berlin
- Freie Universität Berlin

- Humboldt Universität Berlin
- Universität, Gesamthochschule Kassel
- Wilhelms Universität Münster

Israel

- Weizmann Institute of science

Italien

- Instituto Nazionale per la Fisica della Materia
- Politecnico di Milano - Dipartimento di Fisica

Japan

- Institute of Physical and Chemical Research - University of Tokyo
- Nagoya University
- Kyoto University
- Institute of Industrial Science - University of Tokyo
- Institute for Molecular Science
- MARUBUN Corporation
- Japan Atomic Energy Research Institute Tokai
- Hokkaido University

Niederlande

- FOM-Institute for Plasma Physics
- TU Eindhoven

Großbritannien

- Rutherford Appleton Laboratory
- The Department of Physics and Astronomy The University of St. Andrews
- Toshiba Cambridge Research Centre

USA

- Univ. of Michigan - Center for Ultrafast Optik Section Physik
- LLL - Lawrence Livermore Laboratory

Distributoren

Europa	USA	Japan	China & Taiwan
OPTILAS Composants	Thomson CSF	MARUBUN Corporation	SuperBIN

Eröffnungsbilanz vom 31.12.2000

Aktiva	Bilanzwert	Passiva	Bilanzwert
AV	78.300	**EK**	178.400
Konzessionen, Rechte, Lizenzen	9.000	Eigenkapital	178.400
Lizenzvertrag	9.000	**FK**	160.000
Maschinen	48.200	Verbindlichkeiten gegenüber Banken	15.000
Arbeitsplatzlaser, Luftentfeuchtungsgerät	40.000	Verbindlichkeiten aus Lieferungen und Leistung	90.000
Flowbox	3.000	sonstige Verbindlichkeiten	55.000
Optomech. Komp.	5.200		
Büroeinrichtung	1.600		
Klimaanlage	1.600		
EDV - Anlagen	12.500		
PC, Software	6.000		
PC, Software	3.500		
PC, Software	3.000		
sonst. Betriebs- und Geschäftsausstattung	7.000		
Bertriebsaust.	800		
Spectrometer, Powermeter, Oszilloskop	1.200		
Opt.Tisch, Unterbau, Diodenlaser	5.000		
UV	260.100		
Roh-, Hilfs- und Betriebsstoffe	80.000		
Forderungen aus Lieferungen und Leistung	75.000		
sonstige Forderungen	5.000		
Kassenbestand	100		
Guthaben bei Banken	100.000		
	338.400		338.400

Investitionen Jahr 1

	1/2001	2/2001	3/2001	4/2001	5/2001	6/2001	7/2001	8/2001	9/2001	10/2001	11/2001	12/2001	Summe
Büroeinrichtung	0	0	0	0	0	0	0	0	0	0	0	0	0
Maschinen	40.000												40.000
FEMTOSOURCE													
FEMTOPOWER	40.000												
FEMTOMETER													
EDV	2.500	0	0	2.500	0	0	2.500	0	0	0	0	0	7.500
EDV-Arbeitsplätze	2.500			2.500			2.500						

Investitionen Folgejahre

	1-3/2002	4-6/2002	7-9/2002	10-12/02	1-3/2003	4-6/2003	7-9/2003	10-12/03	2004	2005
Büroeinrichtung	0	0	45.000	0	0	4.000	0	0	8.000	7.000
Klima & Reinraum			20.000				456.456			
Büromöbel			25.000			4.000			8.000	7.000
Maschinen	0	93.000	0	90.000	0	143.000	0	0	143.000	143.000
FEMTOSOURCE		50.000		50.000		50.000			50.000	50.000
FEMTOPOWER		40.000		40.000		90.000			90.000	90.000
FEMTOMETER		3.000		3.000		3.000			3.000	3.000
EDV	6.000	6.000	6.000	6.000	0	6.000	6.000	6.000	30.000	36.000
EDV-Arbeitsplätze	6.000	6.000	6.000	6.000	6.000	6.000	6.000	6.000	30.000	36.000

Kosten Jahr 1

		1/2001	2/2001	3/2001	4/2001	5/2001	6/2001	7/2001	8/2001	9/2001	10/2001	11/2001	12/2001	Summe
Kv	Summe variable Kosten	57.500	87.500	57.500	87.500	57.500	87.500	57.500	87.500	57.500	87.500	57.500	57.500	840.000
	FEMTOSOURCE	37.500	37.500	37.500	37.500	37.500	37.500	37.500	37.500	37.500	37.500	37.500	37.500	450.000
	FEMTOPOWER		30.000		30.000		30.000		30.000		30.000			150.000
	FEMTOMETER	20.000	20.000	20.000	20.000	20.000	20.000	20.000	20.000	20.000	20.000	20.000	20.000	240.000
	Personalkosten (brutto)	28.000	28.000	28.000	28.000	28.000	28.000	28.000	28.000	28.000	28.000	28.000	28.000	336.000
	Sonderzahlungen Personal						28.000					28.000		56.000
	Personalnebenkosten	9.240	9.240	9.240	9.240	9.240	18.480	9.240	9.240	9.240	9.240	18.480	9.240	129.360
	Miete	3.000	3.000	3.000	3.000	3.000	3.000	3.000	3.000	3.000	3.000	3.000	3.000	36.000
	Energie													0
	Telefon	1.270	1.270	1.270	1.270	1.270	1.270	1.270	1.270	1.270	1.270	1.270	1.270	15.240
	Fracht - Zoll	3.000	3.000	3.000	3.000	3.000	3.000	3.000	3.000	3.000	3.000	3.000	3.000	36.000
	Marketing	1.000	1.000	1.000	1.000	1.000	1.000	1.000	1.000	1.000	1.000	1.000	1.000	12.000
	Reisekosten	2.000	2.000	2.000	2.000	2.000	2.000	2.000	2.000	2.000	2.000	2.000	2.000	24.000
	Sonstige Fixkosten	20.500	20.500	20.500	20.500	20.500	20.500	20.500	20.500	20.500	20.500	20.500	20.500	246.000
	Patente	5.000	5.000	5.000	5.000	5.000	5.000	5.000	5.000	5.000	5.000	5.000	5.000	60.000
	Projekte	12.500	12.500	12.500	12.500	12.500	12.500	12.500	12.500	12.500	12.500	12.500	12.500	150.000
	Sonstige Fixkosten	3.000	3.000	3.000	3.000	3.000	3.000	3.000	3.000	3.000	3.000	3.000	3.000	36.000
Kf	Summe Fixkosten	68.010	68.010	68.010	68.010	68.010	105.250	68.010	68.010	68.010	68.010	105.250	68.010	890.600

Umsätze Jahr 1

	1/2001	2/2001	3/2001	4/2001	5/2001	6/2001	7/2001	8/2001	9/2001	10/2001	11/2001	12/2001	Summe
Fertigungserlöse	105.000	150.000	150.000	105.000	150.000	150.000	150.000	150.000	150.000	150.000	150.000	150.000	1.710.000
FEMTOSOURCE	75.000	75.000	75.000	75.000		75.000	75.000	75.000	75.000	75.000	75.000	75.000	900.000
FEMTOPOWER		45.000	45.000		45.000	45.000	45.000	45.000	45.000	45.000	45.000	45.000	450.000
FEMTOMETER	30.000	30.000	30.000	30.000	30.000	30.000	30.000	30.000	30.000	30.000	30.000	30.000	360.000

Kosten Folgejahre

Kv		1-3/2002	4-6/2002	7-9/2002	10-12/02	1-3/2003	4-6/2003	7-9/2003	10-12/03	2004	2005
	Summe variable Kosten	330.500	330.500	330.500	330.500	504.500	504.500	504.500	504.500	2.937.000	3.932.000
	FEMTOSOURCE	187.500	187.500	187.500	187.500	312.500	312.500	312.500	312.500	1.875.000	2.500.000
	FEMTOPOWER	68.000	68.000	68.000	68.000	102.000	102.000	102.000	102.000	612.000	850.000
	FEMTOMETER	75.000	75.000	75.000	75.000	90.000	90.000	90.000	90.000	450.000	582.000
	Personalkosten (brutto)	120.000	120.000	120.000	120.000	150.000	150.000	150.000	150.000	750.000	900.000
	Sonderzahlungen Personal		40.000		40.000		50.000		50.000	116.666	150.000
	Personalnebenkosten	39.600	52.800	39.600	52.800	49.500	66.000	49.500	66.000	286.000	346.500
	Energie		3.000	3.000	3.000	3.000	3.000	3.000	3.000	12.000	12.000
	Telefon	5.600	5.600	5.600	5.600	8.440	8.440	8.440	8.440	50.000	75.000
	Fracht-Zoll	15.000	15.000	15.000	15.000	20.000	20.000	20.000	20.000	120.000	180.000
	Marketing	5.000	5.000	5.000	5.000	7.000	7.000	7.000	7.000	35.000	50.000

Reisekosten	10.000	10.000	10.000	10.000	15.000	15.000	15.000	15.000	15.000	80.000	120.000
Sonstige Fixkosten	102.500	102.500	122.500	102.500	153.750	153.750	153.750	153.750	153.750	933.000	1.310.000
Patente	22.500	22.500	22.500	22.500	33.750	33.750	33.750	33.750	33.750	203.000	300.000
R&D-Projekte	60.000	60.000	60.000	60.000	90.000	90.000	90.000	90.000	90.000	550.000	750.000
Sonstige Fixkosten	20.000	20.000	40.000	20.000	30.000	30.000	30.000	30.000	30.000	180.000	260.000
Kf Summe Fixkosten	312.700	365.900	340.700	373.900	493.190	426.690	426.690	493.190	493.190	2.462.666	3.223.500

Umsätze Folgejahre

	1-3/2002	4-6/2002	7-9/2002	10-12/2002	1-3/2003	4-6/2003	7-9/2003	10-12/2003	2004	2005
Fertigungserlöse	680.000	680.000	680.000	680.000	1.051.000	1.051.000	1.051.000	1.051.000	6.180.000	8.340.000
FEMTOSOURCE	375.000	375.000	375.000	375.000	625.000	625.000	625.000	625.000	3.750.000	5.000.000
FEMTOPOWER	200.000	200.000	200.000	200.000	300.000	300.000	300.000	300.000	1.800.000	2.500.000
FEMTOMETER	105.000	105.000	105.000	105.000	126.000	126.000	126.000	126.000	630.000	840.000

Förderungen

Datum	Feb.01	Mär.01	Mai.01	Jul.01	Aug.01	Sep.01	Okt.01	Nov.01	Mär.02
Betrag	56.298	56.606	10.065	17.805	10.065	8.514	12.400	10.065	56.606

Liquidität Jahr 1

	1/2001	2/2001	3/2001	4/2001	5/2001	6/2001
Anfangsbestand	100.100	37.090	87.878	168.974	115.964	150.519
Mittelfluß laut Finanzierungsplan	0	56.298	56.606	0	10.065	0
Umsätze	105.000	150.000	150.000	105.000	150.000	150.000
Summe Eingänge	205.100	243.388	294.484	273.974	276.029	300.519
-Kosten laut Kostenplan	125.510	155.510	125.510	155.510	125.510	192.750
-Investitionen laut Investitionsplan	42.500	0	0	2.500	0	0
-Steuer	0	0	0	0	0	0
Liquidität am Ende des Monats	37.090	87.878	168.974	115.964	150.519	107.769

	7/2001	8/2001	9/2001	10/2001	11/2001	12/2001
Anfangsbestand	107.769	147.564	152.119	185.123	192.013	189.328
Mittelfluß laut Finanzierungsplan	17.805	10.065	8.514	12.400	10.065	0
Umsätze	150.000	150.000	150.000	150.000	150.000	150.000
Summe Eingänge	275.574	307.629	310.633	347.523	352.078	339.328
-Kosten laut Kostenplan	125.510	155.510	125.510	155.510	162.750	125.510
-Investitionen laut Investitionsplan	2.500	0	0	0	0	0
-Steuern	0	0	0	0	0	0
Liquidität am Ende des Monats	147.564	152.119	185.123	192.013	189.328	213.818

Liquidität Folgejahre

	1-3/2002	4-6/2002	7-9/2002	10-12/2002	1-3/2003	4-6/2003	7-9/2003	10-12/2003	2004	2005
Anfangsbestand	213.818	301.224	185.824	143.624	23.224	143.034	49.344	163.154	132.140	516.043
Mittelfluß	56.606	0	0	0	0	0	0	0	0	0
Umsätze	680.000	680.000	680.000	680.000	1.051.000	1.051.000	1.051.000	1.051.000	6.180.000	8.340.000
Summe Eingänge	950.424	981.224	865.824	823.624	1.074.224	1.194.034	1.100.344	1.214.154	6.312.140	8.856.043
-Kosten	643.200	696.400	671.200	704.400	931.190	997.690	931.190	997.690	5.399.666	7.155.500
-Investitionen	6.000	99.000	51.000	96.000	0	147.000	6.000	6.000	181.000	186.000
-Steuern	0	0	0	0	0	0	0	78.324	215.431	348.262
Liquidität	301.224	185.824	143.624	23.224	143.034	49.344	163.154	132.140	516.043	1.166.281

Erfolgsplan

	2001	2002	2003	2004	2005
Umsätze	1.710.000	2.720.000	4.204.000	6.180.000	8.340.000
-variable Kosten	840.000	1.322.000	2.018.000	2.937.000	3.932.000
Deckungsbeitrag	870.000	1.398.000	2.186.000	3.243.000	4.408.000
-Fixkosten	890.600	1.393.200	1.839.760	2.462.666	3.223.500
-Abschreibungen	65.863	82.125	115.875	146.713	160.200
Bruttogewinn	-86.463	-77.325	230.365	633.622	1.024.300
-Steuern	0	0	78.324	215.431	348.262
Nettogewinn	-86.463	-77.325	152.041	418.190	676.038
+Abschreibungen	65.863	82.125	115.875	146.713	160.200
Cash Flow	-20.600	4.800	267.916	564.903	836.238

4. Fragensammlung

1. Technologie

Welche Kategorien von Erfindungen beziehungsweise Innovationen kann man unterscheiden, welche dieser Kategorien treffen auf den vorliegenden Fall zu und welche Managementprobleme resultieren daraus?

2. Marktanalyse

a) Was ist der relevante Markt von Femtolasers und welche Marktsegmente können innerhalb dieses Marktes identifiziert werden?

b) Wie hat Femtolasers das Marktpotential für die einzelnen Marktsegmente abgeschätzt und welche Vorgangsweise für eine detailliertere Schätzung würden Sie empfehlen?

3. Preispolitik

a) Wie würden Sie die Elastizität der Nachfrage in den einzelnen Marktsegmenten einschätzen und welche Möglichkeiten für die Preisgestaltung ergeben sich daraus?

b) Wie würden Sie die Kostenfunktion für die Produktgruppe FEMTOSOURCE abschätzen?

c) Gehen Sie davon aus, dass Femtolasers in der Produktgruppe FEMTOSOURCE längerfristig eine Monopolstellung innehat. Wie könnte in diesem Fall für die vorgegebenen Planzahlen die gewinnmaximale Preis/Mengen - Kombination für die einzelnen Marktsegmente ermittelt werden?

5. Literaturhinweise

Carlton D. W., Perloff J. M. (1994), Industrial Organization, 2. Aufl., New York., 132-143.

Hisrich R. D., Peters M. P. (1998), Entrepreneurship, 4. Aufl., Boston u.a, 256-285.

Kistner K.-P., Steven M. (1999), Betriebswirtschaftslehre im Grundstudium 1, Produktion, Absatz, Finanzierung, 3. Aufl., Heidelberg, 2. Teil, 2. Kapitel.

Rasner C, Füser K., Faix W. G. (1996), Das Existenzgründer-Buch, Landsberg/Lech, 85-117.

Rosegger G. (1996), The Economics of Production & Innovation, 3. Aufl., Oxford u.a., 125-146.

Shepherd W. G. (1997), The Economics of Industrial Organization, 4. Aufl., New Jersey, 115-130.

Stepan A., Fischer E. O. (1996), Betriebswirtschaftliche Optimierung: Einführung in die quantitative Betriebswirtschaftslehre, 5. Aufl., München u.a., 1. Kapitel

Die compartner Story

Peter E. Rasenberger[1]

1. Lehrziel 145

2. Die compartner Story 145

3. Fragen 154

4. Literaturhinweise 154

[1] Gründer und Mitglied des Vorstandes, compartner AG, Gastdozent am Stiftungslehrstuhl für Gründungsmanagement und Entrepreneurship, EUROPEAN BUSINESS SCHOOL

1. Lernziel

Dem Student soll aufgezeigt werden, daß mitunter die Nutzung von bestimmten Gegebenheiten in den Rahmenbedingungen des unternehmerischen Umfeldes (hier: Aufkommen von Frühpensionierungsprogrammen in der deutschen Wirtschaft und der damit einhergehende Abfluß qualifizierter Fach- und Führungskräfte in der Großindustrie) sowie die frühzeitige Einbeziehung zukünftiger Kunden in die Unternehmenskonzeption und die Verbindung von komplementären Talenten im Gründungsunternehmerteam zentrale Beiträge zum Gründungserfolg sein können. Am Beispiel der Unternehmensberatung compartner AG wird dargestellt, daß diese Faktoren noch bedeutsamer für die Frühphase einer Unternehmung sein können, als die Definition der zu bearbeitenden Märkte, der zu erstellenden Produkte und der aufzubauenden Kernkompetenz.

2. Die compartner Story

Betrachtet man in der Retroperspektive die ersten Jahre von compartner, so erscheint es bemerkenswert, wie präzise die damaligen Vorstellungen über die Zukunft der Informationstechnologie im allgemeinen und die der compartner AG im speziellen in Erfüllung gegangen sind.

Es fing alles mit einem Telefonat zwischen Ingo Lüdke und Peter Rasenberger an. Beide kannten sich aus früheren Jahren. Peter Rasenberger war mit Ingo Lüdkes Sohn Tim zur Schule gegangen. Das intensive Interesse von Peter Rasenberger an der Datenverarbeitung war damals schon offenkundig und mußte wohl auch Gegenstand eines vorausgegangenen Gespräches zwischen Ingo Lüdke und seinem Sohn gewesen sein, in dessen Folge Herr Lüdke – in seiner damaligen Funktion als Direktor der IBM Deutschland in Düsseldorf – dem jungen Peter Rasenberger ein Praktikum bei der IBM angeboten hatte. Das war nun vier Jahre her.

Herr Lüdke erzählte, daß er die IBM inzwischen verlassen hätte, um sich unternehmerisch zu betätigen. Er hätte nun erfahren, daß noch sehr viel mehr Mitarbeiter das Unternehmen verlassen werden, da sich die Unternehmenszentrale in den USA für ein tief einschneidendes Sparprogramm entschieden hatte. Er führte weiter aus, daß nicht – wie es zu erwarten wäre – erst die jüngeren Mitarbeiter der IBM nach dem Muster eines deutschen Sozialplanes zu gehen hätten, sondern vielmehr der Arbeitsplatzabbau durch ein Frühpensionierungsprogramm erfolgen sollte. Nun wäre eine einmalige Gelegenheit, sehr viel hoch qualifiziertes Personal zu finden und es wäre wohl interessant, zu diskutieren, wie dieses für alle Seiten gewinnbringend genutzt werden könnte. Peter Rasenberger, gerade nach dem Abschluß des Studiums, war unternehmerisch interessiert und so verabredete man sich für das nächste Wochenende, die Ideen auszutauschen.

An einem Samstag im März 1994 traf man sich auf dem Dachboden des Hauses der Familie Lüdke und ließ den Gedanken freien Lauf. Herr Lüdke eröffnete die Diskussion mit der These, daß wohl der Kundenzugang der wichtigste Erfolgsfaktor für ein Unternehmen sei. Da nun von ca. 30.000 IBM-Mitarbeitern fast 15.000 frühpensioniert würden, ließen sich mit Sicherheit viele erfahrene ehemalige Vertriebskollegen finden, die außergewöhnlich gute Kundenkontakte hätten. Gleichzeitig müßte es auch reichlich Kollegen mit hervorragenden IT-fachlichen Kenntnissen geben. Die wollten wohl nicht alle Rentner spielen und nur noch Rosen züchten, meinte Ingo Lüdke. Das leuchtete Peter Rasenberger ein: wenn von 15.000 ehemaligen IBM-Mitarbeitern nur jeder zehnte noch berufstätig sein wollte und auch nur zehn Prozent der Ehemaligen zu den höchst qualifizierten Kräften der Branche gehören sollten, dann waren da jetzt 150 Menschen auf der Straße, mit den man einfach etwas anfangen mußte. Würde man nur die besten in einer neuen Organisation zusammen fassen, müßte das eine Mannschaft von außergewöhnlich hoher Schlagkraft ergeben. Nicht zu übersehen war damit aber auch Herausforderung ein Unternehmen mit nur Sechzigjährigen aufbauen zu wollen: in spätestens fünf Jahren würde dann wohl alle Mitarbeiter des neu gegründete Unternehmens im Rentenalter sein.

Eine Idee aus früheren Tagen wurde nun eingebracht. Man könne doch nun die besten erfahrenen Kräfte mit den besten Nachwuchsinformatikern von den Hochschulen kombinieren. Dann würden die Erfahrenen ihre Kundenkontakte und ihr Know-how in der Durchführung großer Technologieprojekte und die jungen Absolventen, die neuesten Techniken aus dem Hochschulen und ihre innovativen Ideen einbringen. Der potentielle Kunde könnte schließlich aus dieser Verbindung aktuellste Ideen mit höchster Qualität in der Umsetzung erhalten, wobei der Vertrieb dieser Leistungen zunächst durch ehemalige IBM-Mitarbeiter durchgeführt würde, die über Jahre gewachsene Kundenbeziehungen verfügten.

Aus seiner Praktikumszeit bei IBM wußte Peter Rasenberger, daß die Datenverarbeitung, wie sie an Hochschulen gelehrt wird, mit der betrieblichen Praxis kaum Berührungspunkte hatte. Zwischen den gelehrten Technologien und den bei großen Wirtschaftsunternehmen eingesetzten, klafften mehrere Generationen in der Technik und mindestens eine bei den Menschen, die sie anwendeten. War das die Chance, Getrenntes wieder zusammen zu denken? Denn genau das schien eine immer wieder kehrende Marktlücke auf dem Informationstechnologiemarkt zu sein. Viele der bedeutendsten High-Tech Unternehmen sind aus Garagen mit vielen jungen Leuten und noch mehr Ideen erwachsen. Nach dem ersten Erfolg wurden die Unternehmen größer, Ressourcen sammelten sich an, die Verantwortung für die Pflege des bei den Kunden bereits Etablierten wuchs stark und die gleichzeitig ansteigende Komplexität ließ dann den Wunsch nach Standardlösungen bei angebotenen Produkten und Dienstleistungen aufkommen. Jahre später sehen sich die dann groß gewordenen Unternehmungen im Silicon Valley um, damit der Anschluß an die Innovationstreiber nicht völlig verloren geht. Konnte aus diesem Kreislauf des Generationskonfliktes eine Generationschance werden?

Die ersten Samenkörner für die Konzepte „Jung und Erfahren" und „Getrenntes zusammen denken" waren gestreut. Die Sonne war bereits untergegangen und man verabredete sich für den nächsten Tag, einen konkreten Plan auszuarbeiten, wie die Chancen wahrgenommen werden sollten.

Die Ideen kreisten. Wie konnte ein Unternehmen aufgebaut werden, das ständig innovativ ist? Das nicht gesund schrumpfen, sondern nachhaltig wachsen würde? Ein Unternehmen dessen Abläufe nicht flexibilisiert werden mußten, sondern dauerhaft flexibel sind?

Auf der einen Seite gab es die etablierten Industrieunternehmungen, die alle Voraussetzungen besaßen, Projekte von hinreichender Komplexität und Größe generalstabsmäßig durchzuführen, solange die Projekte im Bereich der Kernkompetenzen des Unternehmens lagen. Auf der anderen Seite bemühten sich die Jungunternehmen, deren einzige Konstante im Wandel zu liegen schien, um Kundenaufträge, für die sie vielfach weder einen ausreichend dimensionierten Vertrieb noch hinreichende Umsetzungsstärke hatten. Vielleicht wäre es vorteilhaft, wenn man klein und groß zu gleich wäre. Um die kombinierte Kraft mehrerer kleiner dezentraler Teams auf einen Kunden lenken zu können, müßte es eine gemeinsame Klammer geben, die dem Verbund die Möglichkeit gibt, nach außen mit den Qualitätsmerkmalen einer großen Organisation zu handeln. Viele kleine dezentrale unternehmerische Teams zu schaffen, mit so vielen gemeinsamen zentralen Funktion, wie gerade nötig, war die Idee, welche – wenn auch zunächst noch ein wenig verworren - über Nacht stündlich klarer wurde.

Man nehme kleine Gruppen von ca. 12 Informationstechnologieexperten. Jede Gruppe stattet man mit einem Unternehmer als Führungskraft aus, der zugleich geschäftsführender Gesellschafter des zu gründenden Unternehmens sein sollte. So wäre sicher gestellt, daß ein Entscheider in der Entfernung einer Armeslänge zu greifen ist, der sich über alle Bürokratie und Hindernisse eines wachsenden Unternehmens hinwegsetzen könnte. Bei mehr als 12 Mitarbeiter benötigte man folglich einen weiteren geschäftsführenden Gesellschafter. Mit 4 Unternehmern könnte man dann schließlich 48 Informationstechnologieexperten zuzüglich einer Hand voll Verwaltungskräfte führen. Eine Unternehmenseinheit von 50 Menschen würde entstehen, in der jeder jeden kennt. Sollte das Unternehmen über 50 Personen hinaus wachsen, wäre eine neue Gesellschaft zu gründen, denn nur so hätte man wieder eine echte dezentrale Einheit statt eines durch Manager geführten Profitcenters in einer immer unpersönlicher werdenden Organisation.

Wie aber sollten nun bei weiterem Wachstum die Unternehmen zusammengehalten werden? Was könnte die verbindende Idee, um diese Ansammlung von Unternehmen werden?

Eine Möglichkeit wäre es, die Anteile an diesen Unternehmen in einer Holding zusammen zu fassen, die die Interessen koordiniert. Jedoch erschien dieser Gedanke bei intensiverer Überlegung wenig zielführend. Dabei würde eine Konzernstruktur folgen, die potentiell zum Aufbau von Hierarchien einlud. Auch könnten dann keine geschäftsführenden Gesellschafter die Einheiten führen, sondern nur angestellte Geschäftsführer. Für die anstehenden Herausforderungen war das wohl nicht unternehmerisch genug.

Das Problem, was zu lösen galt, war also, eine Struktur zu finden, die genügend Halt gibt, ohne Unternehmertum einzuschränken. Das sah zunächst wie konfliktionierende Ziele aus. Hohe Qualitätsstandards, gemeinsames Zugehen auf Kunden und Nutzung der gemeinsamen Stärken könnte über das Primat der Gruppe über den Einzelunternehmer erreicht werden. Kürzeste Entscheidungswege, permanente Innovation und höchste Kundenorientierung wäre wohl eher durch die Betreuung der zukünftigen Kunden durch eigenverantwortlich entscheidende Unternehmer - ohne Overhead zumal - besser zu bewerkstelligen. Die Lösung im unternehmerischen Sinne mußte dem zufolge in einer Struktur gefunden werden, bei denen die Unternehmer vor Ort sowohl maximalen Anteil an ihren Unternehmen hätten und zugleich alle Ressourcen allen gehören, um die Interessen beieinander zu halten. Die Organisation wäre also in einer Art Partnerschaft anzulegen. Auf Partnerschaft beruhende Organisationen gelten jedoch oftmals als schwerfällig, wenn schnelles Handeln angesagt ist. Es bedurfte keiner besonderen Anstrengung, um zu erkennen, daß große Handlungsgeschwindigkeit für eine Unternehmung, die ein Innovator auf dem Markt für Informationstechnologie werden wollte, erfolgskritisch sein mußte.

Getrenntes zusammen denken, was später einmal das Motto für Kundenlösungen werden sollte, half auch hier. Sowohl dezentrale selbständige Unternehmen mit maximaler Beteiligung der geschäftsführenden Gesellschafter, als auch Konzernstruktur war die Lösung. Beides zusammen, zeitgleich und auf allen Ebenen. Das erste Unternehmen sollte wie folgt aussehen.

Man gründe eine rechtlich selbständige Gesellschaft mit eigenständiger juristischer Persönlichkeit, sprich: eine GmbH. Dann beteilige man jeden neu hinzukommenden geschäftsführenden Gesellschafter mit 12,4%, bis man vier Unternehmer beteiligt hat. Alle vier Unternehmer zusammen hätten dann 49,6% des Unternehmens und damit zeitgleich den gleichen Anteil an Stimmen bei gewichtigen Entscheidungen. Die weiteren 50,4% dieser Gesellschaft sollten von einer Holding gehalten werden, die wiederum den in der GmbH beteiligten vier Gesellschaftern in Form eines Partnerpools zur Hälfte gehören sollte. Die andere Hälfte wäre für die Gründer in einem Gründerpool vorgesehen. Rechnerisch ergab sich nun, daß jeder der vier Unternehmer 18,7% an der GmbH besaß. Davon 12,4% direkt und weitere 6,3%[1] über die Holding. Alle Unternehmer in der GmbH zusammen hatten nun 74,8% der Anteile. Die Gründer besaßen gleichzeitig die Hälfte der Anteile der Holding und konnten so die Gestaltungsfähigkeit bewahren. Zwischen den Gründern als Initiatoren des neuen Unternehmens und den neu hinzukommenden Unternehmern würde im Gesellschafterkreis der Holding Gleichgewicht bestehen. In der operativ handelnden Gesellschaft hätte die Holding mit 50,4% die Mehrheit der Stimmen und die Unternehmer mit 74,8% des Kapitals die Mehrheit der direkten und indirekten Anteile.

Bei mehreren operativen Einheiten würde die Struktur wie folgt weiterentwickelt. Für mehr als vier Unternehmer wäre ein weiterer GmbH-Mantel zu gründen. Wieder wären 50,4% aller Anteile durch die Holdinggesellschaft und vier mal 12,4% durch neue Unternehmer zu halten. Als Resultat verdoppelte sich die Holding in ihrem Kapital, wenn neben dem Holdinganteil des neuen GmbH-Mantels auch noch bis zu vier neue Unternehmer aufgenommen würden. Dieses würde zeitgleich voraussetzen, daß auch die Gründer ihren Gründerpool verdoppeln, um in ihrem Holdinganteil stabil zu bleiben. Als Ergebnis hätten nun die neuen Unternehmer wieder 49,6% an ihrer operativen Einheit. Die verbleibenden 50,4% gehörten analog zur Ausgangssituation der Holding. Der Partnerpool ist dann geteilt in 8 gleich große Unternehmeranteile. Da dieser in der Größe verdoppelt wurde, ist der absolute Anteil, den jeder Partner hält gleich geblieben. Nur das jetzt die Unternehmer, die Mitglieder des Partnerpools sind, Anteile an beiden operativen Einheiten haben. So sind in der ersten operativen Einheit über die Holding

---

[1] Errechnet sich aus 50,4% [Holdinganteil an der GmbH] * 50 % [Anteil des Partnerpools der Unternehmer an der Holding] * 25% [Anteil jedes Unternehmers am Partnerpool bei vier Unternehmern].

indirekt vier neue Gesellschafter hinzugekommen. Für die Altgesellschafter ergibt sich aber nicht eine „Verwässerung" ihres absoluten Anteils an dem Unternehmensverbund, da sie im Gegenzug indirekt Anteile an der operativen Einheit erhalten haben. Für die neuen Unternehmer wiederum bedeutet diese Struktur, daß sie zusätzlich zu den Anteilen an ihrer operativen Gesellschaft, auch noch Anteile an einer bereits etablierten operativen Einheit beziehen. Bei mehr als 8 Unternehmern wäre das Gesellschaftsmodell analog fortzusetzen.

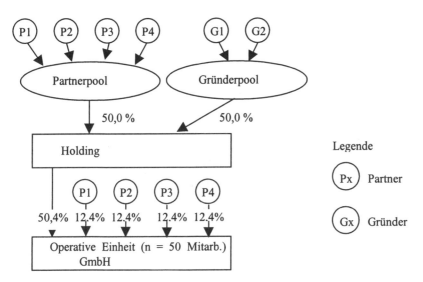

Dieser Effekt war es, der den eigentlichen Nutzen dieser Unternehmenskonstruktion ausmachte. Mit dem Partnerpool war die gemeinsame Klammer um die Unternehmer geschaffen. Jeder Unternehmer hätte in einer solchen Gesellschaft Interesse, sowohl den Erfolg seiner eigenen operativen Einheit im Auge zu behalten, als auch für das Wohlergehen von Unternehmern anderer operativer Einheiten zu sorgen, da ein wesentlicher Anteil des wirtschaftlichen Erfolges indirekt auch ihn als Mitglied des Partnerpools treffen würde. Jeder neu hinzukommende Unternehmer würde in ein Netzwerk einsteigen, daß neben seinem eigenem unternehmerischen Engagement auch die Möglichkeit bietet, an dem bereits aufgebauten zu partizipieren. Zeitgleich erhöhten sich für die bestehenden Unternehmer die Chancen an neuen Ideen und Geschäftsmöglichkeiten teilzuhaben durch den Einstieg neuer Unternehmer. Mit dieser Idee war das Unternehmermodell, welches später einmal die Basis für den „Silicon Valley Spirit" darstellte, in groben Zügen entworfen. Die Sonne ging auf und der nächste Tag brach an.

Am Sonntag wurde die geplante Unternehmensstruktur auf dem Dachboden der Familie Lüdke intensiv diskutiert. Würden nicht zu viele Anteile am Unternehmen in fremde Hände gegeben? Wird das beabsichtigte Gebilde führbar sein? Welche Einschränkungen im Wachstum sind zu erwarten?

Nach vielem Für und Wider, war man sich einig, daß diese Organisation einige der Stärken eines großen Informationstechnologieanbieters wie der IBM mit dem Charme überschaubarer Teams verband. Aus „Big Blue" wurde „small blue" [1].

Weiterhin einigten sich Ingo Lüdke und Peter Rasenberger, daß sie sich die Anteile an der Holding teilen wollten, solange noch keine weiteren Unternehmer gefunden wären. Der Gründerpool sollte auf Dauer durch sie beide zu gleichen Teilen gehalten werden, um ein stabilisierendes Element im Aufbau des Unternehmens zu bilden. Diese Partnerschaft zu gleichen Teilen unterstrich ohne Zweifel die Ernsthaftigkeit, mit der Ingo Lüdke - mit dem Erfahrungshintergrund einer jahrelangen IBM-Karriere- die Vorstellung von „Jung und Erfahren" mit einem Hochschulabsolventen umsetzen wollte. Bis heute ist dieses erfahrbar als gelebter Teil der Unternehmenskultur. Allerorts wirken heute bei compartner junge Unternehmer mit erfahrenen reifen Führungskräften zusammen. Vereinzelt folgten auch akquirierte Unternehmen und Gesellschaften im Umfeld von compartner diesem Vorbild, in dem sie ihre Führungsteams im Sinne von „jung und erfahren" ergänzen. Nun aber zurück zu unseren Gründern, die sich damals auf dem Dachboden bei einer Tasse Kaffee – der nach dieser Nacht ganz sicher auch nötig war - wohl nicht bewußt waren, wie weitreichend die Konsequenzen ihrer Ideen waren.

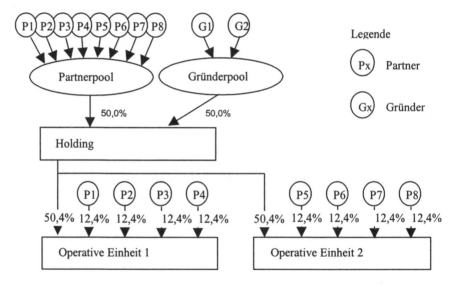

„Wir könnten zu günstigeren Konditionen anbieten als der Wettbewerb" führte Ingo Lüdke aus. Die erfahrenen Kollegen würden von IBM eine Pension bekommen, die es ihnen ermöglicht auch für einige Zeit zu geringeren Gehältern zu arbeiten. Die

---

[1] In den frühen Jahren der IBM hatte die Unternehmung den weit verbreiteten Spitznamen „Big Blue", eine Anspielung auf die Macht der IBM und der stets tiefblauen Anzugsfarbe der IBM-Mitarbeiter. Die Bezeichnung „small blue" war der Projektname für die compartner Gründung in Anspielung auf die IBM-Vergangenheit vieler Mitstreiter in den Gründungstagen des Unternehmens. Als Unternehmensname wurde bei Gründung „compartner" gewählt, eine Verbindung aus „com" für computer, company, complexität, communication, dot-com und „partner" für die Partnerschaft aus Jung und Erfahren. Die Kleinschrift ist die letzte Erinnerung an den Namen „small blue" und repräsentiert den Start-Up-Gedanken.

Attraktivität der Tätigkeit müßte in den Aufgaben und in der Zusammenarbeit mit jungen Technologieexperten liegen. Die jungen Kollegen wiederum, würden als Hochschulabsolventen ebenfalls nicht in hohen Gehaltsklassen liegen und könnten über die Möglichkeit interessiert werden, vom ersten Tag an mit den besten der Branche zusammen zu arbeiten mit Leuten, die vorher drei bis vier Hierarchiestufen höher als die Einsteiger angesiedelt waren. „Wir bieten ein breiteres Spektrum der Möglichkeiten als mittelständische Systemhäuser, wenn wir Know-how in Großrechnertechnologie und Programmiersprachen wie Fortran und Cobol mit den PC- und Pascal/C++ Kenntnissen der Hochschulabsolventen verbinden. Das kann doch keiner!", begeisterte sich Peter Rasenberger. Motivierte Menschen, Unternehmertum auf allen Ebenen, geringe Kosten, breites Leistungsspektrum, praxiserprobtes Wissen und jugendlicher Innovationsgeist waren als Eckpfeiler eines immer noch recht unscharfen Konzeptes ausgemacht. Wie wollte man aber die Realitätsdichte dieser Vorstellungen prüfen?

Aus heutiger Sicht ist es schwierig vorzustellen, daß zu keinem Zeitpunkt erwogen wurde, einen Business Plan zu schreiben. Es geschah wirklich nicht. Vielmehr verabredete man sich, möglichst schnell diese Ideen potentiellen Kunden vor dem eigenen Unternehmensstart darzustellen, um Kunden aktiv in die Gestaltung der Unternehmensidee einzubinden. Gleichzeitig wollte man die Attraktivität für zukünftige Mitarbeiter herausfinden, indem man einen Workshop mit ehemaligen Mitarbeitern der IBM und Hochschulabsolventen durchführte, der Umsetzungsmöglichkeiten für das Konzept erarbeiten sollte. Prompt war beschlossen, daß auf wenigen Charts das Konzept in seinen Grundzügen dargestellt und bei diesem Workshop präsentiert werden soll. Damit waren die Aufgaben für die nächsten Tage klar: Kontakt zu potentiellen Kunden herstellen und den Workshop für potentielle Mitarbeiter vorbereiten.

Am 30. April 1994 war es soweit. Vierzehn potentielle Mitstreiter folgten der telefonischen Einladung zum Workshop „small blue AG". Zehn ehemalige Mitarbeiter der IBM, ein aktiver Mitarbeiter des gleichen Unternehmens und drei Hochschulabsolventen aus den Fachrichtungen Betriebswirtschaftslehre und Wirtschaftsinformatik der privaten Hochschulen EUROPEAN BUSINESS SCHOOL, Oestrich-Winkel und der WHU, Koblenz fanden sich in einem Konferenzraum eines Hotels in Kaarst ein. Herr M., der früher einmal für die IBM als Moderator und Führungskräftetrainer tätig war, übernahm die Gestaltung des Tages. Zunächst stellten sich alle Teilnehmer vor, von denen sich einige aus vergangenen Tätigkeiten bereits kannten. Ingo Lüdke stellte den ersten Entwurf des Unternehmenskonzeptes vor und eine eifrige Diskussion entstand, wie das Vorgetragene am schnellsten umgesetzt werden könne. Aufmerksame Beobachter der Szene hätten sicherlich bemerkt, daß viele zeitgleich noch mit sich selbst rangen, ob das dort Diskutierte für sie selbst eine Perspektive sei. Wieviel Einsatz für die Frühpensionierten denn nötig sei, um das Geplante „zum Fliegen zu bekommen", war eine der aufkommenden Fragen. Die Rückfrage, welchen Arbeitseinsatz sich jeder einzelne Vorstellen könne, wurde von den Erfahrenen zumeist mit einer Erwartung von 1,5 bis 3 Tagen Aufwand pro Kopf beantwortet. Eine Vorstellung, die kräftig in der kommenden Zeit nach oben revidiert werden sollte.

Zwei Themen beherrschten den Nachmittag. Zum einen, welche Fähigkeiten im Team vorhanden sei und zum anderen, welche Kunden diese Fähigkeiten wohl nachfragen könnten. Beides wurde mit Moderationskarten abgefragt und an eine Metaplan-Wand geheftet. Schnell fand sich ein weit gestreutes Portfolio aus Computerkenntnissen, darunter jene im Umgang mit AS/400, MVS, VM/VSE, UNIX/AIX, Novell Netware,

Windows, DOS, SNA, OSI, TCP/IP, SQL, etc.. Ferner traute man sich gute Kenntnisse im Aufbau Vertrieb, Beratung, Personalentwicklung und Weiterbildung zu.

Auf der Seite der Kundenkontakte fanden sich VEW, RWE, sowie weitere Energieversorger, DEKRA, NUR, Raab Karcher sowie diverse Landesministerien, kommunale Verwaltungen und Rechenzentren.

Gegen Ende des Workshops teilte Peter Rasenberger einen vorbereiteten Fragebogen mit der Aufforderung zur Rücksendung in den nächsten Tagen aus. Neben der aktuellen Kontaktadresse wurden die vorhandenen Kenntnisse der Informatik detaillierter abgefragt. Man vereinbarte, daß jeder ehemaliger Mitarbeiter der IBM fünf weitere Kollegen ansprechen und potentielle Kundenprojekte ausloten sollte. Jeder Hochschul-absolvent sollte fünf weitere „Computerfreaks" finden. Wissensgebiete, die man als unterbesetzt wähnte, wurden von einzelnen Workshop-Teilnehmern persönlich übernommen, mit dem Auftrag, gezielt Wissensträger in diesem Bereich anzusprechen.

Schließlich verabredete man sich für ein weiteres Treffen im Juni, an dem verstärkt Hochschulabsolventen teilnehmen sollten. Die Verabschiedung der Teilnehmer dauerte länger. Jeder wollte noch einen Gedanken einbringen. Die Aufbruchstimmung schien weniger mit dem Verlassen des Hotels in Verbindung zu stehen, als mit dem gemeinsamen Wunsch, die Idee möglichst schnell zu konkretisieren. Die Evolution des Konzeptes fand nun in vielen Köpfen statt.

Vor der Gründung des Unternehmens sollten einige der beim Workshop ermittelten Zielkunden besucht werden. Dabei stand jedoch nicht ein konkretes zukünftiges Leistungsspektrum im Mittelpunkt des Angebotes. Vielmehr wurden Termine vereinbart, ohne das auch nur im geringsten klar war, welche Leistungen den Zielkunden offeriert werden sollen. Offensichtlich bedurfte dieses Unterfangen einer etwas anderen Vorgehensweise als klassischer Vertrieb. Während man sicherlich große Mengen von Zeit darauf hätte verwenden können, Marktstudien auszuwerten, konkrete Leistungsangebote für Kunden zu entwickeln, eine Marketingstrategie zu entwerfen und einen Vertrieb für verschiedene Kundenarten aufzubauen, sollte ein anderer Ansatz gewählt werden.

Bei einem ersten Anruf wurde potentiellen Kunden erzählt, daß man sich in der Gründung einer Unternehmung befände, die Leistungen im Umfeld der Informations-technologie anbieten würde. Man würde sich an den Angerufenen wenden, da man sich erhoffe, daß dieser helfen könne, die Idee zu evaluieren und durch seine Zeit und Rat die Gründer zu unterstützen. Auch wenn nur zehn Minuten Zeit wären, so sei dieses ganz sicher schon vom großen Wert. Auch wenn dieses Anliegen wohl eher ungewöhnlich für die heutigen Kunden der compartner geklungen haben muß – vielleicht auch *weil* diese Vorgehensweise ungewöhnlich war – wurde diese Bitte von keinem Kunden abgelehnt.

Wenige Tage später befanden sich Ingo Lüdke und Peter Rasenberger auf einer Besuchstour zu potentiellen Kunden. Dabei wurde die Unternehmensidee in ihrem jeweiligen Tagesstand kurz berichtet. Schwerpunkte waren die Themen „Jung und Erfahren" und „Getrenntes zusammen zudenken". Wie erhofft, war keiner dieser Termine nach zehn Minuten beendet. Vielmehr gelang es, die Idee so plastisch darzustellen, daß einzelne Kunden begannen, das Konzept „small blue" weiter zu entwickeln. „Jung und Erfahren erinnert mich daran, daß unser Rechenzentrumsleiter bald in Pension geht und die Übergabe seiner Aufgaben an jüngere Kollegen kaum möglich ist, da diese ganz andere Dinge im Studium gelernt haben. Die sprechen nicht die gleiche Sprache!" hörte man den einen sagen, „Ich habe mich auch schon immer gefragt, wie wir unsere alten Großrechner mit den neuen dezentralen Anwendungen auf Arbeitsplatzrechnern verbinden. Das scheitete bisher schon daran, daß ich nur Leute finde, die entweder die zentrale Rechnerwelt oder die PCs kennen. Keiner sagt mir, wie das nun konkret gehen soll, daß wir das beste aus beiden Welten kombinieren." führte ein anderer Kunde aus.

Von Kundenbesuch zu Kundenbesuch variierten Ingo Lüdke und Peter Rasenberger die Unternehmensidee in den Details, in Abhängigkeit dessen, was in den vorausgegangenen Gesprächen hinzu gelernt wurde. Das Konzept des Unternehmens und auch das Leistungsspektrum wurde – zumindest in seinen spezifischen Ausprägungen – gemeinsam mit dem Kunden entwickelt. Schließlich wurde den Kunden, die sich für die Idee am meisten begeistern konnten, die entscheidende Frage gestellt: „Wenn wir morgen das Unternehmen gründen würden, würden Sie uns einen Auftrag für die ersten 14 Tage geben?". Im Mai 1994 lautete die Antwort der ersten Kunden: „Ja!". Dieses ist rückwirkend betrachtet um so verblüffender, da tatsächlich den Kunden nicht der Eindruck vermittelt wurde, man würde das Angebotene auch auf jeden Fall leisten können. Zu jedem Zeitpunkt war klar, daß compartner ganz am Anfang stand – ja nicht einmal gegründet war – und man nur versprechen konnte, sich mit allen Kräften redlich zu bemühen, daß das Urteil des Kunden nach vierzehn Tagen die Fortsetzung der Projekte erlauben würde.

Ende Mai war klar, daß sich das „Huhn und Ei Problem" zwischen „den ersten Kunden zu haben" und „eine anbietbare Leistung zu entwickeln" lösen ließ. compartner konnte am ersten Tag „break even" sein. Zahlende Kunden waren die Basis des Unternehmensaufbaus. Der Motor des Erfolges sei, sich zu bemühen, nie einen Kunden zu verlieren, die Kundenerwartungen zu übertreffen und damit die Referenzen für die nächsten Projekte zu schaffen, meinte Ingo Lüdke. Er hatte damit recht. Auch fünf Jahre später waren die Gründungskunden von compartner aktive Kundenaccounts. Der gesamte Unternehmensaufbau ließ sich aus laufenden Erträge finanzieren.

Am 01.07.1994 wurde der compartner Gesellschaftsvertrag vor einem Düsseldorfer Notar geschlossen. Das junge Unternehmen zog mit einer Ikea-Platte, zwei Regie-Stühlen[1] und einem Funktelefon in sein Büro auf der Königsallee 98 in Düsseldorf ein. Fünfeinhalb Jahre später beherbergt die Königsallee 98 die compartner Unternehmens-beratung Aktiengesellschaft, ein Unternehmen mit über 140 Mitarbeitern und 30 Millionen Euro Umsatz im Jahr 2000, finanziert aus ihrem Startkapital von 12.500,00 Euro und gewachsen aus den Ideen einer kleinen Gruppe von Menschen.

---

[1] Zusammen ca. Euro 90,00 inklusiv MwSt. für die Büroausstattung

3. Fragen

1. Welche Bedeutung hatte die Definition von Produkten und Kernkompetenzen für den Aufbau der Unternehmensberatung?

2. Welchen Beitrag lieferte das „Jung & Erfahren"-Konzept zum Gründungs-/Unternehmenserfolg?

3. Wie ist die Ausrichtung der Gründung auf konkrete Einzelkunden-interessen zu beurteilen?

4. Wäre die Beschaffung von Venture Capital im Rahmen der Gründung sinnvoll gewesen?

5. Basierte der Gründungserfolg auf einer einmaligen Marktsituation oder sind die aufgezeigten Handlungsmuster der Gründer auf andere Gründungssituation übertragbar?

4. Literaturhinweise

Gary Hamel, C.K. Prahalad: Wettlauf um die Zukunft, Wien, 1995

Gary Hamel: Bringing Silicon Valley Inside, Harvard Business Review, September-October 1999

Lebenszyklen der Unternehmensneugründung – Vom strategischen Management zum Unternehmertum

Fallbeispiel der Firma Dr. Schär GmbH

Hans H. Hinterhuber, Kurt Matzler und *Harald Pechlaner*[1]

1. Lernziele 157

2. Einführung 157

3. Firmengeschichte 158

4. Gründer- und Unternehmerpersönlichkeit 164

5. Das Unternehmen heute 166

    5.1. Organisation 167

    5.2. Produkte und Märkte 167

    5.3. Wettbewerb 169

6. Zusammenfassung: Probleme und Perspektiven 169

7. Fragestellung und Lösungshinweise 172

8. Literaturhinweise 172

[1] Univ.-Prof. Dipl.-Ing. Dr. Hans H. Hinterhuber ist Vorstand des Instituts für Unternehmensführung, Tourismus und Dienstleistungswirtschaft der Universität Innsbruck und Professor für Internationales Management an der Wirtschaftsuniversität L. Bocconi in Mailand; Dr. Kurt Matzler und Dr. Harald Pechlaner sind wissenschaftliche Mitarbeiter am Institut für Unternehmensführung, Tourismus und Dienstleistungswirtschaft der Universität Innsbruck.

1. Lehrziele

- Vermittlung der Bedeutung von unternehmerischen Entscheidungen
- Auswirkungen von strategischen Entscheidungen und ihre Konsequenzen auf ein Unternehmen
- Erkennen der unterschiedlichen Lebenszyklen von Unternehmungen unter besonderer Berücksichtigung von Innovationen
- Unternehmensgründungen erfordern vor allem Leadership- und in zweiter Linie Managementfähigkeiten

2. Einführung

Die Fallstudie geht von der Grundannahme aus, dass ein Unternehmen im Laufe seiner Entwicklung und Expansion gerade im Hinblick auf die Produktinnovation Phasen der Neuorientierung durchmacht, welche abgesehen von gesellschaftsrechtlichen Änderungen gerade im Bereich des Managements immer wieder Neugründungsphasen einleiten und in der Konsequenz eine neue Ausrichtung im strategischen Denken und Handeln erfordern. Die Fallstudie ist ein Beispiel für den erfolgreichen Neuaufbau von bestehenden Unternehmen als Sonderform der Unternehmensgründung (Jenewein/Dinger, 1998). Eine vertiefende Grundannahme der Fallstudie liegt im Zusammenhang zwischen dem Innovationsverhalten eines Unternehmens und den strategischen Neuorientierungen durch Unternehmer und Führungskräfte: Die unterschiedlichen Zyklen von Prozess- und Produktinnovation erfordern die Ausrichtung der Unternehmensführung nach diesen Zyklen und die bewusste Einleitung von Innovationszyklen. Dies erfordert einerseits Fähigkeiten des strategischen Managements, die sich mit dem kreativen Lösen von Problemen und den Methoden zur Optimierung des Bestehenden auseinandersetzen, andererseits aber gerade die Fähigkeit, weitsichtige Neuorientierungen und somit Neugründungen vorzubereiten. Der Unterschied zwischen Management und Leadership liegt im Zeithorizont der Verantwortung des Unternehmers: Management bedeutet Arbeit innerhalb eines Systems, Leadership bedeutet die Schaffung eines neuen Paradigmas.

Ein Unternehmer, welcher innerhalb von 20 Jahren als Einzelhandelskaufmann im Drogeriebereich einen Grosshandelsbetrieb für Drogerieprodukte aufbaut, in einer weiteren Phase selbst in die zuerst "handwerkliche" Produktion von Produkten für die gesunde Ernährung einsteigt, um mit Hilfe von Produktinnovationen eine industrielle Produktion von glutenfreien Diätprodukten aufzubauen und dabei zum führenden Unternehmen in Europa mutiert, dieser Unternehmer verbindet Leadership mit dem Entdecken neuer Möglichkeiten, verbunden mit der Fähigkeit, diese umzusetzen und dabei mit bestehenden Paradigmen der Unternehmensführung und des bestehenden

Wettbewerbs zu brechen. Dieser Unternehmer hat in allen Phasen der Expansion immer wieder einen Bruch mit seinem unternehmerischen Erfolg bewusst herbeigeführt und dabei die Veränderung stets dominiert, er hat weit über das operationelle Denken und Handeln hinaus bewiesen, dass unternehmerischer Erfolg letztlich mit dem aussergewöhnlichen Wunsch nach neuen Start- und Wachstumsphasen verbunden ist.

Das Unternehmen "Dr. Schär" in Burgstall/Südtirol geniesst in Europa einen hervorragenden Ruf als führender Spezialist für hochwertige glutenfreie Nahrungsmittel. Das Hauptanliegen des Unternehmens ist die Entwicklung und Herstellung vollständig gluten- und weizenfreier Lebensmittel, die für das tägliche Leben eines Zöliakie-Betroffenen so wichtig sind. Das Unternehmen versteht seinen Auftrag in der "Schaffung von Problemlösungen für Menschen, welche auf spezielle Ernährung angewiesen sind".

Die Fallstudie Schär zeigt in besonderer Weise die Zyklen der Unternehmensneu-gründung aus der Perspektive der unternehmerisch geprägten Führung unter besonderer Berücksichtigung des Innovationsverhaltens auf, wobei die Unterschiede zwischen der strategischen Führung des Unternehmens Schär während der Wachstumsphasen und dem für die Einleitung von Startphasen so notwendigen Leadership im besonderen betrachtet werden. Erfolgreiche Unternehmensgründungen weisen sich dadurch aus, dass der Unternehmer als Visionär von Anfang an die Richtung angibt und als Vorbild in klarer Weise den Sinn des unternehmerischen Handelns zu vermitteln mag – nämlich mit Hilfe der Strategien und der Organisation den Unternehmenswert zu steigern, am besten durch echte Brüche in der Reifephase des Erfolgs.

3. Firmengeschichte

Nach dem ersten Weltkrieg war die Qualität der Lebensmittel denkbar schlecht. Besonders auf dem Gebiet der Säuglings- und Kleinkinderernährung war man immer noch am Experimentieren und wusste nicht in ausreichendem Masse, wie man die große Säuglingssterblichkeit und die Kinderkrankheiten in Griff bekommen könnte.

Dr. Schär war ein Kinderarzt in Innsbruck - einer der ersten in Europa, der das Problem der falschen Kinderernährung richtig erkannte. Zusammen mit seinem Schwager Gottfried Untertrifaller, Mühlenbesitzer in Bozen, arbeitete er an einer Serie von Produkten, die Abhilfe schaffen sollte. Es ging darum, in rascher Reihenfolge Nahrungsmittel für Kleinkinder und Kranke hygienisch einwandfrei zu produzieren und haltbar zu machen. Kindergries, Haferflocken, Tapioka und Reisschleim wurden hergestellt - Produkte, die heute selbstverständlich im Handel sind, damals aber eine Neuheit darstellten. Die Rohstoffe wurden sorgfältig ausgewählt und nach dem Verpackungsvorgang sterilisiert. Nur so konnte die nötige Hygiene und eine gleichbleibende Qualität garantiert werden.

Die Leitung der Firma übernahm damals Gottfried Untertrifaller, der die Produkte auch außerhalb des Nord- und Südtiroler Raumes vertrieb. Dann kam der zweite Weltkrieg, und große Marktanteile gingen in den 60iger Jahren verloren; übriggeblieben ist der alte Name der Firma Dr. Schär und Südtirol als Einzugsgebiet. Frau Kessler-Untertrifaller führte die Firma bis zum Jahre 1979 weiter. 1980 kam dann die entscheidende Wende -

der Meraner Kaufmann Ulrich Ladurner übernahm die Firmenrechte und den traditionsreichen Namen.

Aber lassen wir den Unternehmer und geschäftsführenden Gesellschafter des Unternehmens Dr. Schär GmbH., Ulrich Ladurner, selbst zu Wort kommen und die Firmengeschichte Revue passieren.

„Mein Grossvater und in der Folge auch mein Vater hatten eine Reihe von Betrieben im Einzelhandelsbereich aufgebaut und mir mit 23 Jahren die Führung einer gut eingeführten Drogerie in Meran übertragen, die ich in den folgenden Jahren weiter ausbauen konnte. Ein wesentlicher Bereich innerhalb der Drogerie war die Reformabteilung, ein Bereich, der für die Gründung des Unternehmens Dr. Schär noch von entscheidender Bedeutung werden sollte, weil sich daraus der spätere Grosshandelsbereich aufbauen liess. Gesunde Ernährung wurde mehr und mehr zu einer marktrelevanten Bewegung, die ein entsprechendes Potential im Grosshandelsbereich vermuten liess. Mein Hauptmotiv für die Überlegung, in den Grosshandel einzusteigen, war eine gewisse „Langeweile", die sich mit der Zeit in der Führung der Drogerie einstellte. Ich war zu jung, um mich mit der Führung eines Einzelhandelsunternehmens zu begnügen. Ich hatte zu diesem Zeitpunkt eigentlich weniger eine Vision, an welcher ich mich orientieren konnte, sondern war eher getrieben vom Traum, ein erfolgreiches Unternehmen in der Grössenordnung von etwa 50 Personen aufzubauen. Dies glaubte ich, mit der Etablierung eines Grosshandelsunternehmens realisieren zu können.

Im Sommer 1979 hatte ich die ersten Kontakte mit Frau Kessler-Untertrifaller, der Eigentümerin der Firma Untertrifaller/Schär. Mein Ziel war es, den Namen „Dr. Schär" als Markennamen zu übernehmen und Markenprodukte für gesunde Ernährung zu vertreiben. Frau Kessler, eine Dame von 80 Jahren, war sehr erfreut, dass die Schär-Tradition auf diesem Wege weiterleben konnte. Wir einigten uns auf einen Kaufpreis von etwa 4000 Euro. Um diesen Betrag wurden die Rechte des Markennamens und alte, vollkommen wertlose Maschinen im Verpackungsbereich übernommen. Im Dezember 1979 kam es zur Unterzeichnung des Vertrages. Das Startkapital der gegründeten Dr. Schär GmbH betrug 10.300 Euro.

Im Januar 1980 ging es los mit dem Projekt, im Rahmen der Grosshandelsaktivitäten eine neue Produktlinie zu schaffen. Der erste Schritt war nun der, einen tüchtigen Mitarbeiter zu finden, welchen ich in Richard Stampfl bald fand und der sofort bereit war mitzumachen. Im Büro der Drogerie A. Ladurner in Meran hatten Herr Stampfl und ich eine Wand mit Packpapier verklebt, auf der wir alle einzelnen Schritte, die wir vorhatten, aufzeichneten. Einem Graphiker wurde die Aufgabe übertragen, für das Grundsortiment die Verpackungen zu entwerfen. Das Sortiment setzte sich damals aus folgenden Produkten zusammen: Müsli, Haferflocken, Weizenkleie, Leinsamen, Bierhefe, Obstessig und Weizenkeime. Die erste, noch sehr einfache Verpackungsmaschine wurde gekauft, wobei wir die Rohstoffe für das Sortiment damals als Sackware ausschliesslich aus Deutschland bezogen. Im Juni 1980, ein halbes Jahr war noch nicht verstrichen, waren wir für den Verkauf startbereit. Ich habe damals selbst zahlreiche Drogerien und eine große Anzahl von Apotheken besucht und es gelang mir auf Anhieb, in Südtirol 50 Kunden zu gewinnen. Damit waren wir für das erste Jahr sehr zufrieden.

1981 planten wir, die Verkaufsaktivitäten auf den gesamtitalienischen Markt auszudehnen. Wir waren uns darüber einig, dass wir dieses Vorhaben mit einem etwas breiteren Sortiment versuchen sollten, um die Akzeptanz beim Handel zu erhöhen und das Risiko zu streuen. Zu diesem Zweck übernahmen wir Vertretungen deutscher Hersteller für den italienischen Markt.

Unsere wichtigsten Produkte im Grosshandelsbereich umfassten damals ein Sortiment Lebensmittel aus biologisch-dynamischem Anbau, erstmals verpackt unter der Marke „Dr. Schär", weiters Produkte der Firma Flügge und das „Frauengold", ein Kräutertonikum für die Frau. Über 1.000 Diät- und Kräutergeschäfte luden wir damals mittels eines Mailings ein, uns auf der HERBORA in Verona zu besuchen. Der Erfolg dieser Aktion war mässig. Wir hatten in diesem spezifischen Fall die Wichtigkeit einer Aussendienstorganisation zur Besetzung des Marktes völlig unterschätzt. Die Firma Dr. Schär GmbH verzeichnete im Jahre 1981 bei einem Umsatz von 155.000 Euro einen Verlust von 31.000 Euro, eine erschreckend hohe Zahl.

Im Jahre 1982 versuchten wir Außendienstmitarbeiter, die auf Provisionsbasis arbeiteten, aufzunehmen. Ich kann mich heute noch über die vielen Probleme, die wir mit diesen Mitarbeitern hatten, ärgern. Ihre Motivation war gleich null, weil sie als freiberufliche Handelsreisende zumeist verschiedenste Produkte von unterschiedlichen Firmen im Sortiment hatten und sich kaum mit einem Unternehmen in besonderer Weise identifizierten.

Im Frühjahr 1982 wurde ich eingeladen, in einer Sendung zum Thema Gesundheit bei einer privaten Südtiroler Fernsehanstalt mitzuwirken und diese zu sponsern. Der Studiogast, der Arzt Dr. Pittschieler, berichtete über Zöliakie, und meine Aufgabe bestand darin aufzuzeigen, welche Produkte für die glutenfreie Diät der Zöliakiepatienten geeignet sind. Ich hatte damals nur wenig Zeit zur Verfügung, mich in das Thema einzulesen und auf die Fernsehsendung vorzubereiten. Trotzdem war ich sofort von der Vorstellung fasziniert, die Aktivitäten der Firma Schär in diese Richtung zu lenken. Wesentliche Triebfeder dafür waren zum einen die endlosen Diskussionen und immer wieder neuen Philosophien im Bereich der alternativen Ernährung, wo es – wie man rückwirkend sehen kann – wenigen Unternehmen gelungen ist, diese Philosophien auch in industrielle Grössenordnungen umzusetzen. So gesehen war bei mir eine grosse Unzufriedenheit und Enttäuschung mit dem bisher Erreichten vorhanden. Dies war wohl das Hauptmotiv für meine Suche nach Erfolg. Nach dieser Fernsehdiskussion hatte ich plötzlich das sichere Gefühl und die feste Überzeugung, etwas gefunden zu haben, das eine Garantie für zukünftigen Erfolg bedeuten konnte. Auch war die Ängstlichkeit weg, die mich letztlich daran hinderte, weiterhin ein hohes (finanzielles) Risiko im bestehenden Geschäftsfeld einzugehen. Das sichere Gefühl um den potentiellen Erfolg in diesem spezifischen Geschäftsfeld war der Traum, die vorstellbare Konkretisierung dieses Traumes war bereits die Basis für die Vision. Glücklich sein bedeutet für einen Unternehmer in einer solchen Gründungsphase wohl die Gewissheit, das Wellental der „Angst vor dem Misserfolg" zugunsten des Erfolges zu verlassen. Hier wurde von mir ein bewusster Schnitt zur bisherigen Geschichte des Unternehmens eingeleitet, weil von nun an eine neue Vision bestimmend war für die vielen täglichen Entscheidungen im Zusammenhang mit Produkten und Märkten. Zwar konzentrierten wir uns vorerst noch auf den Grosshandel von glutenfreien Produkten, aber der Schritt zur Produktion war nicht mehr weit.

An dieser Stelle ist ein kurzer Abriss über Zöliakie notwendig. Es handelt sich dabei um eine Intoleranz gegenüber Gluten. Gluten ist ein Sammelbegriff für bestimmte Proteine in den Getreidesorten Weizen, Roggen, Gerste und Hafer. Gluten verursachen beim Zöliakie-Betroffenen Schäden im Bereich der Darmschleimhaut, weil in diesem Fall die

Abwehrkräfte des Immunsystems gegen den eigenen Verdauungsapparat wirken. Gewichtsverlust und Kraftlosigkeit sind die am häufigsten auftretenden Symptome, wenn keine rechtzeitige Diagnose stattfindet, kommt es zu Unterernährung, die in extremen Fällen zum Tode führt. Die Konsequenz besteht für den Zöliakie-Betroffenen in einem strengen Verzicht auf Lebensmittel, die Weizen, Gerste, Hafer oder Roggen enthalten. Die Diagnose ist auch heute nicht einfach, weil ein gleichzeitiges Auftreten der vielen möglichen Symptome selten ist. Und zu Beginn der 80er Jahre stand die Forschung dieses Bereiches noch in den Kinderschuhen.

Ich nahm Kontakt zur Firma Hammermühle auf, die seinerzeit führend im Bereich von glutenfreien Diätprodukten war, da ich den Import dieser Produkte nach Italien in Erwägung zog. Dr. Pittschieler vermittelte mich an Prof. Mastella, einem der Wissenschafter im Bereich Zöliakie in Italien, der sofort erkannte, dass diese Produkte äusserst wichtig für Zöliakiepatienten sind. Deshalb bot er sich an, uns eine Liste mit allen wichtigen Ärzten, die sich mit Zöliakie befassten, zukommen zu lassen. Wir haben diese Ärzte in der Folge angeschrieben, ihnen Muster zur Verfügung gestellt und sie gebeten, uns wichtige Apotheken zu nennen, die das Sortiment aufnehmen könnten. Erstaunlich viele Ärzte waren uns damals behilflich, so dass es uns innerhalb von wenigen Monaten gelang, in allen großen Städten Italiens Verkaufspunkte für die glutenfreien Produkte der Firma Hammermühle zu akquirierèn. Von entscheidender Wichtigkeit waren schon damals die Kontakte zu den italienischen Zöliakiegesellschaften, wobei deren Zeitschrift „Celiachie Notizie" das ideale Werbemedium für unsere Produkte darstellte. Im Jahre 1982 konnten wir einen Umsatz von 82.600 Euro verbuchen; das Geschäftsjahr wurde noch mit einem Verlust abgeschlossen.

1983 gelang der Firma Dr. Schär GmbH endlich der Durchbruch zum ersten Erfolg im Grosshandelsbereich. Noch 1982 wurden die ersten glutenfreien Diätprodukte der Marke „Hammermühle" auf den italienischen Markt gebracht und in enger Zusammenarbeit mit Ärzten und Zöliakievereinigungen nach und nach zu einer vollständigen Produktlinie ausgebaut. Die Nachfrage nach den glutenfreien Produkten von seiten der Konsumenten hatte zur Folge, dass zahlreiche Apotheken bald zu unseren Kunden zählten und dass der Bereich der glutenfreien Produkte alsbald der erfolgreichste innerhalb des gesamtes Sortiments war. In diesem Jahr waren wir erstmals auf der Apothekermesse EXPOPHARM vertreten. Die Tatsache, dass wir damals ohne vorgeschriebene Registrierung unsere Produkte verkauften, stellte eines unserer grössten Probleme dar. Damit liefen wir grosse Gefahr, dass die Produkte jederzeit beanstandet werden konnten. Den Grund für diesen Zustand sehe ich zurückblickend in der lähmenden (psychologischen) Barriere, die wir als kleines Unternehmen gegenüber dem zuständigen Ministerium in Rom hatten. Zu dieser Zeit lernte ich Prof. Turchetto aus Bologna kennen. Prof. Turchetto war Mitglied einer Kommission in Rom, deren Aufgabe darin bestand, Diätprodukte zu begutachten, um diese für die anschliessende Registrierung freizugeben. Prof. Turchetto hat mir damals alle einzelnen Schritte erklärt, die nötig waren, um diese bürokratische Hürde zu nehmen. Wir haben daraufhin die Gesuche für alle wichtigen Produkte eingereicht.

Im Januar 1984 erhielten wir die ersten Genehmigungen für unsere Produkte, wobei wir sicher von Glück sprechen können, dass bis zu diesem Zeitpunkt keine Beanstandungen eingelangt waren. Ende 1984 waren die Finanzen der Firma Dr. Schär wieder in Ordnung, Verluste aus den vergangenen Jahren waren abgedeckt, so dass wir es wagen konnten, ein neues Firmengebäude zu errichten. Im neuen Firmengebäude wurde eine kleine Bäckerei eingerichtet, in der wir nun glutenfreie Produkte erstmals selbst herstellen konnten.

Im Jahre 1985 strukturierte die Firma ihre internen Aufgaben neu. Verkauf, Produktion, Verwaltung und Verkauf waren die neuen funktionalen Bereiche des Unternehmens mit eigenen Verantwortlichen. In diesem Jahr wurden nicht nur Backwaren, sondern zusätzlich auch Teigwaren entwickelt. Die Teigwaren liessen wir damals in einem Unternehmen in Oberitalien herstellen, während das Unternehmen Dr. Schär noch in der handwerklichen Produktion tätig war. Diese bestand in einer Abfüllanlage und einer kleinen Bäckerei.

In diesen Jahren waren wir vor allem darauf konzentriert, unsere Marktposition in Italien im Bereich der glutenfreien Produkte zu verbessern. Viele Neuentwicklungen wurden auf dem Markt präsentiert und die Qualität der Produkte konnte entscheidend verbessert werden. Mit unseren Neuentwicklungen und der eigenen Produktion konnten wir den speziellen Anforderungen der italienischen Konsumenten gerecht werden. Wir waren bei allen Zöliakie-Treffen präsent, haben interessantes Prospektmaterial geschaffen und vor allem einen Telefonberatungsservice aufgebaut.

Nachdem bereits 1988 unser Betrieb aus allen Nähten platzte, war eine Vergrösserung des Betriebes unumgänglich geworden. Bereits Ende 1989 stand uns eine moderne Produktionsanlage zur Verfügung, durch die wir in der Lage waren, ein wesentlich besseres, aber auch vielfältigeres Produktsortiment zu produzieren. Dies war dann der erste Schritt in die industrielle Produktion, der vielleicht schwierigste Schritt im Rahmen der Gesamtentwicklung des Unternehmens, weil damit eine radikale Änderung der Unternehmenskultur verbunden ist. Die Brüche von der Einzelhandels- zur Grosshandelsaktivität, vom Grosshandel zur handwerklichen Produktion, und von letzterer schlussendlich zur industriellen Produktion, waren zusammenfassend geprägt von der unternehmerischen Entscheidung, ein hohes Risiko einzugehen. Rückwirkend kann stets von einer radikalen Wende in der Unternehmenspolitik gesprochen werden, weil jeweils ein ganzer Jahresumsatz als Budget für die erforderlichen Neuinvestitionen herangezogen wurde. Aus meiner Sicht als Unternehmer bedeutete die Einleitung der verschiedenen Brüche in der Unternehmensentwicklung ohne Zweifel immer auch ein "Wiederfinden" des Unternehmens, weil sich das gesamte Führungssystem von der Vision bis zur Unternehmenskultur änderte.

In den 80er Jahren konzentrierte sich das Unternehmen darauf, seine Marktposition im Bereich der glutenfreien Produkte zu erweitern. Viele Neuentwicklungen wurden auf dem Markt präsentiert, die Qualität der Produkte wurde entscheidend verbessert, um den speziellen Anforderungen der Konsumenten gerecht werden. Wir haben die zu diesem Zeitpunkt geführten Produkte und Produktlinien genau analysiert. Vor allem haben wir uns gefragt, welche Chancen wir damit in Zukunft haben werden und wie attraktiv der Markt in Zukunft sein wird. Wird er uns genügend Deckungsbeitrag erwirtschaften lassen und gelingt es uns, genügend Wettbewerbsvorteile gegenüber unseren Konkurrenten aufzubauen? Die Folge dieser Überlegungen war eine konsequente Sortimentsbereinigung. Es war uns klar, dass wir uns auf den glutenfreien Markt konzentrieren müssen, um eine führende Position in Europa zu gewinnen. Besonderes Augenmerk haben wir daher in der Folge der Produkt- und Marktentwicklung geschenkt, um mit neuen Produkten Marktanteile in ganz Europa zu gewinnen.

Im langsam wachsenden Team, das sich aus jungen Wirtschaftsakademikern, Mitarbeitern aus Forschung und Entwicklung sowie Mitarbeitern aus der Verwaltung zusammensetzte, wurden die strategischen Zielsetzungen für die 90iger Jahre erarbeitet. In einer eigenen Klausur wurden das Leitbild und die Unternehmensgrundsätze formuliert sowie Überlegungen angestellt, welche Führungsinstrumente noch aufgebaut werden mussten. Alle diese Pläne konnten nur mit Disziplin umgesetzt werden.

Innerhalb kurzer Zeit standen alle Grundlagen für einen Markteintritt im EG-Raum bereit. Mit einem einheitlichen Verpackungsbild und zum Teil neuen Produkten begannen wir, den europäischen Markt zu erobern. In diesem Zeitraum beendete das Unternehmen seine Aktivitäten im Grosshandel und konzentrierte sich nur mehr auf eigene Produkte der Marke „Schär". Das Unternehmen Hammermühle war nun ein Mitkonkurrent. Der erste Schritt war der Verkauf in Italien, anschließend kamen Spanien und Frankreich an die Reihe, wo eigene Tochterfirmen gegründet wurden. 1992 war dasjenige Jahr, in dem wir konsequent unseren Schwerpunkt in die Eroberung der europäischen Märkte gesetzt haben. Wir sind in Spanien mit einer eigenen Vertriebsfirma gestartet. Der Aufwand war grösser als wir es in unseren Plänen zugestanden hatten. Mit Josè Rovida war zwar ein tüchtiger Verkäufer vor Ort, dem es gelang, mit Hilfe unseres Marketingleiters innerhalb weniger Wochen über Spanien verteilt ca. 100 Geschäfte für unsere Produkte zu gewinnen, arg zu schaffen machte uns aber der Eigensinn unserer Mitarbeiter in Spanien. Wir konnten nie sicher sein, ob eine Anordnung auch in unserem Sinne durchgeführt wurde. Das zweite Projekt haben wir in Frankreich gestartet. Wir haben in Jean Marc Witwicki einen zuverlässigen Mitarbeiter gefunden, der mit viel Fleiß die Distribution in Frankreich aufgebaut hat. Problematisch aus unserer Sicht war in Frankreich die geringe Anzahl der Mitglieder in der Zöliakiegesellschaft. Im Gegensatz zu Spanien war das Kostenbewusstsein dort wesentlich ausgeprägter. Rückblickend muss ich zugeben, dass es nicht richtig war, den Eintritt über eigene Vertriebsstrukturen zu suchen. Zu viele Ressourcen wurden in bürokratischen Prozessen verschwendet; eine Anlehnung an lokale Strukturen mit entsprechenden Kenntnissen wäre sicher von Vorteil gewesen. Andererseits bestand die grosse Herausforderung darin, als mittelständisches Unternehmen von potentiellen Partnern auf den Märkten überhaupt als attraktiv eingestuft zu werden. Ein zusätzliches Akzeptanzproblem im Laufe der Unternehmensentwicklung war auch die Positionierung der eigentlich jungen Branche. Vielfach wurde man als „Müsli-Produzent" im Rahmen alternativer Ernährungsformen betrachtet, in Wirklichkeit bieten wir aber Produkte mit einer klaren medizinischen Indikation an. In der Folge kamen noch die Märkte in Großbritannien, Holland, Belgien, Österreich und der Schweiz dazu.

1994 haben wir das erste Mal versucht, uns konsequent in einem neuen Marktsegment zu etablieren und somit eine Diversifikation vorzunehmen. Mit der Marke „Rademann" kauften wir von Nestle einen Namen, der für Diabetikerprodukte stand. Das Sortiment, mit dem wir in Italien gestartet sind, umfasst Konfitüre, Schokolade, Süßstoffe, Fruchtzucker und Kekse. Wir haben uns große Mühe gegeben, die Produkte über den Vertriebskanal der Apotheken zu verkaufen. Mit der Distribution der Produkte waren wir einigermassen zufrieden, aber die Nachbestellungen und der Umsatz entsprachen nicht den Erwartungen. Gegen Ende 1994 war uns klar, dass wir für „Rademann" ein neues Konzept erarbeiten müssen. Dabei hatten wir einen entscheidenden Fehler gemacht: wir hatten nicht daran gedacht, dass man innerhalb weniger Monate auch zu einer Kompetenz für ein neues Produkt kommt. Dr. Schär war und ist ein eindeutiger

Spezialist im Bereich glutenfreier Produkte. Deshalb wurde beschlossen, in Informationsmaterial und in didaktisches Material zu investieren. Damit konnten wir zwar mühevoll beweisen, dass wir im Lösen von Ernährungsproblemen auch bei Diabetikern kompetent sein können, aber unterschiedliche Philosophien machten uns das Leben schwer. Zum einen waren wir mittlerweile ein Spezialist für glutenfreie Produkte. Aus medizinischer Sicht war der Ansatz für den Markt der Zöliakie-Betroffenen klar: bei Einhaltung einer strikten Diät geht es dem Zöliakiebetroffenen grundsätzlich gut. Diese Indikation wurde zu einem wesentlichen Bestandteil der Marke „Schär". Im Unterschied dazu gibt es im Diabetes-Bereich keine so eindeutige Indikation. Erschwert wird dies durch unterschiedliche Philosophien im internationalen Raum. Während die deutsche Diabetes-Philosophie durchaus den Konsum von Süssspeisen mit einem Zuckerersatz vorsieht, dominiert in Italien die „mediterrane Diät", die sich auf den Verzehr von Pasta-Produkten konzentriert, wobei in der wissenschaftlichen Fachwelt Italiens das Konzept der Süssspeise gar nicht vorgesehen ist. Dies hatten wir von Anfang an gewusst, scheiterten mit dieser Diversifikation aber an den Widerständen der italienischen Diabetes-Philosophie. Die einzige Chance einer Marktdurchdringung war im Bereich der Süssstoffe gegeben; hier hatten wir auch gute Kenntnisse im Apotheken-Vertrieb. Ein weiterer Grund für den Rückzug im Jahre 1996 aus diesem Geschäftsbereich waren neben den kulturell bedingten Akzeptanzproblemen die unterschiedlichen Unternehmensgrössen, die im Wettbewerb standen. „Dr. Schär" war ein kleines Unternehmen im Vergleich zu den vielen Konzernen (z.B. Bayer), die im Süssstoff-Bereich aktiv sind.

In den weiteren Jahren bis heute hat sich das Unternehmen darauf konzentriert, seine Marktstellung im glutenfreien Produkt-Markt-Bereich in Europa auszubauen und seine führende Position in jenen Ländern, wo die Marktführerschaft bereits erreicht wurde, zu halten. Die Verteidigung erreichter Positionen erfolgte vor allem durch ein aggressives Auftreten in Form einer zunehmend hohen Bereitschaft, in Forschung und Entwicklung zu investieren und eine entsprechend hohe Technologieorientierung. 1996 erfolgte zudem der Umzug in ein neues Firmengelände mit neuen Produktionshallen in Burgstall in der Peripherie von Meran. Das Unternehmen „Dr. Schär" hatte die Marktführerschaft in Europa, gemessen an den Umsätzen, bereits um die Mitte der 90er Jahre erreicht, ein Faktum, das jedoch in der Vermarktung bis heute nicht als Argument eingesetzt wird. Als Unternehmer bin ich überzeugt, dass wir in Zukunft diese Botschaft auch bewusst einsetzen müssen, wobei wir in diesem Fall sicher auch im Wettbewerb eine neue Rolle einnehmen müssen".

4. Gründer- und Unternehmerpersönlichkeit

Ulrich Ladurner ist der Gründer und geschäftsführende Gesellschafter des Unternehmens „Dr. Schär". Er selbst bezeichnet sich als Unternehmer, der sich immer wieder im Laufe der Unternehmensentwicklung in Situationen befunden hat, wo Letztentscheidungen zu treffen waren, die an niemanden im Unternehmen delegierbar waren – er selbst spricht von einsamen Momenten, die seine unternehmerische Entwicklung sehr geprägt haben. Es sind genau jene Momente, in denen bewusst ein Bruch mit dem Bisherigen und somit eine „Neugründung" eingeleitet wurde, es waren zumeist jene Momente, wo er die

Ratschläge von Führungskräften, Freunden und Familie nicht in den Mittelpunkt seiner Überlegungen gestellt hat, sondern losgelöst von sonstigen Einflüssen einen völlig eigenen Weg gegangen ist.

Es war sein stetes Bemühen, den menschlichen Aspekt in der Führung des Unternehmens in den Vordergrund zu stellen. Ulrich Ladurner wird von Führungskräften und Mitarbeitern sehr respektiert, was nicht nur damit zu tun hat, dass er ein erfolgreiches Unternehmen aufgebaut hat, sondern weil es ihm immer wieder gelungen ist, die unternehmerische Komponente in der Gesamtführung des Unternehmens in den Hintergrund zu drängen und den Führungskräften mehr Spielraum in den Entscheidungen zu geben. Leadership bedeutet für ihn vor allem, zu erkennen, dass das Management die dominierende Rolle im Unternehmen spielen muss und dass die Persönlichkeit des Unternehmers nicht in jeder Entscheidungssituation gefordert ist, sondern nur dann, wenn es gilt, aus der Kontinuität auszubrechen. Diese Situationen zu erkennen, auch wenn es dem Unternehmen gut geht und eine Änderung nicht notwendig zu sein scheint, ist die Aufgabe von Leadership – sie ist wohl die schwierigste Aufgabe eines Unternehmers. Eine weitere grosse Leadership-Herausforderung im Laufe der Unternehmensentwicklung sieht der Unternehmer Ulrich Ladurner in seinem Bemühen, die Attraktivität des Unternehmens Dr. Schär für Geschäftspartner, wie Lieferanten und Grosshändler, zu erhöhen. Dr. Schär war lange Zeit ein Winzling unter den Konkurrenten, weil Konzernunternehmen die Wettbewerbsstruktur beherrschten. Aus dieser Situation heraus sich einen Namen zu machen und als seriöser und attraktiver Partner anerkannt zu sein, stand lange Zeit im Mittelpunkt der Unternehmenspolitik.

Die persönliche Profilierung stand eigentlich nie im Vordergrund der Bemühungen des Unternehmers, ein Faktum, das die Autoren der Fallstudie aufgrund früherer Zusammenarbeit mit dem Unternehmer stets beobachten konnten. Ulrich Ladurner fühlt sich als Bürger der Stadt Meran, eine kleine Kurstadt mit langer Tradition, die er besonders liebt und an deren Entwicklung er stets besonderes Interesse gezeigt hat. Er war es, der Ende der 80er Jahre die wesentlichen Impulse für Leitbildprozesse in der Stadt Meran gegeben hat, sich dabei aber stets im Hintergrund gehalten hat. Es wissen die wenigsten Meraner, dass er die langjährigen Diskussionen um die Zukunft der Stadt eingeleitet und im Hintergrund begleitet hat, während er den politischen und wirtschaftlichen Verantwortungsträgern der Stadt die öffentliche Rolle überlassen hat und nie direkt in das Geschehen eingegriffen hat. Ulrich Ladurner ist neben seiner unternehmerischen Tätigkeit derzeit auch Vorsitzender der Industriellenvereinigung für den Bezirk und nimmt dabei auch Stellung zu den brennenden Fragen der Entwicklung der Stadt Meran und seiner Umgebung. Das Bewusstsein um die notwendige soziale Kompetenz der Wirtschaft, ein ausgeprägtes Stakeholder-Bewusstsein und das Engagement für die Zukunft eines attraktiven Lebensraumes zeichnen das Leben Ulrich Ladurners ausserhalb seines unmittelbaren unternehmerischen Einflussbereiches. Er ist sich aber auch bewusst, dass sein unternehmerischer Erfolg ihm die Autorität gibt, um von seinem Umfeld respektiert zu werden – eine Notwendigkeit, die solche Impulse für das Umfeld wesentlich erleichtern.

Ulrich Ladurner versucht, nicht mehr als acht Stunden im Büro zu verbringen und sucht den Ausgleich in der Familie und in einem ausgeprägten Freizeitverhalten, das von seiner Freude am Segeln und am Sportfliegen gekennzeichnet ist. Das sind dann genau jene Momente, in denen die eigentlich grossen betrieblichen Entscheidungen fallen. Ein positives Spannungsfeld zwischen unternehmerischer Tätigkeit und den Aktivitäten in der Freizeit ist ihm laut eigenen Aussagen wichtiger als die unternehmerische Tätigkeit selbst.

Die Vision des Unternehmers hat sich immer wieder geändert – sie unterlag Änderungen gemäss den stets sich ändernden Verhältnissen. In einer andauernden Arbeit an der Neudefinition einer tragfähigen Vision lag eine der grossen Herausforderungen im Laufe der Entwicklung des Unternehmens. Derzeit arbeitet Ulrich Ladurner wieder an einer neuen Vision, im Bewusstsein, mit 51 Lebensjahren und einer erfolgreichen unternehmerischen Vergangenheit die Zukunft des Unternehmens unter besonderer Berücksichtigung eines neuen notwendigen Bruchs mit dem derzeitigen Erfolg und unter Berücksichtigung der Nachfolge bestimmen zu müssen. Der Freiraum seiner Führungskräfte ist ihm dabei ein besonderes Anliegen, weil nur dadurch die Kontinuität des Erfolgs garantiert bleibt.

5. Das Unternehmen heute

Das Unternehmen Dr. Schär konzentriert sich somit darauf, Problemlösungen für Menschen zu schaffen, die auf eine glutenfreie Ernährung angewiesen sind. Die Aufgabe des Unternehmens ist die Zusammenführung von wissenschaftlicher und unternehmerischer Arbeit für ein Angebot an Produkten und Dienstleistungen, welches sich strikt am Bedürfnis des Kunden orientiert. Der selbst auferlegte Auftrag des Unternehmens lautet: „Die umfassende Verantwortung als Produzent von hochwertigen Diätprodukten verpflichtet das Unternehmen zu höchster Qualität bei Produkten und Dienstleistungen".

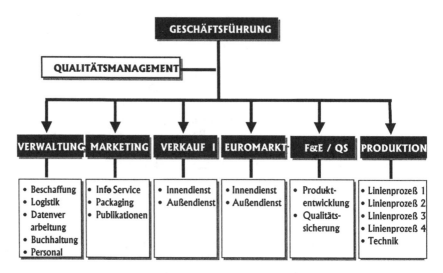

Abbildung 1: Die Struktur des Unternehmens

5.1 Organisation

Der derzeitige Firmensitz in Burgstall bei Meran umfasst heute sämtliche Wertschöpfungsbereiche eines typischen Industrieunternehmens in der Branche. Der Gesamtumsatz belief sich im Jahre 2000 auf ca. 25 Mio. Euro. Das Rohwarenlager umfasst vollautomatische computergesteuerte Silo-Anlagen für alle Hauptkomponenten, wobei nur 100% glutenfreie Rohstoffe in die Produktion gelangen. Die Bäckerei umfasst vier Produktionsstrassen für Brot, Kuchen, Kekse und Mehle, wobei hier ausschließlich glutenfreie Produkte hergestellt werden, die Konfektionierung umfasst die computergesteuerte Auftragsbearbeitung und ist verantwortlich für die täglichen Lieferungen an die Depots und Kunden in ganz Europa, der Verwaltungstrakt wurde bewusst so konzipiert, dass durch eine offene Architektur ein hoher Kommunikationsgrad ermöglicht wird. Der Verkauf Italien ist aufgrund der Bedeutung für das Unternehmen (ca. 60% des Gesamtumsatzes) und aufgrund der marktlichen Besonderheit, die sich in der Verschreibung der Schär-Produkte durch die Ärzteschaft widerspiegelt, in einem eigenen Verantwortungsbereich zusammengefasst, wobei der Aussendienst sich dabei auf die Betreuung der Grosshändler konzentriert.

„Die Dynamik aller Mitarbeiter orientiert sich am ständigen Bemühen qualitativer Weiterentwicklung des Unternehmens. Ein offenes Betriebsklima und eine gute Zusammenarbeit sind dabei Voraussetzung". Dieser Satz aus dem Leitbild des Unternehmens unterstreicht die Bemühungen um Qualitätsmanagement und –sicherung. Eine Stabsstelle „Qualitätsmanagement" garantiert ein kontinuierlich hohes Qualitätsniveau und engagiert sich für weitere Optimierungen im Sinne der Qualitätsgrundsätze. Die ISO-Zertifizierung hat für eine Prozessoptimierung und eine höhere Effizienz in allen Unternehmensbereichen gesorgt.

Nicht nur die Glutenfreiheit der Produkte, sondern auch die Verfügbarkeit von Produktionsstätten, in welchen nur glutenfreie Produkte hergestellt werden, ist ein Aspekt, welchen das Unternehmen im Wettbewerb als Argument erfolgreich einsetzen kann. Sowohl Rohstoffe als auch Fertigprodukte werden ausschliesslich von zertifizierten Lieferanten bezogen und vom hauseigenen Labor bei Ankunft auf Glutenfreiheit geprüft. Gerade die Betreuung und Kontrolle von Drittproduzenten erfordert viel Ressourcen durch das Unternehmen Dr. Schär.

5.2 Produkte und Märkte

Die Produktsegmente des Unternehmens umfassen Mehl, Brot, Brotersatz, Kekse, Snaks und Kuchen sowie Pasta. Das Produktsegment Mehl umfasst die drei Bereiche Margherita (Kuchenfertigbackmischung), das Produkt Mix B (Brotmehlmischung) und Mix C (Küchenmehlmischung). Das Brotsortiment reicht vom frischen Schnittbrot, Brötchen in unterschiedlichen Geschmacksrichtungen, über Baguettes bis zum Mini-Baguette. Das Produktsegment Brotersatz umfasst Paniermehl, Waffelbrot, Zwieback, Knusperbrot, vorgebackene Pizzaböden und Grissini (eine typisch italienische Backware). Das umfassende Kekssortiment umfasst verschiedene Zutaten, wie Schokolade, Aprikosen, Nüsse oder Joghurt. Zwischendurchmahlzeiten in unterschiedlichsten Geschmacksrichtungen bietet das Produktsegment „Snaks und

Kuchen", wohingegen das Produktsegment Pasta die verschiedensten italienischen Nudel- und Lasagnetypen bereithält.

Das Unternehmen Dr. Schär ist auf einer Vielzahl von europäischen Märkten vertreten: Italien, Deutschland, Schweiz, Österreich, Frankreich, Spanien, Portugal, Benelux-Länder, Irland, Grossbritannien, Schweden, Finnland, Norwegen und Dänemark. Über 4000 Verkaufspunkte werden in Europa direkt beliefert. Die Distribution erfolgt je nach Markt zumeist über Apotheken, Drogerien, Reformhäuser, Supermarkets, renommierten Einkaufszentren, Diätgeschäfte und Naturkostläden. Im Hauptmarkt Italien beispielsweise sind die Produkte in über 1000 Apotheken vorrätig und innerhalb von 24 Stunden an jede Apotheke lieferbar. In Deutschland sind die Produkte in über 900 Reformhäusern (Neuform) vertreten, die von acht Grosshändlern beliefert werden, in Grossbritannien wiederum sind die Produkte innerhalb von 24 Stunden abholbar – das Unternehmen hat mit seinen Produkten am Markt nur in Kombination mit einem professionellen Service einen Wettbewerbsvorteil gegenüber der Konkurrenz. Schär-Produkte sind in Italien, Frankreich, Schweden und Grossbritannien über die Ärzte verschreibbar, wobei Apotheken und Diätgeschäfte als Vertriebskanal dienen. Gerade auf diesen Märkten sind die Ärzte und die Zöliakievereinigungen ein bedeutender Informationskanal für Schär-Produkte. Für die wichtigsten Sprachen wurde ein eigener Info-Service als Verstärkung des Produkt- und Kundennutzens eingeführt.

Das Management des Unternehmens geht bezugnehmend auf das Marktpotential davon aus, dass in Europa auf etwa 2000 Personen ein Zöliakiefall vorkommt. Dieser Zöliakiebetroffene muss gänzlich auf die Getreidesorten Weizen, Roggen, Gerste und Hafer verzichten. Der Konsum von diesen Getreidesorten liegt in Europa bei 110 Kilogramm pro Jahr und Person.

Die Zielgruppen für die Produkte des Unternehmens Dr. Schär sind erstens die „Geniesser", das sind die vom Krankheitsbild Zöliakie betroffenen Erwachsenen, Kinder und Neudiagnostizierten, zweitens die „Ratgeber", das sind die diagnostizierenden Ärzte und die Beratungsstellen für die Betroffenen (Zöliakievereinigungen und Diätisten) und drittens die „Vermittler": Apotheken, Reformhäuser und Drogerien. Für alle drei Hauptzielgruppen ist eine eigene Kommunikationspolitik im Rahmen des Marketing-Mix vorgesehen. Direct-Mailings, Einstiegspakete für Neudiagnostizierte, Printanzeigen in Medien der Zöliakievereinigungen und direkte Kundenberatung kommen für die Zielgruppe der „Geniesser" zum Einsatz, Informationsmaterial, Printanzeigen in Fachmedien und Kongresse sind die Hauptkommunikationskanäle bei den „"Ratgebern", Infomaterial, Printanzeigen in Fachmedien, Messen und POS-Material sind die Hauptträger der Kommunikation für die „Vermittler".

Der Marketing-Mix lässt sich in folgenden Punkten zusammenfassen:

1. Produkt: Sortimentsvielfalt, Innovation, Qualitätskontrolle, Bedürfnisorientierung;

2. Distribution: Marktspezifische Leistung, einheitliche Produktpräsentation, zuverlässiger Lieferservice, flächendeckende Bezugsquellen, umfangreiche Vertriebsinformation, marktadäquate Verkaufsinformation;

3. Kommunikation: Konsequente Umsetzung der Markenphilosophie, Globales Erscheinungsbild/Corporate Identity, zielgruppenspezifische Markenkommunikation, intensives Servicemanagement, hohe Bereitschaft zur interaktiven Kommunikation;

4. Preis: Hohe Effektivität in Produktion, Forschung und Entwicklung, marktgerechte Preisstruktur, Euro-taugliche Preisnivellierung

5.3 Wettbewerb

Der Wettbewerb konzentriert sich auf wenige Unternehmen, wobei unterschieden werden kann zwischen unternehmergeführten Betrieben und Konzernunternehmen, die im selben Segment tätig sind. In Europa gibt es vier Unternehmen, die sich auf industrieller Basis mit der Herstellung von glutenfreien Produkten befassen: Glutafin (Tochterunternehmen der niederländischen Nutricia), BiAglut (Tochterunternehmen der amerikanischen Heinz), Drei Pauly (Gebäckhersteller in Deutschland) und Dr. Schär. Es gibt eine ganze Reihe von Betrieben, die handwerkliche Grössen herstellen, wobei diese eine Vielzahl von Innovationen auf den Markt bringen. Ein echter Sprung in industrielle Grössen ist in den letzten Jahren jedoch keinem gelungen.

Anbei einige Beispiele für die Marktaufteilung in drei wichtigen europäischen Ländern (Einschätzung des Unternehmens aufgrund von kontinuierlichen Händlerbefragungen):

Italien: Dr. Schär 50%, BiAglut 23%, Nutricia 8%;

Deutschland: Dr. Schär 25%, Hammermühle 25%, Drei Pauly 20%;

Frankreich: Dr. Schär 40%, Valpiform 40%.

6. Zusammenfassung: Probleme und Perspektiven

Die Fallstudie Dr. Schär stellt ein Beispiel für die verschiedenen Entwicklungsphasen eines Unternehmens dar. Beinah kann man es einen Zufall nennen, auf welchem Wege der Unternehmer ein neues Geschäftsfeld entwickelt und die Produkte dann in den verschiedenen Märkten europaweit durchzusetzen imstande ist. In der Frühphase des Unternehmens stand der handwerkliche Produktionsprozess von Produkten, die im Bereich der „gesunden Ernährung" anzusiedeln sind. Die Innovation bestand im wesentlichen darin, eine Vielzahl von Produkten im Bereich der „gesunden Ernährung" in bestimmten Märkten abzusetzen. Neben der Eigenherstellung von Produkten kam der Vertrieb von Handelsware – im wesentlichen aus Deutschland - für den italienischen Markt hinzu. Sowohl die Produkte in Eigenfertigung als auch die Handelsprodukte hatten letztlich einen starken Bezug zueinander: das vom Unternehmen in der Frühphase bevorzugte Vertriebssystem determinierte die potentiellen Käufer des Produktes. Hilfreich war für den Unternehmer in dieser Phase sicherlich die Kenntnis des Vertriebssystems (Drogerien, Reformhäuser, Apotheken) aus seiner Zeit als Einzelhandelskaufmann im Drogeriebereich. Die Kombination von ersten positiven und negativen Erfahrungen aus der unternehmerischen Tätigkeit mit der Fähigkeit, das Potential eines neuen Marktes für die Entwicklung der eigenen unternehmerischen Tätigkeit zum richtigen Zeitpunkt einzusetzen, stellt den eigentlichen Innovationsschub dar, der das Unternehmen auf den richtigen Kurs bringt. Die Innovation ist in diesem Fall vom Unternehmer selbst ausgelöst worden, wobei viel Zeit und Energie in die Abstimmung von Umwelt und Unternehmen geflossen ist. Die (notwendige)

Begutachtung und Anerkennung der Produkte von Seiten der Behörden war ein umfangreicher und wichtiger Schritt für die Definition des Wettbewerbsschauplatzes, der zumindest derzeit als stabil bezeichnet werden kann. Auch mit der Herstellung und dem Vertrieb von glutenfreien Produkten blieb das Unternehmen seinem Grundsatz der ersten Stunde treu, sich auf die Herstellung von gesunder Ernährung zu konzentrieren, wenngleich im Laufe der Entwicklung ein eindeutiger Fokus auf den Markt für glutenfreie Produkte gelegt wurde, immer wieder von unternehmerischen Entscheidungen begleitet, die einen strategischen Schritt weiter in Richtung Spezialisierung darstellten. Im Laufe der Jahrzehnte ist zum einen eine Spezialisierung des Unternehmens auf Produkte und Märkte erkennbar, zum anderen eine Spezialisierung auf Produktionsprozesse und Verfahren der Standardisierung: die Produktinnovationen nehmen ab, dafür nehmen die Prozessinnovationen zu, die sich im wesentlichen auf Verfahrensinnovationen und Qualitätsmessverfahren in der Fertigung beziehen. Der Wettbewerb wird intensiver und verlagert sich zusehens auf Kosten und Preise, Produkt- und Prozessinnovationen gehen in ihrer Intensität schliesslich zurück und sind nur mehr in kleineren Dosierungen erkennbar. Als es darum ging, neue Märkte zu erobern und den europäischen Marktplatz zu beherrschen, war die Innovationsbereitschaft eine hohe, weil jeder Markt für sich eine Herausforderung darstellte und grössere Innovationen erforderte. Je stärker das Unternehmen diese Märkte beherrscht, umso mehr reduziert sich die Innovationsintensität und verlagert sich auf Produkterweiterungen und –ergänzungen. Im Laufe der Entwicklung des Unternehmens reduziert sich zunehmend die Rolle des Pioniers insofern, als dass die Managementprozesse des täglichen Problemlösens in den Vordergrund treten. Mehrmals standen wichtige Entscheidungen aus Markt-, Produkt- und finanziellen Gesichtspunkten an. Mehrmals war Leadership und nicht nur Management gefragt. Mehrmals hat der Unternehmer bewiesen, dass er imstande ist, Brüche einzuleiten und somit die Innovationsbereitschaft des Unternehmens zu heben. Heute hat das Unternehmen sein Ziel, Marktführer in Europa zu sein, bereits erreicht. Die Rahmenbedingungen sind stabil und der Wettbewerb ebenso.

- Kann der Unternehmer und das Management sich damit zufrieden geben oder bedarf es eines neuerlichen Bruches, um eine neue Phase von Produkt- und Prozessinnovationen einzuleiten?

- Welche unternehmerischen und Unternehmens-Ressourcen wären allenfalls dafür notwendig?

- Oder besteht die Möglichkeit, dass der Bruch gar durch bahnbrechende Innovationen auf medizinischer Seite mit drastischen Konsequenzen für das Unternehmen Schär herbeigeführt wird, weil von der Forschung eine Medizin entwickelt wird, welche die Ernährung mit glutenfreien Produkten erübrigt?

Eine (theoretische) Hilfestellung zur Darstellung der Entwicklung und von Lösungsmöglichkeiten stellen die verschiedenen Innovationstheorien dar. Ein wesentlicher Beitrag zur Innovationstheorie beruht auf den Überlegungen zu Produkt- und Prozesslebenszyklen. Diesen Theorien zufolge gibt es einen Zusammenhang zwischen dem Entwicklungsstand des Unternehmens und der Ausprägung von Innovationsprozessen im Unternehmen. Die Innovationsprozesse können grundsätzlich in Produkt- und Prozessinnovationen unterteilt werden, wobei ein hoher Interdependenzgrad zwischen den beiden Innovationsarten besteht: Produktinnovationen sind dann als erfolgreich anzusehen, wenn eine Weiterentwicklung der Produktionsprozesse erfolgt.

Eine weitere Frage im Rahmen der strategischen Neuorientierung des Unternehmens ist die mögliche Diversifikation in neue Geschäftsfelder. In den letzten Jahren wird vermehrt festgestellt, dass immer mehr Menschen unter diversen Allergien leiden. Unterschiedliche Unverträglichkeiten bei Lebensmitteln gehören immer mehr zu unserem Alltag. Während glutenfreie Lebensmittel inzwischen Standard sind und die medizinische Forschung ihren Teil dazu beiträgt, die Problematik der Glutenintoleranz bekannt zu machen, stellt zum Beispiel Laktoseintoleranz ein relativ neues Feld für die medizinische Forschung dar, weil auch immer mehr Menschen davon betroffen sind. Laktoseintoleranz ist eine Unverträglichkeit von Milchzucker, was bei Menschen zu den unterschiedlichsten Bauchbeschwerden führen kann, da ihnen ein Enzym (Laktase) im menschlichen Körper zur Aufspaltung von Milchzucker fehlt. Selbst die ethnische Zugehörigkeit hat Einfluss darauf, ob die Produktion von Laktase früher oder später vom menschlichen Körper gestoppt wird(During, 1998; Teucher, 1997). Laktase findet man nicht nur in Milchprodukten, sondern oftmals versteckt in Konservierungsmitteln, Geschmacksverstärkern usw. Zusätzlich enthalten die meisten Medikamente Laktose als Füllmittel (vgl. www.laktoseintolerant.de). Für den Laktoseintoleranz-Betroffenen wird die in vielen Ländern fehlende Angabe von Inhaltsstoffen in Lebensmittelzusatzstoffen (wenn sie weniger als 25% des Zusatzstoffes ausmachen) zu einem Faktor, der die Lebensqualität merklich senkt. Laktoseintoleranz und Glutenintoleranz treten immer häufiger auch kombiniert auf; spezielle Produkte sind also in beiden Fällen gefordert, so dass sich ein interessantes Marktsegment in diesem Bereich zu etablieren scheint. Geschätzte 10-20% der europäischen Bevölkerung hat eine Laktoseintoleranz, im Mittelmeer-Raum sind es sogar bis zu 30%, in der Schweiz ca. 15% (vgl. www.ernaehrung.de/tipp/laktoseintoleranz/lakto12.htm). Für das Unternehmen Dr. Schär stellt sich die Frage, ob eine Diversifikation in einen neu zu definierenden Markt für laktosefreie Produkte interessant ist oder nicht, zumal das Unternehmen heute auf eine Kernkompetenz zurückgreifen kann, die als Lösung von speziellen Ernährungsproblemen definiert werden kann.

Eine weitere Hilfestellung gibt die theoretische und praktische Diskussion des Strategischen Managements. Leadership ist mehr als Management: Management bedeutet die Arbeit innerhalb eines Systems von Produkt-Markt-Kombinationen, von Wettbewerb und Rahmenbedingungen, Leadership hingegen bedeutet die Schaffung und/oder Neugestaltung von solchen Systemen. Ist aus der Sicht des Unternehmens Dr. Schär die Schaffung eines neues Systems notwendig oder ist es sinnvoller, im bestehenden System die eigene Position zu optimieren? Welche sind also die nicht delegierbaren Entscheidungen des Unternehmers und welche Leadership-Entscheidungen sind von Seiten des Unternehmers zu treffen? Steuert das Unternehmen auf eine „Neugründung" zu und welcher Zusammenhang besteht in diesem Falle zu relevanten Entscheidungen des Innovationsmanagements?

7. Fragestellung und Lösungshinweise

Aus den vorliegenden Informationen zur (historischen) Entwicklung des Unternehmens und zur aktuellen Situation sollen die Zukunftsperspektiven des Unternehmens Schär abgeleitet werden. Der Leser soll sich in die Unternehmerpersönlichkeit versetzen und folgende Aufgabenkomplexe bearbeiten:

1. Nehmen Sie eine vertiefende Analyse der Produkt- und Prozess-Lebenszyklen unter Zuhilfenahme der dazu geeigneten Innovationstheorien vor. Beschreiben Sie die einzelnen Phasen dieses Lebenszyklus und nehmen Sie dabei eine Einordnung der Entwicklung des Unternehmens Dr. Schär vor. In welcher Phase befindet sich das Unternehmen heute? Ist eine „Neugründung" des Unternehmens notwendig? Das Ergebnis dieser Analyse dient dazu, die derzeitige Situation des Unternehmens besser zu verstehen, um die Zukunftsoptionen besser einschätzen zu können. Welche Zukunftsoptionen ergeben sich für das Unternehmen?

2. Welche Ressourcen hat das Unternehmen heute zur Verfügung, um eine Kernkompetenz definieren zu können? Definieren Sie die Kernkompetenzen sowie die Kernprodukte und -dienstleistungen des Unternehmens. Entscheiden Sie, ob eine Fokussierung oder eine Diversifikation sinnvoll ist. Welche Ressourcen benötigt das Unternehmen für die jeweilige strategische Option? Was bedeutet Leadership und was bedeutet Management? Welche Aufgaben und Entscheidungen darf Ihrer Meinung nach ein Unternehmer (am Beispiel des Unternehmens Dr. Schär) nicht einfach delegieren?

8. Literaturhinweise

Folgende *Literatur* gibt Ihnen einen vertiefenden Einblick in die Themenbereiche der Fallstudie und ist als Hilfestellung zur Lösung der Fragen zu verstehen:

During, M.J. (1998), Peroral gene therapy of lactose intolerance using an adeno-associated virus vector, Nature Med., 4, S. 1131-1135.

Hayes, R.H./Wheelwright, S.C. (1979), Link manufacturing process and product life cycles, Harvard Business Review, 57(1), S.133-140.

Hinterhuber, H.H./Friedrich, S./Matzler, K./Pechlaner, H. (2000), Die Zukunft der diversifizierten Unternehmung, Vahlen Verlag, München.

Hinterhuber, H.H./Krauthammer, E. (2001), Leadership – mehr als Management: Was Führungskräfte nicht delegieren dürfen, 3. Auflage, Gabler Verlag, Wiesbaden.

Jenewein, W.P./Dinger, H. (1998), Erfolgsgeschichten selber schreiben – Unternehmer, die es geschafft haben, Carl Hanser Verlag, München, Wien.

Teucher, T. (1997), Lactoseintoleranz, Pharmaind., 19(8).

Utterback, J.M. (1996), Mastering the Dynamics of Innovation, Harvard Business School Press, Boston (paperback).

Strategie und Nachfolge in Familienunternehmen - Das Fallbeispiel der August Kreinz GmbH & Co. KG

Alexander T. Nicolai[1] und *Heiko Hilse*[2]

Universität Witten/Herdecke

1. Firmengeschichte und -kultur 175

2. Der Geschäftsführer und die Familie 176

3. Produkte und der Produktionsprozeß 178

4. Die Verpackungsindustrie 178

5. Der Wettbewerb in der Faltschachtelindustrie 180

6. Zulieferer und Abnehmer 182

7. Die externe Beratung: Anlaß und Auftrag 185

8. Fragestellung und Lösungshinweise 186

9. Literaturhinweise 187

[1] *Alexander T. Nicolai*, geb. 1971; Dr. rer. pol., Dipl.-Ökonom, Studium der Wirtschafts-wissenschaften an der Universität Oldenburg; mehrere Jahre Lehrbeauftragter für neuere Systemtheorie und Strategisches Management an der Universität Oldenburg; Praxiserfahrungen in diversen Industrieunternehmen und Startups; Fachredakteur für „Die Organisationsentwicklung"; wissenschaftlicher Assistent am Lehrstuhl für Führung und Organisation des Deutsche Bank Instituts für Familienunternehmen (Private Universität Witten/Herdecke) und Projektmanager am Management Zentrum Witten GmbH.

[2] *Heiko Hilse*, geb. 1970; Dr. rer. soc., Dipl.-Psych.; Studium der Psychologie und Soziologie an den Universitäten Konstanz, Bielefeld und an der Rutgers University (New Jersey, USA); mehrjährige Tätigkeit bei Daimler-Benz (heute DaimlerChrysler) in den Zentralbereichen Betriebliche Bildung, Transformationsberatung und Corporate University; heute wissenschaftlicher Assistent am Lehrstuhl für Führung und Organisation des Deutsche Bank Instituts für Familienunternehmen (Private Universität Witten/Herdecke) und Projektmanager am Management Zentrum Witten GmbH.

1. Firmengeschichte und Kultur

Die August Kreinz GmbH & Co. KG ist ein hessisches Familienunternehmen mit einer langen Tradition. Es ging aus einer kleinen Manufaktur für Holzspielzeuge hervor, die August Kreinz im Jahre 1902 gründete. Die Spielzeuge wurden in kunstfertig gestalteten Schachteln angeboten, die der Firmengründer selbst mit Schere, Fußheftmaschine und Fußeckenstanze herstellte. Bald produzierte August Kreinz auch für andere Kleinunternehmen die begehrten Verpackungen. Die Schachteln entwickelten sich schließlich zum Hauptgeschäft, während die Spielzeugproduktion komplett aufgegeben wurde.

Derzeit befindet sich das Unternehmen in der 3. Generation. Gottlieb Kreinz, der Sohn des Gründers, übernahm das Geschäft direkt nach dem 2. Weltkrieg. Bis heute besitzt Gottlieb Kreinz sein Büro in dem Unternehmen, ohne jedoch noch im operativen Geschäft tätig zu sein. Die Übergabe an seinen Sohn Gerhard Kreinz, der seit 1965 im Unternehmen arbeitet, vollzog sich in vielen kleinen Schritten und war in keinster Weise durch Disharmonie geprägt. Die heutige Rolle des Seniors beschränkt sich darauf, dem Sohn beraterische Unterstützung zu geben und für den Gesamtbetrieb weiterhin als Identifikationsfigur zur Verfügung zu stehen. Die strategische und operative Führung liegt jedoch mittlerweile eindeutig in den Händen von Gerhard Kreinz.

Zu Anfang des neuen Jahrtausends blickt Gerhard Kreinz auf ein Unternehmen der Verpackungsindustrie, das 240 Mitarbeiter beschäftigt, 64 Mio. DM umsetzt und eine Eigenkapitalquote von 20% aufweist. Viele der Mitarbeiter sind schon über 20 Jahre in dem Familienunternehmen und haben bereits unter der Geschäftsführung von Gottlieb Kreinz gearbeitet. Durch die Übernahme von selbstausgebildeten Fachkräften und die Einstellung von vergleichsweise jungen Kräften für die Führungsmannschaft ist das Durchschnittsalter der Belegschaft dennoch nicht sehr hoch.

Kennzeichnend für die gesamte Unternehmenskultur ist eine starke Identifikation mit dem Unternehmen. Die Beschäftigten sehen in der August Kreinz GmbH & Co. KG mehr als nur einen Arbeitgeber. Das äußert sich in einer freundschaftlichen Beziehung zu Gottlieb und Gerhard Kreinz, in der niedrigen Fluktuation, in dem hohen Stellenwert, der bspw. Betriebs- oder Weihnachtsfesten zugemessen wird, in dem zumeist guten Betriebsklima und in der „Sprache" des Unternehmens. „Wir sprechen nicht von Personal, sondern von Menschen", pflegt Gerhard Kreinz zu sagen. Ein weiteres Kennzeichen der Unternehmenskultur ist die ausgeprägt regionale Orientierung. Sowohl die Kunden (über 90% des Umsatzes stammt von Kunden aus einem Umkreis von 180 km) als auch die Mitarbeiter kommen aus der nahen Umgebung, und durch die Arbeit in Verbänden, örtlichen Vereinen usw. bestehen zahlreiche Verflechtungen zu der Region.

2. Der Geschäftsführer und die Familie

Gerhard Kreinz, heute Alleineigentümer und Geschäftsführer der August Kreinz GmbH & Co. KG, ist 62 Jahre alt. 1965 ist er in die väterliche Firma eingestiegen, nachdem er zunächst in einer Papierfabrik eine Lehre gemacht und anschließend ein Betriebswirtschaftsstudium absolviert hatte. Es folgte eine ca. zehnjährige Phase, in der Kreinz Junior mit seinem Vater zusammen im Unternehmen arbeitete, wobei der Vater gegen Ende dieser Zeit dazu überging, dem Sohn sukzessive mehr Verantwortung zu übertragen.

Gerhard Kreinz fühlt sich der Tradition des Familienunternehmens sehr verpflichtet, gerade auch weil sich das Unternehmen bereits in der dritten Generation befindet (ein Zustand, den nur ca. 3 bis 4% aller Familienunternehmen überhaupt erreichen). Er und die Mitarbeiter sehen in dem Umstand, ein Familienunternehmen zu sein und Geschäftsführer und Eigentümer in einer Person vereint zu haben, eine besondere Ressource für das Unternehmen. Die Loyalität der Mitarbeiter der Eigentümerfamilie und dem Unternehmen gegenüber gilt als sehr stark ausgeprägt. Auch das Zusammenspiel mit dem Betriebsrat funktioniert ganz hervorragend. Der Betriebsratsvorsitzende ist eine wichtige Vertrauensperson von Gerhard Kreinz. Sich anbahnende Konflikte werden in den meisten Fällen bereits im Zwiegespräch vorab aus der Welt geschaffen. „Wenn der Betriebsrat in unserem Hause immerzu nach dem Buchstaben des Gesetzes vorgehen würde," so Kreinz wörtlich, „dann hätten wir keine Chance!".

Gerhard Kreinz ist seit 34 Jahren mit seiner Frau Lotte verheiratet. Aus der Ehe sind zwei Kinder hervorgegangen, der Sohn Herbert (29 Jahre alt) und die Tochter Franziska – genannt „Franzi" (26 Jahre alt). Die Familie hat immer schon in enger Verbindung zum Unternehmen gestanden und gelebt, was unter anderem damit zusammenhängt, daß sich das Wohnhaus der Familie nur unweit vom Firmengelände befindet. Dies hat es beispielsweise auch am Wochenende leichter gemacht, daß Gerhard Kreinz immer wieder in die Firma gegangen ist und die Kinder zum Spielen mitgenommen hat. Die Kinder erlebten die Firmensituation und den in ihr agierenden Vater sozusagen „hautnah". Nicht selten hat Lotte Kreinz den Sonntagskuchen noch am Firmenschreibtisch ihres Mannes serviert. Obwohl Herr Kreinz ein familienorientierter Mensch ist („Die Familie ist mein großer Rückhalt"), stand die Firma all die Jahre für ihn an erster Stelle. Darunter hat auch seine Gesundheit leiden müssen: Vor zwei Jahren erlitt er einen Herzinfarkt – ein Ereignis, zu dem er sich offen nur im Kreise der Familie und gegenüber ein paar wenigen vertrauten Mitarbeitern bekannt hat.

Lotte Kreinz hatte die ganzen Jahre über die Rolle als Ehefrau und Mutter inne. In den Anfangsjahren, als noch keine Kinder da waren, unterstützte sie ihren Mann etwas in der Buchhaltung. Mit der Geburt der Kinder widmete sie sich dann jedoch vollkommen der Haushaltsführung und Kindererziehung. Erhalten geblieben ist ihr die Rolle als Beraterin ihres Mannes in Fragen aller Art, gerade auch im Bereich von Personal- und Strategiefragen, die die Firma betreffen. Da kommt es schon mal vor, daß sie auch direkt von Mitarbeitern aus der Firma angesprochen und um Fürsprache gebeten wird. Insbesondere seit einigen Jahren, da die Kinder in eine Phase gekommen sind, in der berufliche Entscheidungen und Weichenstellungen anstehen, hat sie eine zentrale Funktion als Gesprächspartnerin und Vermittlerin nach allen Seiten. Vor allem würde sie es gerne sehen, wenn sich ihr Mann binnen der nächsten Jahre zunehmend aus der

Führung der Firma zurückziehen würde, nicht zuletzt wegen seines unsicheren Gesundheitszustandes. Sie versucht ihm aus diesem Grunde auch vermehrt bestimmte Freizeitaktivitäten schmackhaft zu machen (sie hat beispielsweise sich und ihn im örtlichen Golf-Club angemeldet, plant aufwendigere Reisen etc.). Gerhard Kreinz ließ sich dadurch auch das eine oder andere Mal zum „Nichtstun" verführen, stellt sein berufliches Engagement allerdings in keinster Weise grundsätzlich in Frage.

Dem traditionellen Modell entsprechend schlummert in Gerhard Kreinz bereits seit langem die Hoffnung, daß sein Sohn einmal das Unternehmen übernehmen würde. Der Sohn hat diesem stillen Auftrag auch weitestgehend entsprochen, sich den Vater zum Vorbild genommen, in den Ferien grundsätzlich in der Firma gejobbt, eine Lehre als Verpackungstechniker gemacht und anschließend noch ein BWL-Studium begonnen. Mittlerweile steht er kurz vor seinem Abschluß und überlegt, wie es danach weitergehen soll. Während seine schulischen Leistungen, seine Hobbies und die ihm zugesprochenen Kompetenzen durchaus auf eine Laufbahn als selbständiger Unternehmer hindeuten könnten, ist er sich selbst nicht so sicher, ob er sich direkt in die „Zwangsjacke" des elterlichen Betriebes hineinbegeben möchte. Sein Vater ist der Meinung, er solle nach der „langen Studiererei" nun keinerlei Zeit mehr verschenken und direkt in den Betrieb einsteigen. Irgendwann, wenn er genügend Praxiserfahrung gesammelt habe, solle er ihn dann auch einmal in der Rolle der Unternehmensführung ersetzen. In jüngster Zeit ist es in dieser Angelegenheit gar zu einem schwelenden Konflikt zwischen Vater und Sohn gekommen: Während Kreinz Senior entsprechend der eigenen Übernahmeerfahrung mit seinem Vater („Der hat mich hier erst einmal hart rangenommen ... Aber das war auch gut so!") Herbert unbedingt in die Firma holen will, entwickelt der Sohn immer mehr gedankliche Alternativen, wie er sich dem Einfluß des Vaters entziehen könnte (z. B. Assistenz in einem anderen Betrieb, Auslandsaufenthalt, eigene Internetfirma aufbauen). Kreinz Senior plagt die Angst, den Sohn als Firmennachfolger zu verlieren.

Franzi, die Tochter des Hauses, führt vergleichsweise ein eigenes, von den betrieblichen Belangen unabhängiges Leben. Schon früh war ihr mehr oder weniger deutlich zu verstehen gegeben worden, daß sie für den Betrieb „nicht vorgesehen" ist. Außerdem sorgten ihre künstlerischen Neigungen dafür, daß sie sich in vollkommen anderen Kontexten aufzuhalten pflegte (Balettschule, Studium der Kunst- und Bewegungstherapie) und sich bald von der übrigen Familie abkoppelte. Mittlerweile lebt sie in einer anderen Stadt und kommt nur noch zu Geburtstagen oder an Festtagen in den Kreis der Familie zurück. Ihren Vater erlebt sie seit einiger Zeit als sehr einengend, und dem Einfluß, den er auf den Bruder nimmt, steht sie kritisch gegenüber. Auf der anderen Seite kann sie nicht recht verstehen, wie Mutter und Bruder sich derart vom Vater bestimmen lassen. Moralisch unterstützt sie die zarten Unabhängigkeitsbestrebungen, die bei ihrem Bruder in jüngster Zeit zu vernehmen sind. Was die Firma angeht, so erhofft sich Franzi über kurz oder lang eine 50-prozentige Beteiligung am Unternehmen (Gesellschaftsanteile), mit Hilfe derer sie eine eigene tanztherapeutische Praxis aufmachen will. Dabei vertraut sie darauf, daß die Eltern die beiden Geschwister – wie bislang immer, wenn es um finanzielle Unterstützung ging – auch in dieser Frage gleich behandeln werden. Ansonsten ist sie an den Geschicken des Unternehmens nicht sonderlich interessiert.

3. Produkte und der Produktionsprozeß

Das Produktionsprogramm der August Kreinz GmbH & Co. KG besteht aus Faltschachteln und anderen Verpackungen aus Vollpappe, warentragenden Displays (Pappständer, in denen Waren zum Verkauf angeboten werden) und Verpackungen aus veredelter Wellpappe.

Das Hauptgeschäft bilden die Faltschachteln. Sie besitzen im wesentlichen zwei Funktionen. Zum einen schützen sie die Ware vor mechanischen, thermischen, chemischen usw. Außeneinflüssen. Zum anderen erfüllen die Faltschachteln eine wichtige Präsentationsfunktion. Seitdem sich die Handelsform der Selbstbedienung durchgesetzt hat, ist die Bedeutung dieser Funktion stetig gestiegen: Die Verpackung „verkauft" das Produkt, sie informiert und berät durch ihre äußere Gestaltung den Kunden. Nicht nur bei der Verkaufsentscheidung ist die Präsentation von Bedeutung, sondern auch bei der Verbrauchsentscheidung. So spielt im Lebensmittelversand das äußere Erscheinungsbild keine Rolle bei der Kaufentscheidung, weil die Ware über einen Katalog verkauft wird. Lebensmittelversender, wie etwa Bo-Frost, machten jedoch die Erfahrung, daß die Aufmachung der Verpackung darüber entscheidet, wie schnell ein Produkt konsumiert und damit nachbestellt wird. Die zunächst schlicht gestalteten Verpackungen wurden darauf hin durch mehrfarbige und aufwendiger hergestellte Schachteln ersetzt.

Der Produktionsprozeß ist bei der Fa. August Kreinz, wie in der Branche üblich, dreistufig gegliedert. Die erste Stufe ist das Drucken. Der Karton wird mit einem Bogen-Offset-Verfahren bedruckt und/oder kaschiert, d.h. mit einem anderen Material beschichtet (z.B. Glanzfolie). Das Stanzen bildet die zweite Stufe. Hier wird die benötigte Form der Bögen gestanzt bzw. der Abfall abgetrennt, und es werden Rillen angebracht sowie die Falzstellen eingepreßt. In der dritten Stufe werden die Bögen schließlich so geklebt und gefaltet, daß sie von dem Abnehmer schnell in die eigentliche Verpackungsform zu bringen sind. In der Regel können die gefalteten und geklebten Bögen in einem Arbeitsschritt zur Schachtel aufgeklappt werden. Nach Angaben des Produktionsleiters ist es in den letzten Jahren gelungen, die Produktionskapazitäten fast voll auszulasten. Wobei er angibt, es sei ihm ein Rätsel, „wie wir das immer gerade noch so hinkriegen".

4. Die Verpackungsindustrie

Die Verpackungsindustrie in Deutschland setzt sich im wesentlichen durch die Hersteller von Packmitteln in den Bereichen Papier/Pappe, Metall, Kunststoff und Glas zusammen. Zwischen diesen Bereichen hat es in den letzten 10 Jahren keine größeren Verschiebungen gegeben. Allenfalls im Bereich Papier/Pappe gab es einen leichteren Zuwachs, während der Bereich Glas etwas abnahm (siehe Abbildung 1).

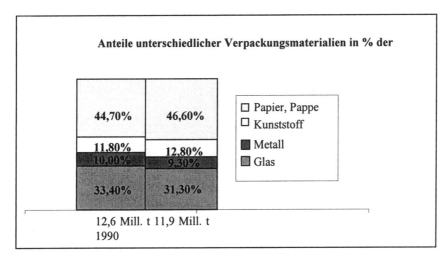

Abb. 1: Anteile unterschiedlicher Verpackungsmaterialien 1990 und 1997

Quelle: Gesellschaft für Verpackungsmarktforschung

Die Verpackungsindustrie ist konjunkturreagibel, d.h. Schwankungen in der Konjunktur spiegeln sich recht unmittelbar in der Nachfrage nach Verpackungen wieder. Der Trend zu Single- und Zwei-Personen-Haushalten sowie der wachsende Seniorenmarkt haben ebenfalls Auswirkungen auf die Branche. Der Bedarf nach Tiefkühlkost, Schnellgerichten und Convenience-Produkten und den dafür benötigten Verpackungen steigt stetig. Die ökologische Diskussion in den frühen 90er Jahren um Mehrwegquoten, Wiederverwertungsvorgaben, Rücknahmeverpflichtungen usw. blieb nicht folgenlos. Leichtere Verpackungen, wiederverwertbare oder besser abbaubare Verpackungen gewannen Marktanteile, Umverpackungen fielen teilweise weg.

Im Bereich der Papier- und Pappverpackung gliedert sich der Markt wie folgt auf (vgl. Abbildung 2 auf Seite 180).

Technische Weiterentwicklungen ermöglichen es zunehmend, Faltschachteln direkt als Primärverpackung zu nutzen, daß heißt bei der Verpackung von Lebensmitteln kann der schützende Innenbeutel wegfallen, und die Ware tritt unter Beibehaltung der hygienischen Standards direkt mit der Schachtel in Kontakt. Zunehmend werden Faltschachteln auch als Markenprodukte angeboten, wie etwa die FCP Folding Carton mit ihrer „Crystal Airbox", einer Primärverpackung für den Food- und Non-Food-Bereich. Der bedeutendsten Abnehmer für Papier- und Pappverpackungen ist nach der Ernährungs- und Genußmittelindustrie die Chemie (Pharmazie, Kosmetik, Reinigungs- und Waschmittel).

In Deutschland ist der Verpackungsverbrauch insgesamt seit Jahren zurückgegangen. Vor allem der Trend zur „schlankeren" Verpackung ist hierfür verantwortlich. Europa- und weltweit blieb der Markt für Faltschachteln in den letzten 5 Jahren in etwa konstant. In der Bundesrepublik entwickelte er sich hingegen rückläufig.

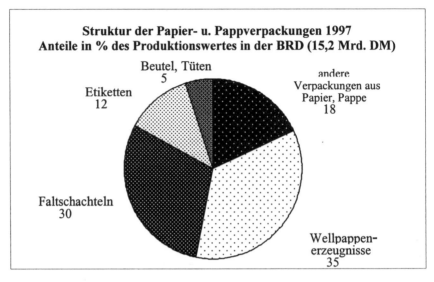

Abb. 2: Struktur der Papier- und Pappverpackungen 1997

Quelle: Rationalisierungs-Gemeinschaft „Verpackung"

Der Verbrauch von Verpackungsmaterial ging hier durchschnittlich von 8,2 kg auf 6,0 kg pro Kopf und Jahr zurück, und dies bei einem im europäischen Vergleich niedrigen Niveau (England hat z.B. einen Verbrauch von 13,2 pro Kopf und Jahr). Die IKB Deutsche Industriebank sieht jedoch für den deutschen Markt voraus: „Für den Absatz der Papier-/ Pappverpackungen prognostizieren wir mittel- und langfristig eine weiterhin moderate Entwicklung, zumal diese Verpackungsart – aufgrund ihres hohen Altpapieranteils – als umweltfreundlich gilt."

5. Der Wettbewerb in der Faltschachtelindustrie

In Deutschland besitzen etwa 300 Hersteller einen Anteil von über 90% am Markt für Faltschachteln. Die restlichen 10% verteilen sich auf 300 kleine „Garagenbetriebe". In ganz Europa gibt es etwa 2000 Hersteller. In der Faltschachtelindustrie vollzieht sich ein tiefgreifender struktureller Wandel, der durch einen starken Konzentrationsprozeß gekennzeichnet ist. Mit dem jüngsten Zusammenschluß des Faltschachtelgeschäfts von der Akerlund & Rausing Gruppe (A&R) und der Folding Carton Partners (FCP) zur A&R Carton erwächst aus zwei der 10 größten Hersteller das umsatzmäßig stärkste Unternehmen Europas. Neben solchen Zusammenschlüssen verfolgen viele der großen Anbieter eine Strategie der Akquirierung von kleineren- und mittleren Herstellern. Zwischen 1989 und 1999 wuchs der Marktanteil der zehn umsatzstärksten Faltkartonhersteller in Europa von 1/5 des Marktes auf 1/3. In den USA setzte der

Konzentrationsprozeß schon früher ein. Dort besitzen allein die Top 5 etwa 40% des Marktes. Nach Einschätzung von Gerhard Kreinz, aber auch von Institutionen wie der „Europäischen Vereinigung zur Förderung von Karton und Faltschachteln Pro Carton" ist die Konzentration an der Spitze ein Trend, der sich fortsetzt. Abbildung 3 zeigt die gegenwärtige Situation in der Faltschachtelindustrie.

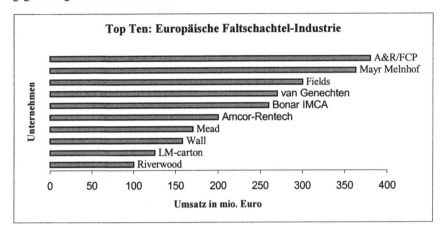

Abb. 3: Top Ten Europäische Faltschachtel-Industrie im Jahr 1999

Quelle: FCP Folding Carton Partners, 1999

Eine für die Top Ten-Anbieter nicht untypische Strategie formulierte FCP noch vor den Zusammenschluß mit A&R:

„Die FCP-Gruppe ist ein europäisches, vernetzt organisiertes Verpackungsunternehmen mit den besten Voraussetzungen für Flexibilität und individuelle Marktreaktion auf die vielfältigen Ansprüche der europäischen Bedarfsträger.

Wir sind produktionstechnisch sowohl für den Bedarf mittelständischer Betriebe als auch internationaler Großabnehmer ausgerüstet.

Als einer der führenden Faltschachtelhersteller in Europa sind wir auch ein bedeutender Partner der Kartonindustrie, so daß wir bei Engpässen Prioritäten genießen.

Bei Produktionsengpässen nutzen wir den Kapazitätsausgleich zwischen den verschiedenen Standorten zum Nutzen unserer Kunden.

Zukunftsorientierte Verpackungstechnologien werden erzielt durch innovative Entwicklungssynergien und eine zentrale Forschung und Entwicklung. "

Eine Sonderstellung in Europa nimmt die als eigenständiges Profit-Center agierende Packagingdivision der Mayr-Melnhof Gruppe (MM Gruppe) ein (19 europäische Standorte, 300000 t verarbeiteter Karton). Die Mayr-Melnhof Gruppe ist vertikal integriert, d.h. mit der MM Kartondivision gehört auf der Vorstufe ein bedeutender Papier-/Kartonerzeuger zur Gruppe. Während die MM Gruppe in Europa die Ausnahme bildet, ist in den USA die vertikale Integration die Regel. Dort befinden sich 2/3 der Verpackungsindustrie in der Hand von Rohstofferzeugern.

Der Konzentrationsprozeß vollzieht sich vor dem Hintergrund bestehender Überkapazitäten und eines Verdrängungswettbewerbs in der Faltschachtelindustrie. Im Zuge mancher Fusionen werden Kapazitäten abgebaut. Einige Faltschachtelhersteller überprüfen ihr Engagement in der Industrie. Informationen über die Ertragslage liegen kaum vor. Als AG weist die MM Gruppe für ihre Packaging Division eine Umsatzrendite von 6,7% aus. Nach Einschätzung von Gerhard Kreinz fährt jedoch die Hälfte der europäischen Top 15-Hersteller Verluste ein. Der deutsche Fachverband Faltschachtel-Industrie e.V. (FFI) berichtet, daß viele seiner mittelständischen Mitglieder die derzeitige Ertragslage als „nicht auskömmlich" bezeichnen.

Die Umsatzentwicklung der August Kreinz GmbH & Co. KG ist in Abbildung 4 dargestellt. Seit dem Jahr 1995 zeichnet sich ein leichter Abwärtstrend bzw. ein stagnierender Verlauf ab. Damit spiegelt sich in der Firma Kreinz eine für die gesamte Branche zutreffende Entwicklung wieder.

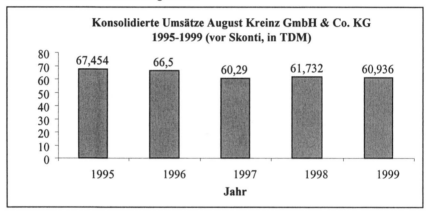

Abb. 4: Umsätze August Kreinz GmbH Co. KG

Quelle: eigene

Im europäischen Maßstab ist der Marktanteil von Kreinz marginal. Bezieht man jedoch die Marktdefinition auf Faltschachteln im regionalen Umkreis der Firma, beträgt er 23,4%.

6. Zulieferer und Abnehmer

Die Faltschachtel benötigt als Rohstoff dickes Papier – Karton – in der Bandbreite von etwa 150 bis 600 g/qm flächenbezogene Masse. Der Karton besteht entweder aus Primärfasern, das heißt aus Fasern, die direkt aus dem Rohstoff Holz gewonnen werden oder aus Recyclingfasern aus verwerteten Altpapier und -karton. Gegenüber dem recycelten Karton ist die Primärfaser um das 1½-fache teurer. Primärfaser wird zum Teil von Lebensmittelgesetzen (etwa zum Teil bei Tiefkühlkost) vorgeschrieben oder wird aus

Marketinggründen (z.B. bei Zigaretten oder Kosmetik) eingesetzt. Primärfasern werden ebenfalls zur „Auffrischung" der Altfasern beim Recycling benötigt. Die August Kreinz GmbH & Co. KG verarbeitet zu 30% Primärfaserkarton und zu 70% receyceltes Material. Einkaufsleiter Georg Wiedekinn berichtet, daß die Preise bei etwa 110/t für den Altfaserkarton und bei 175 DM/t für den Primärfaserkarton liegen. In selten Fällen, wenn Lieferschwierigkeiten bestehen, setzten die Zulieferer für ihre Abnehmer Kontingente fest.

Die gesamten Kapazitäten aus den Bereichen Primärfaser und Recyclingfaser belaufen sich in Europa auf 6,9 Mio. t Kartonage. Die Kosten für den Bau einer Kartonmaschine liegen zwischen 300 und 400 Mio. Euro. Die für den rentablen Ansatz angegebene Mindestmenge liegt je nach Werk zwischen 50 000 t und 200 000 t jährlich. In dem Teilmarkt Primärfasern besitzt der skandinavische Stora Enso Konzern ein hervorgehobene Stellung (1,4 Mio. t Kapazität). Der Konzern entstand durch den Zusammenschluß von Stora und Enso, zwei zuvor unabhängig agierenden Industriekonzernen in Skandinavien, deren Hauptgeschäft im Betrieb von Sägewerken, der Holzbeschaffung und der Herstellung von Papier, Karton und Zellstoff bestand. Die EG-Kommission stimmte 1998 dem Zusammenschluß zwar nur unter Auflagen zu, kam aber schlußendlich zu dem Ergebnis: „Das angemeldete Vorhaben wird in keinem Markt eine beherrschende Stellung begründen oder verstärken, durch die wirksamer Wettbewerb im gemeinsamen Markt oder in einem wesentlichen Teil desselben spürbar verhindert würde." Die Kartondivision der MM Gruppe ist Europas größter Player im Teilmarkt für Karton auf Altpapierbasis. 90% des Umsatzes stammt aus diesem Bereich, während Primärfasern nur 10% ausmachen. Mit 1,3 Mio. t Kapazität im Recyclingbereich besitzt MM 30% des Marktes. Werden die zahlreichen Kooperationen mit eingerechnet, die MM mit anderen Anbietern eingeht, beläuft sich der Marktanteil auf über 50%. Die Preise die MM in dem Bereich Karton aus Recyclingfasern festlegt, haben nach Auskunft des Pressesprechers von MM „Signalwirkung" auf den Wettbewerb. Georg Wiedekinn berichtet, daß die Preise im Ganzen konstant bleiben und in einem Korridor von +/– 10% schwanken. Sie liegen etwa bei 110 DM per 100 KG (Recycling) und 175 DM (Frischfaser). MM hat zuletzt einen Anstieg der Preise angekündigt. Der Einkauf erfolgt auftragsbezogen. Für im Produktionsprozeß anfallende Pappreste zahlen Abnehmer 8 - 8,50 DM pro 100 kg.

In der Kartonindustrie ist ein größerer Konzentrationsprozeß bereits abgeschlossen, und im Vergleich zu den 80er Jahren stellt sich die Branche nicht mehr als eine zersplitterte dar. Während vor zwanzig Jahren viele Kartonproduzenten Verluste einfuhren, hat sich heute die Lage bei einem langsamen jährlichen Marktwachstum (1 - 2%) stabilisiert. In der Vergangenheit verhängte die EG-Kommission gegen führende Kartonhersteller, darunter auch MM, Stora und Enso, Geldbußen wegen abgestimmter Verhaltensweisen und Preisabsprachen in dem Zeitraum zwischen 1986 und 1991.

Die Rohstoffe – und hier insbesondere Karton – machen einen wesentlichen Anteil am Stückpreis der von Kreinz verkauften Faltschachtelprodukte aus (siehe Abbildung 5). Mit

40% Kostenanteil stellen sie den größten Faktor dar, gefolgt von Personal (30%) und investiertem Kapital (10%).

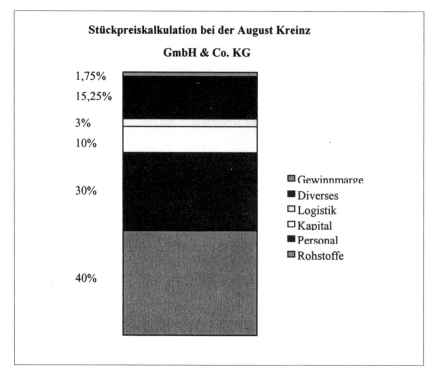

Abb.5: Stückpreiskalkulation bei der August Kreinz GmbH & Co. KG

Quelle: eigene

Die Kunden der August Kreinz GmbH & Co. KG kommen aus der Nahrungsmittelindustrie und aus dem Non-Food-Bereich (Gebrauchsgüter und Nicht-Nahrungs-Verbrauchsgüter). Die drei größten Kunden stammen aus der Nahrungsmittelindustrie. Der Kunde für Faltschachteln mit dem größten Anteil am Gesamtumsatz (15%) kommt ebenso aus der Süßwarenindustrie wie der zweitplazierte Kunde (11%). An der dritten Stelle stehen Faltschachteln für einen Anbieter von Speiseeis (10%). Daneben werden im Bereich Faltschachteln etwa 20 kleinere Kunden bedient, wobei in dieser Gruppe die Nahrungsmittelproduzenten zusammen-genommen 25% des Umsatzes ausmachen und die Non-Food-Hersteller 21%. Die Displays aus Wellpappe haben insgesamt einen Anteil von 11% des Umsatzes. Die Displays aus Wellpappe sind in der Regel auf die Faltschachteln abgestimmt, so daß die Kunden größtenteils dieselben sind wie im Bereich Faltschachteln. Vier Kunden mit einem Umsatzanteil von 7% beliefert die Fa. August Kreinz mit veredelten Verpackungen aus Wellpappe. Je nach Produkt variiert die Oberflächenveredlung, sie reicht von der einfarbigen Schachtel bis hin zu Vielfarbendruck mit Glanzbeschichtung. Eine Veredelung der Innenseite, die die Faltschachteln als Primärverpackungen im Lebensmittelbereich verwendbar macht, wird bei der Firma August Kreinz nicht vorgenommen.

In der Lebensmittelindustrie wie im Handel sind ebenfalls Konzentrationsprozesse zu verzeichnen. Das Single Sourcing kommt gerade bei den international agierenden Markenproduzenten immer mehr in Mode. Gemeint ist die Strategie, den Zulieferer-Bedarf aus einer Quelle zu decken bzw. die Zahl der Zulieferer auf wenige zu beschränken und mit diesen eine rahmenvertraglich vereinbarte, zeitlich begrenzte Partnerschaft im Sinne einer „strategischen Allianz" einzugehen.

Zu den meisten, insbesondere zu den größeren Kunden bestehen jahre- bis jahrzehntelange Geschäftsbeziehungen. Über die Zeit sind hier besondere Vertrauensbeziehungen herangewachsen. Dies ist ein Punkt, den Gerhard Kreinz hervorhebt, denn beim Verpackungsgeschäft handelt es sich um reine Auftragsfertigung, der Kunde kauft quasi „die Katze im Sack". Die Abnehmer vertrauen auf die Liefertermintreue, gesicherte Qualität, Flexibilität und Zuverlässigkeit der Firma August Kreinz. In der größeren Schnelligkeit und Flexibilität gegenüber Großbetrieben sieht Kreinz ein weiteres Unterscheidungsmerkmal der Firma Kreinz („Wenn die Großen aufwachen, haben wir schon geliefert!"). Der Vertrieb weiß aus vielen Gesprächen mit den Kunden, daß der Preis den Kunden zwar sehr wichtig ist, aber daß auch das Mitdenken und Finden kreativer Problemlösungen für den Kunden mindestens ebenso wichtig ist. An Bedeutung hat in den letzten Jahren weiterhin die Möglichkeit des digitalen Datenaustauschs gewonnen. Das beginnt bei der normalen E-Mail-Kommunikation, geht über ständig verfügbare Informationen über die Bedarfsmengen bis hin zur CTP (die Druckdaten gehen vom Auftraggeber direkt in die Druckvorstufe bei der Firma August Kreinz ein). In diesem Bereich ist nach Angaben des Produktionsleiters die Firma August Kreinz im Vergleich zum Wettbewerb „mit vorne dabei" .

7. Die externe Beratung: Anlaß und Auftrag

Gerhard Kreinz hat in jüngster Zeit von einzelnen Beiratsmitgliedern und seinem Steuerberater, einem engen Vertrauten, den Hinweis erhalten, daß es im Hinblick auf die Firma an der Zeit sei, sich Gedanken um die Zukunftssicherung zu machen. In einem inoffiziellen Gespräch mit dem Steuerberater sagte dieser: „Gerhard, die Branche ist in Bewegung und Du bist auch nicht mehr der Jüngste. Wie stellst Du Dir eigentlich die Zukunft der August Kreinz GmbH vor?". Kreinz zeigte sich zunächst abwartend und irritiert. Seine persönliche Einschätzung der Branche fiel eigentlich nicht ganz so pessimistisch aus und er hielt das Unternehmen durchaus für zukunftsfähig. Natürlich waren die Bedingungen, mit denen man zurechtkommen mußte, andere als noch vor fünf oder gar zehn Jahren. Aber nach der Parole „Schuster, bleib bei Deinen Leisten!" vertraute er auf die traditionellen Kompetenzen der Firma, die schließlich schon durch so manche schwere Zeit gegangen war. Als in Kreditverhandlungen für eine neue große Druckmaschine mit der Hausbank schließlich ähnliche Fragen auftauchten, wurde Kreinz hellhörig. Auf Empfehlung der Bank ließ er sich dazu überreden, eine angesehene Unternehmensberatung ins Haus zu holen und um Rat zu fragen. Dabei handelte es sich um den ersten Kontakt zu Unternehmensberatern, den die Firma August Kreinz bislang aufgenommen hatte.

Während des Kontraktgespräches mit den Beratern beschrieb Kreinz den Auftrag mit den folgenden Worten: „Wir sind ein Unternehmen mit langer Tradition und großem

Zukunftspotential. Allerdings zwingt uns unser Umfeld in zuvor nicht gekanntem Ausmaß, noch besser und unvergleichbarer zu werden. Ich bin mir sicher, daß wir aus diesem Prozeß erfolgreich hervorgehen werden – dafür steht nicht zuletzt das große Engagement unserer Mitarbeiter –, aber es kann ja nicht schaden, wenn man sich dann und wann einmal Anregungen von außen holt. In dieser Funktion würde ich Sie bitten, sich unser Unternehmen aus ihrer Perspektive einmal genauer anzusehen und mir innerhalb des nächsten Monats handlungs- und ergebnisorientierte Vorschläge zu unterbreiten". Die Berater willigten ein und ließen sich zusichern, daß sie alle notwendigen Informationen und für Interviews den Zugang zu einzelnen Mitarbeitern bekommen würden.

So begannen die Berater mit ihrer diagnostischen und konzeptionellen Arbeit. Je weiter sie in das Unternehmen und dessen aktuelle Lage eintauchten, um so deutlicher kristallisierte sich zweierlei heraus: Inhaltlich gelangten sie zu der Überzeugung, daß die Zukunftsperspektive der August Kreinz GmbH auf dem Hintergrund der aktuellen Branchenentwicklung in der Tat ungeklärt sei. Sie hielten es deshalb für dringend angezeigt, eine strategische Analyse anzufertigen und über diverse strategische Optionen des Unternehmens nachzudenken. Zum anderen machten die Berater während ihrer Interviews und Informationsrundgänge im Unternehmen die Erfahrung, daß ihre Aktivitäten von den Mitarbeitern mißtrauisch beäugt wurden. Ihre Vermutung war, daß ihnen dadurch viele Einzelinformationen verwehrt blieben und daß es um die spätere Akzeptanz möglicher Veränderungsvorschläge schlecht bestellt sei. Im übrigen deuteten viele Anhaltspunkte auf die zentrale Rolle von Gerhard Kreinz persönlich hin, wenn es um die weitere Unternehmensentwicklung ging. Dies alles veranlaßte die Berater, einen weiteren Beraterkollegen in ihr Team mitaufzunehmen, der bereits breite Erfahrung in Familienunternehmen gesammelt hatte. Mit ihm zusammen entwickelten sie die Idee, Herrn Kreinz in der bevorstehenden Feedbacksitzung zwei Vorschläge zu unterbreiten: Zum einen eine vorläufige strategische Analyse inklusive zentraler strategischer Optionen für das Unternehmen. Gleichzeitig sollte offen darüber gesprochen werden, daß diese Analyse und die daraus erwachsenden Optionen als vorläufige Expertenmeinung gelten müsse, solange nicht andere wichtige Akteure und deren Sichtweisen und Interessen in den Gesamtprozeß miteinbezogen worden seien. Der zweite Vorschlag sollte demzufolge eine Konzeption für die Anlage eines solch breiteren Diagnose- und Interventionsprozesses darstellen.

8. Fragestellung und Lösungshinweise

Stellen Sie sich vor, Sie wären in der Rolle der von Gerhard Kreinz hinzugezogenen externen Berater und hätten den oben skizzierten Auftrag erhalten. In dieser Situation stehen für Sie die folgenden Aufgabenkomplexe zur Bearbeitung an:

1.   Bereiten Sie für die geplante Feedbacksitzung eine strategische Analyse der Firma Kreinz und ihres Umfeldes vor. Wie schätzen Sie die aktuelle Situation der Branche und des Unternehmens ein? Welche Chancen, welche Risiken bestehen? Welche denkbare Zukunftsoptionen gibt es für das Unternehmen?

2. Diskutieren Sie die – im Auftrag nicht explizit enthaltene – Nachfolgefrage bei der Firma Kreinz. Welche Nachfolgeoptionen stehen prinzipiell zur Verfügung? Welche Optionen erscheinen für den Fall Kreinz besonders naheliegend? Ist es angezeigt, diese Frage und mögliche Antworten darauf im laufenden Beratungsprozeß bewußt zu plazieren oder nicht (falls ja: zu welcher Zeit in welchem Kontext)?

3. Machen Sie sich Gedanken darüber, wie im vorliegenden Fall ein kontextsensitiver Beratungsprozeß angelegt sein müßte, um den angedeuteten Schwierigkeiten (mangelnde Akzeptanz und Auskunftsbereitschaft, zentrale Rolle von Gerhard Kreinz persönlich etc.) wirksam zu begegnen. Wie könnte ein Prozeßvorschlag an Herrn Kreinz aussehen? Wer müßte wann in welchem Zusammenhang miteinbezogen werden? Welches beraterische Instrumentarium könnte jeweils geeignet sein?

Präsentieren Sie Ihre Lösungsansätze und weitergehenden Fragen im Rahmen der anvisierten Sitzung mit dem Geschäftsführer, Herrn Gerhard Kreinz. Unterstützend können Sie die folgenden Literaturquellen heranziehen.

9. Literaturhinweise

Gersick, K.E., Davis, J.A., McCollom Hampton, M. & Lansberg, I. (1997): Generation to generation: life cycles of the family business. Boston: Harvard Business School Press.

Lansberg, I. (1998). Succeeding Generations: Realizing the dream of families in business. Boston: Harvard Business School Press.

Lansberg, I. (1988) The succession conspiracy. In Family Business Review, 1(2), 119-143.

Porter, M.E. (1980). Competitive Strategy: Techiques of Analyzing Industries and Competitors, New York: Free Press.

Prahalad, C.K./ Hamel, G. (1991). Nur Kernkompetenzen sicher das Überleben. In: Harvard Businessmanager, 2/ 1991, 66-78.

Simon, F.B. (1999). Familien, Unternehmen und Familienunternehmen. In: Organisationsentwicklung, 18. Jg. Nr. 4, 16-23.

Wimmer, R. (Hrsg.). Organisationsberatung – Neue Wege und Konzepte, 1992, Wiesbaden: Gabler.

Wimmer, R., Domayer, E., Oswald, M. & Vater, G. (1996). Familienunternehmen – Auslaufmodell oder Erfolgstyp? Wiesbaden: Gabler.

Nachfolgeregelung/Mergers & Acquisitions

Michael Keller

1. Einleitung 191

2. Quantitative Aspekte der Nachfolgeproblematik in Deutschland 192

3. Grundzüge der Unternehmensübergabeplanung 194

4. Lösungsvarianten für die Unternehmensnachfolge 200

5. Fragensammlung 207

6. Literaturhinweise 207

1. Einleitung

Aufgrund der Begrenztheit der menschlichen Lebenszeit liegt es eigentlich in der Natur der Sache, dass sich ein Firmeninhaber rechtzeitig Gedanken darüber machen sollte, was nach seiner aktiven Zeit als Unternehmer mit seiner Firma geschehen soll, d.h. wer sein Lebenswerk weiterführen soll. Gerade aber der Umstand, dass das Unternehmen häufig als Lebenswerk begriffen wird, welches häufig unter schwierigen Bedingungen aufgebaut und durch Höhen und Tiefen geführt worden ist, offenbart in der Praxis, dass die Frage der Unternehmensweitergabe stark emotionsgeladen ist. Nicht selten verhindert sogar die enge Beziehung zwischen der Person des Unternehmers und dem Unternehmen eine rechtzeitige Klärung aller mit einer absehbaren Unternehmensweitergabe verbundenen Fragen. Naheliegenderweise besteht in Familienunternehmen häufig eine starke Neigung, die familiäre Führungs- und Eigentumstradition über den Generationenwechsel fortzuführen. Eine in der jüngeren Vergangenheit durchgeführte Untersuchung kam zu dem Ergebnis, dass sich etwa 70 Prozent der Firmeninhaber überhaupt nur eine familieninterne Unternehmensweiterführung vorstellen können. Allerdings gelingt es sowohl in den USA als auch in Europa nur rund einem Drittel aller Gründerunternehmern ihre Firma auf die Kinder zu übertragen. Kaum mehr als 10 Prozent der von den Großvätern gegründeten Unternehmen werden von den Enkeln weitergeführt. Die aus den unterschiedlichsten Gründen entstehende, überaus hohe Misserfolgsrate bei dem Versuch, eine familieninterne Nachfolgelösung zu realisieren (rund 70 Prozent der Fälle), kann in der Bundesrepublik Deutschland für den zunehmenden Trend zur Unternehmensübergabe an Dritte verantwortlich gemacht werden.

Das primäre Ziel dieses Beitrags besteht nun darin, den Studierenden die komplexe Problematik der Unternehmensnachfolge zu verdeutlichen, zumal in der wissenschaftlichen Diskussion die Fragen der Gestaltung der Unternehmensnachfolge erst in neuerer Zeit vermehrt Beachtung finden. Eine Auseinandersetzung mit der Nachfolgeproblematik sowohl aus der Sicht des Unternehmers, als auch aus der Sicht der Nachfolgekandidaten scheint auch deshalb vorteilhaft, weil sich hier zum einen gute Chancen für Führungskräfte als Berater und zukünftige Existenzgründer bieten und zum anderen den zukünftigen Unternehmern die Bedeutung der eigenen rechtzeitigen Nachfolgeplanung nahegebracht werden kann. Im einzelnen geht es darum

- die Situation in der Bundesrepublik Deutschland quantitativ zu beschreiben,

- die Probleme einer Nachfolgeregelung aus der Sicht des Firmeninhabers und seine Familie zu beschreiben,

- die grundsätzlichen Möglichkeiten für eine Firmenübertragung zu analysieren

- und schließlich den Ablauf von M&A-Transaktionen aufzuzeigen.

Im Mittelpunkt des Interesses dieses Beitrags stehen Unternehmen, bei denen der oder die Kapitaleigner zugleich an der Führung des Unternehmens beteiligt sind. Denn unabhängig von der Rechtsform des Unternehmens ist es gerade die Verknüpfung von Kapitaleigentum und Management, die eine Unternehmensweitergabe erschwert. Aus diesem Grunde wird auch die Übertragung von reinen Unternehmensbeteiligungen (z.B. Mehrheits-Akienpaket, stille Unternehmensbeteiligung), bei denen es sich um fungible Vermögenswerte handelt, vernachlässigt. Der hier behandelte Problemfall besteht unabhängig von der Unternehmensgröße und der Branchenzugehörigkeit und schließt grundsätzlich auch die Handwerksbetriebe und Freiberufler mit ein.

2. Quantitative Aspekte der Nachfolgeproblematik in Deutschland

In den deutschen eigentümergeführten Unternehmen steht ein großer Generationenwechsel bevor. So hat das Institut für Mittelstandsforschung in Bonn und das Institut für Wirtschaftsforschung in Köln (IW) berechnet, dass in der Bundesrepublik Deutschland in den nächsten 10 Jahren rund 700.000 Mittelständler einen Nachfolger für ihr Unternehmen suchen werden. Das bedeutet, dass in den alten Bundesländern jedes fünfte Unternehmen in den nächsten Jahren einen Wechsel an der Unternehmensspitze erleben wird. Eine Betrachtung der Altersstruktur der Unternehmensgründer offenbart, dass etwa jeder Vierte 55 Jahre und älter ist. Rund zwölf Prozent der Unternehmer sind zwischen 55 und 59 Jahren, weitere 6,5 Prozent sind zwischen 60 und 64 Jahren alt und immerhin fast fünf Prozent der Unternehmer sind sogar noch älter. In den neuen Bundesländern sieht die Alterspyramide günstiger aus. Hier haben die Existenzgründungen erst nach der deutschen Wiedervereinigung im Jahre 1990 eingesetzt, so dass dort erst rund 16 Prozent der Selbständigen älter als 55 Jahre sind und der Anteil der über 60jährigen bei nur rund sechs Prozent liegt. Die nachfolgende Abbildung 1 gibt einen detaillierten Überblick über die Altersstruktur der Selbständigen in der Bundesrepublik Deutschland im Jahr 1996.

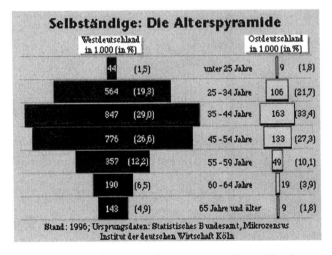

Alterspyramide der Selbständigen in Deutschland

Die Unternehmensnachfolge stellt für kleine und mittlere eigentümergeführte Unternehmen häufig ein ganz entscheidendes und gelegentlich auch existenzbedrohendes Problem dar. Das schon erwähnte Bonner Institut für Mittelstandsforschung schätzt, dass im Zeitraum von 1995-2000 in etwa 300.000 westdeutschen Familienunternehmen ein Generationswechsel zu bewältigen war. Da nur in 130.000 Fällen ein Familiennachfolger zur Verfügung steht (d.h. in etwa 43 Prozent aller Fälle) und weitere 90.000 Firmen von einem bisherigen Mitarbeiter oder externem Nachfolger übernommen werden (ca. 30 Prozent), sind mehr als ein Viertel der Unternehmen (27 Prozent), d.h. etwa 80.000 Betrieben mit rund 500.000 Arbeitsplätzen von der Stilllegung oder Liquidation bedroht. Besonders ausgeprägt ist die Problematik der Nachfolgeregelung bei den kleineren Unternehmen mit einem Jahresumsatz von bis zu 250.000 DM.

Eine regionale Disaggregation der Nachfolgeproblematik offenbart, dass gerade in den Flächenländern neue Firmenchefs gesucht werden. Wie auch die Abbildung 2 verdeutlicht, befinden sich ca. 80 Prozent der 120.000 westdeutschen Unternehmen mit 1,6 Millionen Beschäftigten, in denen ein Generationenwechsel vollzogen werden muss, in den fünf Bundesländern Nordrhein-Westfalen, Bayern, Baden-Württemberg, Niedersachen und Hessen.

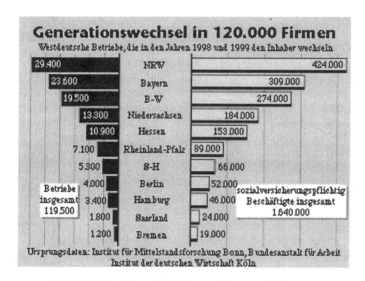

Regionale Problematik der Unternehmensnachfolge

Die Ausführungen haben deutlich gemacht, dass möglicherweise viele mittelständische Unternehmen in Deutschland mangels geeigneter Nachfolgekandidaten geschlossen werden müssen. Andererseits ist aber im Bereich der Fusionen (Mergers) und der Unternehmensaufkäufe (Acquisitions) allgemein eine regelrechte M&A-Euphorie zu verzeichnen, obwohl die Misserfolge hier beträchtlich sind. Innerhalb Europas ist die Lage so, dass die Bundesrepublik Deutschland derzeit den größten Einzelmarkt für Unternehmensfusionen und Unternehmensübernahmen bildet und dass Unternehmen mit einem Umsatzvolumen in der Größenordnung von 10 Mio. DM ein besonderes Interesse an M&A-Transaktionen zeigen. Bevor auf die einzelnen Lösungsvarianten für die

Regelung der Unternehmensnachfolge eingegangen wird, wird im folgenden Abschnitt zunächst die Problematik aus der Sicht des Firmeninhabers dargelegt und das rationale Vorgehen bei der Vorbereitung der Unternehmensweitergabe aufgezeigt.

3. Grundzüge der Unternehmensübergabeplanung

Fallbeispiel

Herr Franz K. ist 58 Jahre alt und ein engagierter Unternehmer. Nach seiner Lehre und Gesellenzeit als Maschinenschlosser hatte er sich selbständig gemacht und mit der Produktion von zunächst einfachen Förderanlagen für Schüttgüter begonnen. Durch die ständige Weiterentwicklung seiner Anlagen und dem Einsatz modernster Technologien zählt das mittelständische Unternehmen des Herrn K. mittlerweile zu den auch international führenden Anbietern in der Branche. Herr K. beschäftigt 100 Mitarbeiter und erzielt mit der Fertigung von Fördersystemen und den komplementären Dienstleistungen einen Umsatz von 150 Millionen DM. Die Umsatzrentabilität ist überdurchschnittlich hoch und liegt bei rund 4 Prozent.

Die Ehefrau des Herrn K. arbeitet im Unternehmen mit. Die beiden Söhne sind 24 und 26 Jahre alt. Der ältere der beiden Söhne studiert Betriebswirtschaftslehre und steht kurz vor dem Abschluss seines Universitätsstudiums. Der jüngere Sohn studiert an einer Fachhochschule Maschinenbau und wird sein Studium ebenfalls in absehbarer Zeit abschließen. Vor diesem familiären Hintergrund und der fachlichen Orientierung steht für Vater K. die berufliche Zukunft seiner Söhne und diejenige seines Unternehmens außer Zweifel. Innerhalb der Familie wurde über die Unternehmensnachfolge nie offen gesprochen, zumal sich aus der Sicht des Vaters alles erfreulich entwickelte und der Weiterführung des Unternehmens durch die beiden Söhne nicht im Wege zu stehen scheint. Ans Aufhören dachte Herr K. ohnehin noch lange nicht, schließlich waren ja die beiden Söhne ja auch noch nicht so weit. Und da das Unternehmen den einzigen wesentlichen Vermögenswert der Familie darstellt, muss Herr K. zur finanziellen Absicherung seines Ruhestandes noch mindestens fünf Jahre weiter arbeiten. Da die beiden Söhnen außer in ihren studienbegleitenden Praktika bislang keine praktischen Erfahrungen sammeln konnten, besteht so auch die Möglichkeit, dass sie während dieser Übergangszeit vom Vater in allen wesentlichen Fragen der Unternehmensführung beraten und allmählich in die Geschäftswelt eingeführt werden.

Herr K. hatte bislang keinen Gedanken daran verschwendet, dass vielleicht einer oder sogar beide seiner Söhne kein Interesse an der Unternehmensweiterführung haben könnten. Folglich hat er auch noch keine alternativen Regelungen für die Unternehmensnachfolge getroffen. Es liegt dann aber auf der Hand, dass bei Desinteresse der Söhne sowie im Falle des vorzeitigen Todes von Herrn K. die Existenz seines Unternehmens akut gefährdet ist. Deshalb werden im nächsten Abschnitt eine rationale Vorgehensweise für die Vorbereitung der Unternehmensübergabe aufgezeigt.

Planungsschritte

Gelegentlich wird die Sicherung der Unternehmensnachfolge als die größte unternehmerische Herausforderung schlechthin bezeichnet. Trotzdem beginnt sich in den Familienunternehmen erst allmählich die Erkenntnis durchzusetzen, dass die Unternehmensnachfolge einer detaillierten Planung bedarf und die Planung gleichberechtigt neben den unternehmerischen Planungssäulen der Investitions-, Absatz und Finanzplanung anzusiedeln ist. Grundsätzlich sollte die Unternehmensnachfolge strategisch geplant werden, um die Existenz des Unternehmens nicht zu gefährden. Die strategische Nachfolgeplanung sollte einen kurzfristigen und einen langfristigen Planungshorizont umfassen. Die kurzfristige strategische Planung ist dabei auf den Fall eines unvorhersehbaren Übergangs des Unternehmens am nächsten Tag ausgerichtet. Sollte der Firmeninhaber etwa durch einen Unfalltod nicht mehr zur Leitung des Unternehmens zur Verfügung stehen, so sollte für alle Personal-, Organisations- und Finanzfragen ein „Schubladenprogramm" vorhanden sein. Das „Schubladenprogramm" dient dazu, dass ein geordneter Geschäftsablauf auch ohne den Firmenchef vorübergehend sichergestellt ist. Die langfristige strategische Planung ist hingegen auf den Tag des geplanten Ausscheidens des Firmeninhabers aus der Geschäftsführung hin auszurichten. Sofern der Tradition gefolgt werden soll, dass das Unternehmen unbedingt in Familienbesitz verbleiben soll, so umfasst der langfristige strategische Planungshorizont mindestens 15 Jahre. Dieser Zeitraum ist ausreichend, um die potentiellen Nachfolgekanditaten aus der eigenen Familie auf ihre Eignungen und Neigungen zu überprüfen. Bei diesem Planungshorizont besteht auch ausreichend Zeit für eine entsprechende Ausbildung des Unternehmensnachfolgers zu sorgen. Last but not least ist dieser Zeitraum auch dafür ausreichend, die eigene Altersversorgung zu überprüfen und die entsprechenden Maßnahmen zu ergreifen.

Am Beginn jeder Nachfolgeplanung wird wohl die entscheidende Frage stehen, was mit dem Unternehmen nach dem Ausscheiden des Firmeninhabers geschehen soll. Als Nachfolgelösungen stehen grundsätzlich die Familiennachfolge, die Einrichtung einer Stiftung, die Liquidation oder der Verkauf des Unternehmens an Dritte zur Verfügung, wobei verschiedene Unterformen zu beachten sind (vgl. Abbildung 3). Diese Alternativen sollten grundsätzlich immer auf ihre Eignung hin überprüft werden.

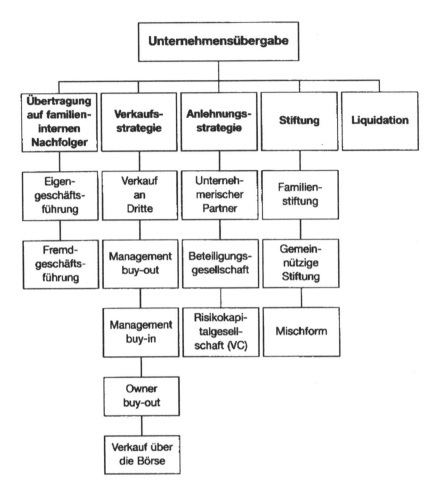

Möglichkeiten der Nachfolgeregelung

Quelle: Weinläder, M.: Unternehmensnachfolge, S. 67

In Familienunternehmen wird in aller Regel die familieninterne Unternehmensnachfolge präferiert werden. Nicht selten tritt jedoch der Fall auf, dass entweder kein direkter Nachkomme vorhanden ist, oder dass die direkten Nachkommen oder weitläufigeren Verwandten völlig andere Neigungen und Berufswünsche haben. Sind die Neigungen des Nachfolgers nicht mit den Anforderungen an eine Unternehmerpersönlichkeit kompatibel, so wird die Existenz des Unternehmens trotz der Umsetzung der präferierten Lösung unnötig gefährdet und eine andere Lösung wäre für alle Beteiligten besser gewesen. Deshalb muss der Firmeninhaber zunächst definieren, welchen Anforderungen der potentielle Unternehmensnachfolger unbedingt genügen muss. Durch ein Abgleichen der Anforderungen mit den vom vorgesehenen Nachfolger mitgebrachten Voraussetzungen kann die grundsätzliche Eignung für die Position des zukünftigen Firmenchefs festgestellt werden. Ein Auswahlkriterien-Katalog, der allerdings nicht nur für die Überprüfung der familieninternen Nachfolger, sondern auch zur Auswahl eines externen Nachfolgers herangezogen werden kann zeigt die nachfolgende Abbildung 4.

Grundvoraussetzung	Inhalte und Umsetzungsfelder
Unternehmerische Persönlichkeitsstruktur	Entscheidungs-, Verantwortungs- und kalkulierte Risikobereitschaft, engagierte Zielstrebigkeit
Fachliche Qualifikation	Produkt- und produktionsbezogene technische Professionalität mit Fähigkeit zur Innovation, betriebswirtschaftlich-kaufmännische Kenntnisse
Führungsfähigkeit	Implementierung effizienter Organisationsstrukturen, Motivations-, Überzeugungs- und Kooperationsfähigkeit
Akquisitorisches Talent	Aufbau und Pflege von Kunden- und (wichtigen) Lieferantenbeziehungen im In- und Ausland

Auswahlkriterien für den Nachfolger

Quelle: Gruhler, W.: Familienfremde Nachfolge, S. 176.

Ist die Frage geklärt, ob das Unternehmen in Familienbesitz verbleibt oder ob es zu einer Veräußerung an Dritte kommt, so muss das Unternehmen im nächsten Planungsschritt einer Lageanalyse unterzogen werden. Die Lageanalyse soll zum einen in Form einer Bestandsaufnahme Klarheit über die Markt- und Wettbewerbsstellung des Unternehmens verschaffen und eventuelle Schwachstellen offenbaren, die vor der Unternehmensübertragung beseitigt werden müssen. Die Attraktivität des zu übergebenden Unternehmens für den Nachfolger und vor allem der Kaufpreis des Unternehmens bei einer Veräußerung wird entscheidend davon abhängen, in welchem Zustand sich das Unternehmen befindet und über welche Zukunfts- und Wachstumsaussichten es verfügt. Die Lageanalyse dient letztendlich dazu, rechtzeitig alle wichtigen Weichenstellungen für eine erfolgreiche Unternehmensnachfolge vornehmen zu können. Die Maßnahmen, die im Zusammenhang mit der Lageanalyse zu ergreifen sind, werden im folgenden kurz beschrieben.

1. So ist die Führungs- und Leitungsstruktur im Unternehmen zu überprüfen und gegebenenfalls anzupassen. Durch eine systematische Personalplanung muss eine leistungsfähige zweite und dritte Führungsebene aufgebaut werden. Die Zuständigkeiten des Managements sind eindeutig und überschneidungsfrei festzulegen. Sofern nicht schon geschehen, sollte dem Unternehmen eine adäquate Unternehmensverfassung gegeben werden.

2. Die Rechtsform des Unternehmens ist dahin gehend zu überprüfen, ob sie unter steuerlichen Gesichtspunkten für die Nachfolge günstig ist. Gegebenenfalls müssen die gesellschaftsrechtlichen Gestaltungsmöglichkeiten ausgeschöpft werden, um die

steuerlichen Belastungen bei der Unternehmensübertragung so gering wie möglich zu halten.

3. Überprüfung und Absicherung der Liquidität des Unternehmens. Gerade bei Familienunternehmen besteht die Gefahr, dass die anfallenden Erbschafts- oder Schenkungssteuern, die Pflichtteils- und Abfindungsansprüche weichender Kinder sowie die güterrechtlichen Ausgleichsforderungen der Ehefrau auch finanziell gesunde Unternehmen stark belasten und erforderliche Investitionen im Unternehmen verhindern. Gelegentlich kann dies sogar dazu führen, dass zur Abgeltung aller Ansprüche das Unternehmen aufgelöst bzw. verkauft werden muss. Deshalb ist ein Liquiditätskonzept zu erarbeiten, das zu einer Minimierung der erb- und güterrechtlichen Ausgleichsansprüche führt und auch die anfallenden Erbschafts- und Schenkungssteuern so gering wie möglich hält.

4. Überprüfung und Anpassung des Produktionsprogramms. Die Produktpalette des Unternehmens ist dahin gehend zu überprüfen, ob sie die Zukunft des Unternehmens sicherstellen kann. Im wesentlichen entscheidet die erreichte Produktlebens-zyklusphase darüber, ob ein Markt noch Wachstumschancen bietet oder ob er sich schon in der Stagnations- oder Rückbildungsphase befindet. Gegebenenfalls müssen durch Forschungs- und Entwicklungsanstrengungen neue Produkte entwickelt und wachstumsträchtige Märkte bzw. Marktnischen besetzt werden. Die entsprechenden Investitionen sind rechtzeitig durchzuführen, da die Ausreifung des Produktions-potentials Zeit in Anspruch nimmt.

5. Schließlich muss der Unternehmenswert ermittelt werden, da der Wert des Unternehmens die Grundlage für die Altersversorgung des Firmenchefs und die Kaufpreisfindung in den Verkaufsverhandlungen bildet. Die Ermittlung des Unter-nehmenswertes durch den Firmeninhaber ist deshalb von entscheidender Bedeutung, da er häufig falsche und teilweise überzogene Vorstellungen von dem Wert seines Unternehmens hat. Aus seiner Sicht muss sich im Unternehmenswert neben den materiellen Vermögensgegenständen seine besondere Aufbauleistung und jahrelange Anstrengung widerspiegeln. Gerade die letztgenannten Leistungen werden jedoch in den seltensten Fällen von den Übernehmern in der vom Firmeninhaber gewünschten Höhe honoriert. Zu hohe Forderungen des Firmeninhabers können jedoch die Unter-nehmensweitergabe vereiteln. Ein Nachfolger wird nur dann zur Übernahme eines Unternehmens bereit sein, wenn sich sein finanzieller Einsatz und sein Engagement als Unternehmer rentieren. Der Firmeninhaber wird sich deshalb meist damit abfinden müssen, dass der durch Bewertungsverfahren objektivierte Wert seines Unternehmens „wie es steht und liegt" eher relativ niedrig und käuferfreundlich ausfallen wird.

Wenngleich es den absolut richtigen Wert eines Unternehmens nicht gibt, so gibt es zwei grundsätzlich zu unterscheidende Ansätze der Unternehmensbewertung: das Ertrags-wertverfahren und das Substanzwertverfahren. Daneben gibt es noch eine Vielzahl von Bewertungsmethoden, wie z.B. die Übergewinnmethode oder das Stuttgarter Verfahren, die diese beiden erstgenannten Verfahren miteinander kombinieren. Der Substanzwert eines Unternehmens wird als Summe der im Unternehmen vorhandenen Vermögens-gegenstände abzüglich der Schulden berechnet. Dabei wird das betriebsnotwendige Vermögen mit Wiederbeschaffungskosten und das nicht betriebsnotwendige Vermögen mit dem zu erzielenden Veräußerungspreis bewertet. Das Ertragswertverfahren basiert auf der Überlegung, dass der Unternehmenswert auf der Grundlage der zukünftigen

Einnahmeüberschüsse und nicht auf der Basis der vorhandenen Unternehmenssubstanz zu ermitteln ist, wobei auch die verdeckten Gewinnausschüttungen zu berücksichtigen sind. Nach heute herrschender Meinung stellt das Ertragswertverfahren unter finanziellen Zielsetzungen die theoretisch richtige Bewertungsmethode dar. Dies kann damit begründet werden, dass ein Übernehmer für das Unternehmens keinen Preis zahlen wird, bei dem sich der investierte Kaufpreis nicht genügend verzinst. Deshalb wird ein potentieller Unternehmens-nachfolger auch kein Unternehmen übernehmen, bei dem der Substanzwert in keinem Verhältnis zu dem mit dem Unternehmen zu erzielenden Ertrag steht.

Hat sich der Firmeninhaber einen Überblick über den objektiven Wert seines Unternehmens verschafft, so verfügt er über eine rationale Verhandlungsgrundlage für die Weitergabe seines Unternehmens.

Bei der Planung der Unternehmensübergabe sollte es der Firmeninhaber außerdem nicht versäumen, einen festen Zeitplan für die Firmenübergabe aufzustellen. Das bedeutet, dass zunächst überlegt werden muß, ob die Unternehmensübergabe sukzessive oder in einem Schritt erfolgen soll. Unabhängig von der Form des Rückzugs des Firmeninhabers müssen alle noch erforderlichen Maßnahmen festgelegt werden. Der Fahrplan sollte beispielsweise den Eintrittszeitpunkt des künftigen Übernehmers in das Unternehmen sowie den Austrittszeitpunkt des bisherigen Firmeninhabers unter Angabe seiner zukünftigen Rolle in dem Unternehmen umfassen. Um allen Schwierigkeiten bei der Unternehmensnachfolge vorzubeugen, sollte der Zeitplan die Aufgaben, Kompetenzen und Verantwortungsbereiche des Nachfolgers sowie des Firmeninhabers umfassen. Dies geschieht am besten dadurch, dass der Firmenübergeber auch rechtzeitig eine Abstimmung seiner Ziele mit denjenigen des Nachfolger vornimmt. Von diesem festen Zeitplan sollte nur in begründeten Ausnahmefällen abgewichen werden, damit die Firmenübergabe nicht gefährdet wird.

Und schließlich sollte bei der Nachfolgeplanung die Einrichtung einer neutralen, beratenden Instanz berücksichtigt werden. Diese Instanz wird meist als Beirat bezeichnet. Die Nachfolgeplanung sollte weder vom Firmeninhaber noch von seinen juristischen oder steuerlichen Beratern allein geprägt werden. Vielmehr sollte die Nachfolge in Kooperation mit allen Beteiligten und den Leistungsträgern innerhalb des Unternehmens, gegebenenfalls unter Hinzuziehung externer Fachleute erarbeitet werden. Nur so kann sichergestellt werden, dass das vorgesehene Nachfolgekonzept allen menschlichen und betrieblichen Belangen gerecht wird. Einem Beirat kommen vielfältige Funktionen zu, wie z.B. diejenige des Schlichters oder der Informationsbeschaffung hinsichtlich Dritter. Die entscheidende Rolle eines Beirats besteht jedoch darin, dass er im Rahmen der Nachfolgeplanung das Verbindungselement zwischen dem Übergebenden und dem bzw. den Nachfolgern bildet. Häufig kann nur durch die Institutionalisierung eines Beirats eine erfolgreiche Unternehmensweitergabe gesichert werden.

Abschließend wird ein gesamthafter Überblick über die Planungshorizonte für die Unternehmensnachfolge sowie die jeweils durchzuführenden Maßnahmen gegeben. Wie eingangs des Kapitels schon erwähnt und wie es die nachfolgende Abbildung 5 nochmals deutlich macht, sollte vom Beginn der Nachfolgeüberlegungen bis zum Tag des Ausscheidens des Firmeninhabers ein Zeitraum von insgesamt etwa 15 Jahren vorgesehen werden. Innerhalb der verschiedenen Planungsphasen, die beispielsweise als Sensibilisierungsphase (15 bis 10 Jahre), mittelfristige Konkretisierungsphase (10 bis 5 Jahre) und kurzfristige Konkretisierungsphase (5 Jahre bis zum Tag der tatsächlichen

Firmenübergabe) bezeichnet werden können, sind dann die jeweils erforderlichen unternehmensbezogenen, nachfolgerbezogenen und übergeberbezogenen Maßnahmen bzw. Regelungen zu ergreifen.

Zeithorizont			
15 Jahre		10 Jahre	5 Jahre	Ausscheiden des Seniors
	Sensibilisierungsphase	mittelfristige Konkretisierungsphase	kurzfristige Konkretisierungsphase
Unternehmens- bezogene Regelungen	Einsetzung eines Beirats, falls noch nicht vorhanden; Überdenken der Rechtsform; Regelung für interimistische Unternehmensleitung bei plötzlichem Ausfall des Seniors.	Gegebenenfalls Änderung der Rechtsform; Mögliche strategische Neuausrichtung.	Aufstellung eines detaillierten Zeitplans für die Übergabe der Unternehmensleitung an den Nachfolger; Einstimmung der (leitenden) Mitarbeiter, wichtigen Kunden, Kreditgeber.
Nachfolger- bezogene Maßnahmen	Wenn aus Familie: Neigungs- und Eignungsprüfung potentieller Kandidaten, Ausbildung derselben; Wenn familienfremd: Erste Sondierung in- und außerhalb des Unternehmens.	Bewährung in anderen, eventuell auch ausländischen Unternehmen; Prüfung der MBO-/MBI-Alternative mit sich anschließender Entscheidung.	Anstellungsvertrag, Übertragung eines eigenverantwortlichen Projekts oder Tochter- unternehmens; Gegebenenfalls Anstellungsvertrag und Über- tragung erster Gesellschafts- anteile.
Übergeber- bezogene Vorkehrungen	Gegebenenfalls Aufbau der eigenen Altersversorgung; testamentarische Verfügungen; Interaktion mit Beirat bezüglich Eignung potentieller familieneigener Kandidaten für die Nachfolge.	Konkrete Auswahl eines Kandidaten; Aufbau eines „nachunternehmerischen Betätigungsfeldes".	Interaktion mit Nachfolger und zunehmende Überlassung der Gesamtverantwortung bei Absenz; Einhaltung des fixierten Übergabezeitpunkts.

Zeitlicher Rahmen für die Planung der Nachfolge

Quelle: Gruhler, W.: Unternehmernachfolge im Mittelstand, S. 43.

4. Lösungsvarianten für die Unternehmensnachfolge

Lösungsvariante I: Familieninterne Nachfolge

In vielen Fällen wird die Übertragung des Unternehmens auf ein Kind als Idealfall empfunden. Diese Form der Nachfolgeregelung unterscheidet sich von den übrigen Übergabeformen dadurch, dass hier die emotionale Komponente meist die rationalen Überlegungen überlagert. Die Erwartungen des Übergebers an den Nachfolger sind bei Familienangehörigen viel höher als bei Dritten. Deshalb ist die Familiennachfolge auch als die schwierigste Form der Nachfolge zu bezeichnen. In den meisten Fällen überträgt der Firmeninhaber sein Unternehmen in Form einer Schenkung oder gegen wieder- kehrende Leistungen. Der Verkauf des Unternehmens an einen Nachkommen ist ein eher seltener Fall. Für den Verkauf des Unternehmens an einen Nachkommen gelten grundsätzlich die gleichen Regeln, wie bei einem Verkauf des Unternehmens an einen Dritten. Herr K. kann sein gut geführtes Unternehmen seinen beiden Söhnen zu Lebzeiten zu gleichen Teilen schenken.[1] Bei der Schenkung ist das Formerfordernis zu beachten, dass der Schenkungsvertrag grundsätzlich nur dann wirksam ist, wenn er

---

[1] Auf den Erbschaftsfall wird in diesem Beitrag nicht explizit eingegangen. Erbschaft und Schenkung sind zwei Spielarten der Vermögensübertragung, weshalb sie sich in steuerlicher Hinsicht auch nicht unterscheiden. Im Fall der Vererbung eines Unternehmens sind jedoch die zusätzlichen finanziellen Belastungen zu berücksichtigen, die sich aus dem Erbrecht ergeben (Pflichtteile der Kinder, Ausgleichsansprüche der Ehefrau).

notariell beurkundet wurde. Bei der Schenkung des Unternehmens an seine Söhne hat Herr K. die schenkungssteuerlichen Konsequenzen zu beachten. Da Herr K. (Schenker) durch die Schenkung seine beiden Söhne (Beschenkten) bereichert, wird Schenkungssteuer fällig. Wird ein Einzelunternehmen oder der Anteil einer Personengesellschaft übertragen, so dient der sogenannte Einheitswert des Betriebsvermögens als Bemessungsgrundlage für die Berechnung der Schenkungssteuer. Wird dagegen der Anteil an einer Kapitalgesellschaft (z.B. GmbH-Anteil) verschenkt, so muss der Anteilswert grundsätzlich nach dem Stuttgarter Verfahren berechnet werden. Um die Vermögensübertragung nicht durch zu hohe Steuern zu belasten, gewährt das Erbschafts- und Schenkungssteuerrecht besondere Freibeträge bei der Übertragung von Betriebsvermögen (Freibetrag: DM 500.000). Auf den den Freibetrag übersteigenden Vermögenswert wird der entsprechende Schenkungssteuertarif angewendet, der mit der Höhe des geschenkten Vermögens progressiv ansteigt. Bei einer rechtzeitigen Beschäftigung mit der Nachfolgeregelung besteht die Möglichkeit, die Schenkungssteuer insgesamt dadurch zu verringern, dass in Zehn-Jahres-Schritten Teile des Betriebsvermögens in Höhe des Freibetrags an die beiden Söhne zu übertragen werden.

Sofern sich Herr K. nach erfolgter Schenkung nicht sofort vollständig aus dem Unternehmen zurückziehen möchte, besteht die Möglichkeit, die beiden Söhne gesellschaftsrechtlich an dem Unternehmen zu beteiligen. Dies wird häufig als der klassische Weg der Übertragung des Unternehmens auf den bzw. die Nachfolger bezeichnet. Erforderlich ist hier ein Gesellschaftsvertrag, der alle Einzelheiten über Rechte und Pflichten aller Unternehmenseigner regelt. Der Vorteil dieser schrittweisen Übertragung des Unternehmens besteht darin, dass den Nachfolgern für eine klar zu definierende Zeit die unternehmerische Erfahrung und das Fachwissen des Seniors zur Verfügung steht und dass der bisherige Firmeninhaber nicht sofort vollständig die Kontrolle über „sein" Unternehmen verliert.

Bei der familieninternen Weitergabe ergibt sich häufig das Problem, wie die Altersversorgung des Übergebers sichergestellt werden kann. Stellt das Unternehmen im wesentlich das Vermögen der Unternehmerfamilie dar, so ist es erforderlich, dass der oder die Nachfolger für die Übernahme des Unternehmens eine Gegenleistung erbringen. Im Rahmen der familieninternen Nachfolge sind Vereinbarungen über wiederkehrende Zahlungen üblich, deren Barwert allerdings deutlich unter dem Verkehrswert des Betriebsvermögens liegen. Wie die wiederkehrenden Zahlungen (Rente oder Ratenzahlung) ausgestalten werden hängt nicht zuletzt von der steuerrechtlichen Behandlung der Zahlungen ab.

Lösungsvariante II: Einrichtung einer Stiftung

Ist in unserem Fallbeispiel eine familieninterne Lösung nicht möglich und scheidet auch ein Verkauf des Unternehmens an Dritte aus, so besteht für Herrn K. die Möglichkeit, sein Unternehmen in eine Stiftung einzubringen. Mit der Einrichtung einer Stiftung kann Herr K. sicherstellen, dass sein erfolgreiches Unternehmen noch möglichst lange fortbesteht. Wer sich für eine Stiftungslösung entscheidet, muss sich jedoch darüber im Klaren sein, dass er das gestiftete Vermögen auf Dauer aus der Hand gibt. Die Auflösung einer Stiftung und die Rückübertragung des Vermögens an den Stifter ist aus steuerlichen

Gründen praktisch unmöglich und würde meist einem „wirtschaftlichen Selbstmord"
gleichkommen.

Herr K. könnte sein Unternehmen in eine Familienstiftung oder in eine gemeinnützige
Stiftung einbringen. Von Relevanz könnte auch eine sogenannte Doppelstiftung sein, bei
der die beiden erstgenannten Stiftungsformen miteinander kombiniert werden. Die
Familienstiftung ist eine überwiegend auf das Wohl der Familie ausgerichtete Stiftung.
Sie liegt grundsätzlich vor, wenn in der Stiftungssatzung die Angehörigen und
Abkömmlinge des Stifters zu mehr als der Hälfte der Unternehmenserträge bezugs- und
anfallsberechtigt sind. Die Familienstiftung genießt aufgrund des Versorgungsmotivs nur
wenig steuerliche Vorteile. Da alle 30 Jahre ein Erbfall unterstellt wird besteht somit die
Gefahr, dass das Stiftungsvermögen sukzessive auf den Fiskus übergeleitet wird. Bei der
gemeinnützigen Stiftung stehen ausschließlich soziale Motive im Vordergrund. Da bei
der gemeinnützigen Stiftung die Angehörigen des Stifters in keinem Falle in den Kreis
der Begünstigten kommen, ist sie nur sinnvoll, wenn überhaupt kein Nachkomme
vorhanden ist.

Einen Sonderfall, bei dem neben den Versorgungszielen der Angehörigen auch soziale
Ziele verwirklicht werden können, stellt die Doppelstiftung dar. Hierbei werden beide
Stiftungen am Unternehmen beteiligt, wobei die gemeinnützige Stiftung hauptsächlich
das Kapital einbringt und die Familienstiftung vorrangig mit den Führungsaufgaben des
Unternehmens betraut wird. Hinter der Einrichtung einer Doppelstiftung steht das Motiv,
dass ein Teil Unternehmensvermögens aus der Besteuerung herausgehalten wird und der
andere Teil unter der Verfügungsgewalt der Familie verbleibt, dann allerdings auch
normal versteuert werden muss.

Auf die verschiedenen und häufig auch sehr komplexen Stiftungskonstruktionen kann an
dieser Stelle nicht weiter eingegangen werden. Wenngleich mit der Nachfolgeregelung
„Stiftung" die Vorteile verbunden sind, dass die gesetzlichen Publizitätspflichten, die
Mitbestimmung und die Besteuerung weitgehend umgangen werden können, so entsteht
doch der Nachteil, dass die staatliche Stiftungsaufsicht künftig Einfluss auf das
Unternehmen ausüben wird. Da sich viele wirtschaftliche Ziele des übergabewilligen
Firmeninhabers auch mit anderen Gestaltungsmaßnahmen verwirklichen liessen, ist die
Stiftungslösung nur in einem von rund 1.000 Fällen tatsächlich ratsam.

Lösungsvariante III: Liquidation des Unternehmens

Sind die beiden Söhne in dem oben genannten Fallbeispiel entweder nicht für die
Unternehmensweiterführung geeignet oder nicht übernahmewillig, scheidet die
Einrichtung einer Stiftung oder aufgrund besonderer Umstände auch der Verkauf des
Unternehmens an externe Dritte aus, so gibt es die Möglichkeit, dass Herr K. sein
Unternehmen liquidiert. Bei der (materiellen) Liquidation werden die im Unternehmen
gebundenen Vermögenswerte einzeln verkauft. Mit dem Verkaufserlös werden die
Schulden getilgt und der Überschuss an den liquiden Mitteln an den Firmeninhaber
(Eigenkapitalgeber), d.h. an den Herrn K. ausgezahlt.

Wenngleich diese Lösungsvariante auch in der Literatur häufig angeführt wird, so
handelt es sich hier genau genommen um keine Form der Nachfolgeregelung. Durch die
Liquidation hört ein Unternehmen auf zu existieren. Es gibt zwar neue Eigentümer der
einzelnen Vermögensgegenstände (Maschinen, Fuhrpark, Lager, Gebäude etc.). Das, was

ein Unternehmen letztendlich ausmacht und auch in dem Firmenwert zum Ausdruck kommt, nämlich die Ausgestaltung der Organisationsstruktur sowie die aufgebauten Netzwerkstrukturen, geht verloren. Für diese entscheidenden unternehmenskonstituierenden Elemente können bei der materiellen Liquidation jedoch kein Nachfolger gefunden werden.

Lösungsvarante IV: Unternehmensverkauf an Dritte/M&A

Der gute Familienvater K. in dem oben angeführten Fallbeispiel wird an einen Verkauf seines Unternehmens dann denken, wenn keiner seiner beiden Söhne geeignet und/oder bereit ist, das Unternehmen zu übernehmen. Ein Verkauf ist allerdings auch dann erwägenswert, wenn die steuerlichen Folgen des Übergangs auf die Nachkommen für das Unternehmen nicht tragbar erscheinen.

Der Kreis der familienexternen Unternehmensnachfolger ist grundsätzlich recht groß. Als familienfremde Nachfolge kommt die Übernahme des Unternehmens durch unternehmensinterne Dritte, d.h. durch bewährte leitende Mitarbeiter im Wege des sogenannten Management-Buy-Outs (MBO) in Frage. Im Vordergrund dieser Form der Nachfolgeregelung steht, dass das Unternehmen längerfristig als selbständige Einheit fortbesteht. Die bisherigen Mitarbeiter sind mit den Unternehmensabläufen sowie den Lieferanten, Kunden und Branchenbesonderheiten gut vertraut. Der Vorteil dieser Lösung besteht darin, dass die Weiterexistenz der Firma ohne tiefgreifende Umbrüche gewährleistet werden kann und der Personalstamm erhalten bleibt. Sollte die Möglichkeit einer firmeninternen Nachfolgeregelung nicht gangbar oder wünschenswert sein, so kann sich der Firmeninhaber das Potential externer Führungskräfte nutzbar machen und den Verkauf im Rahmen eines Management-Buy-Ins (MBI) erwägen. Gerade in geschäftlichen Umbruchsituationen kann dem Unternehmen über ein MBI, d.h. durch nicht betriebsgebundene Persönlichkeiten, zu neuem Schwung verholfen werden. Der Verkauf des Unternehmens an das bisherige oder an ein fremdes Management ist allerdings von der Finanzierungsproblematik geprägt. Sehr häufig fehlt den kaufwilligen Managern der monetäre Hintergrund, um den geforderten Kaufpreis für das Unternehmen finanzieren zu können. Gelöst werden kann das Finanzierungsproblem z.B. dadurch, dass auf kreative Übernahmeformen wie z.B. dem Leveraged-Management-Buy-Out zurückgegriffen wird, oder dass Teilzahlungen für den Kaufpreis vereinbart werden. Durch Teilzahlungen entsteht allerdings ein erhebliches Risiko für den bisherigen Firmeninhaber, weil er bei einer erfolglosen Unternehmensführung durch das neue Management so möglicherweise nicht die gesamte Kaufpreissumme erhält.

Aufgrund des schwachen finanziellen Hintergrunds der potentiellen MBO- oder MBI-Interessenten und trotz der damit verbundenen Finanzierungsrisiken ist der zu erzielende Verkaufspreis häufig nicht unwesentlich niedriger als bei der Veräußerung des Unternehmens an ein zahlungskräftiges Konkurrenzunternehmen oder ein branchenfremdes, aber differenzierungswilliges Unternehmen. Statt des Unternehmens-verkaufs an einen Konkurrenten im Ganzen kann Herr K. als Kompromisslösung auch versuchen, einen Teil seines Unternehmens an eine andere Gesellschaft, z.B. eine Beteiligungsgesellschaft zu verkaufen (Anlehnungsstrategie). Für eine begrenzte Zeit kann er dann seine Unternehmertätigkeit fortführen und mit der verbleibenden Kapitalbeteiligung seine Familie absichern.

Im folgenden wird nun der Verkaufsablauf skizzenhaft dargestellt. Der Ablauf eines Unternehmensverkaufs bzw. Unternehmenskaufs unterliegt keinen festen Regeln. Er ist ebenso vielfältig wie die zu erwerbenden Unternehmen mit ihren speziellen wirtschaftlichen und betrieblichen Fragestellungen und die widerstreitenden Käufer- und Verkäuferinteressen. Gewisse Einschränkungen bei der Ausgestaltung des Betriebsübergangs ergeben sich jedoch aus den rechtlichen Vorgaben, insbesondere bezüglich des Schutzes der Arbeitnehmer (§ 613 BGB, EG-Richtlinie 98/50 vom 27.07.1998). Grundsätzlich kann jedoch zwischen einem herkömmlichen Unternehmenskauf zwischen zwei Parteien (Shake-Hands-Deal) und sogenannten Bietungsverfahren unterschieden werden. Dennoch gibt es bei den Verfahren mehr oder weniger vorteilhafte Vorgehensweisen, bis der Vertrag abgeschlossen und das Unternehmen an den neuen Eigentümer übergeben ist. In der Regel wird das Vorgehen in einem Bietungsverfahren so ausgestaltet, dass die Vertragsparteien sich in einem zunehmend konkretisierenden Informations- und Angebotsprozess einander nähern, wobei vertrauensbildenden Maßnahmen insgesamt eine herausragende Bedeutung zukommt.

Für den verkaufswilligen Firmeninhaber geht es zunächst darum, den Verkauf seines Unternehmens vorzubereiten. Dazu zählt, dass er alle für sich und den potentiellen Käufer wichtigen Fakten zusammenträgt. Bei der Feststellung der rechtlichen und wirtschaftlichen Verhältnisse des Verkaufsobjektes müssen z.B. Angaben zum Gesellschaftsvertrag und den Beteiligungen, Angaben zu den Betriebsstätten und Betriebsanlagen, Angaben zu den Versicherungen und den abgedeckten Risiken und Angaben zum Einkauf und dem Absatz gemacht werden, die Personalsituation sowie alle schwebenden und drohenden Rechtstreitigkeiten dargelegt und eine Auflistung aller unternehmensbezogenen Rechte, gewerblichen Schutzrechte, Urheber- und Nutzungsrechte aufgelistet werden. Die zusammengetragenen Fakten müssen aufbereitet und strukturiert werden. Sie bilden die Ausgangsbasis für ein attraktiv gestaltetes und die potentiellen Käufer ansprechendes Unternehmensprospekt. Im nächsten Schritt geht es für den Verkäufer darum, potentielle Käufer zu finden, wozu er sich professioneller Verkaufshelfer bedienen kann (Investmentbanken, Corporate Finance Abteilungen, M&A-Berater). Nun müssen mögliche Käufer identifiziert und bezüglich ihres generellen Kaufinteresses kontaktiert werden. Daran schließt sich die erste Runde eines Bietungsverfahrens an, die durch ein Anschreiben der Kaufinteressenten eingeleitet wird. In diesem Anschreiben beschreibt der Verkäufer das Bietungsverfahren und die Struktur der geplanten Transaktion, d.h. dass es sich bei dem Unternehmensverkauf entweder um einen Share Deal (Übertragung von Geschäftsanteilen) oder einen Asset Deal (Übertragung von einzelnen Vermögensgegenständen) handelt. Gleichzeitig wird der Adressat aufgefordert, ein erstes unverbindliches Kaufgebot abzugeben.

Aus der Sicht eines potentielles Käufers gestaltet sich der Kaufprozess so, dass er, nachdem er Kenntnis von der Verkaufsabsicht erlangt hat, zunächst das Informationsmaterial über das Verkaufsobjekt anfordert und sichtet. Sofern er nach der Sichtung dieses ersten Informationsmaterials noch Interesse an dem fraglichen Unternehmen besitzt, wird er ein erstes unverbindliches Angebot als Absichtserklärung bzw. Letter of Intend (LOI) abgeben. In diesem ersten und unverbindlichen Angebot wird er die Bedingungen aufführen, die für einen Vertragsabschluss aus seiner Sicht unbedingt erforderlich sind z.B. Zustimmung der Gesellschaftsgremien, Zustimmung der Kartellbehörde etc.). Um der Gefahr einer Fehlinvestition vorzubeugen wird ein potentieller Käufer darüber hinaus fordern, dass er selbst die Unternehmung einer

„gewissenhaften Überprüfung" (Due Diligence) unterziehen und sie auf wirtschaftliche, technische, organisatorische, rechtliche, steuerliche und finanzielle Aspekte hin durchleuchten kann.

Die zweite Runde des Bietungsverfahrens wird dadurch eingeleutet, dass der Firmeninhaber die auf der Grundlage der unverbindlichen Kaufangebote ausgewählten Kaufinteressenten ein weiteres Mal anschreibt. Hierin werden die Bieter nun aufgefordert, ein verbindliches Kaufgebot abzugeben. Als Anlage ist dem Schreiben meist ein Entwurf des Unternehmenskaufvertrages beigefügt. In dieser Phase wird den Kaufinteressenten die Durchführung der Due Diligence sowie von Unternehmensbesichtigungen ermöglicht und die sensiblen Unternehmensdaten offengelegt. Nun müssen die Bieter ein rechtsverbindliches Kaufangebot abgeben, wenn sie weiter an dem Bietungsverfahren teilnehmen wollen. Aus den abgegebenen rechtsverbindlichen Kaufangeboten wählt der Verkäufer anschließend denjenigen Käufer aus, mit dem er die Transaktion durchführen möchte.

Nun beginnt die dritte Phase der Transaktion, in welcher die beiden Verhandlungsteams die Details des Unternehmenskaufvertrages aushandeln. Von besonderer Bedeutung sind hier die Regelungen, welche die Zahlung des Kaufpreises gewährleisten sollen. Beispielsweise kann aber auch vereinbart werden, dass ein Teil des Kaufpreises nur dann fällig wird, wenn in einer bestimmten Zeit nach dem Vertragsabschluss bzw. der Übergabe des Unternehmens (Closing) bestimmte Unternehmenskennzahlen realisiert worden sind. Nachdem der Unternehmenskaufvertrag unterzeichnet und notariell beurkundet worden ist, ist die eigentliche M&A-Transaktion beendet und die Unternehmensnachfolge ist abschließend geklärt. Der weitere Erfolg des Unternehmens hängt nun in hohem Maße von den Geschicken des Unternehmensnachfolgers ab (Post Merger Integration).

Der skizzierte Ablauf von M&A-Transaktionen lässt leicht erahnen, dass beim Verkauf eines Unternehmens viele Fehler gemacht werden können. Damit entsteht die Gefahr, dass die Transaktion möglicherweise gar ganz scheitert oder dass zumindest der Kaufpreis niedriger ausfällt als es sonst möglich gewesen wäre. Der im Folgenden dargestellte, 12 Gebote umfassende Katalog verdeutlicht aus Verkäufersicht überblicksartig, welche Fehler gemacht werden können und wie Abhilfe geschaffen werden kann. Mit umgekehrten Vorzeichen können diese Gebote aber auch aus Käufersicht zweckdienlich sein.

1. Gebot: Ausreichende Zeit für den gesamten Verkaufsvorgang	Zwischen der Verkaufsentscheidung und dem Tag des Ausscheidens sollte ein Zeitraum von 24 bis 36 Monaten liegen. Für die Käufersuche und die Kaufverhandlungen sind ca. sechs Monate vorzusehen.
2. Gebot: Klärung der Unternehmensverhältnisse	Bevor der Kontakt mit den ersten Kaufinteressenten zustande kommt, müssen alle steuerlichen, juristischen und familiären Fragen im Zusammenhang mit der Unternehmensübertragung geklärt sein.
3. Gebot: Anfertigung eines detaillierten Firmenexposés	Durch die Erstellung eines umfassenden, klaren und attraktiven Firmenexposés wird ein selbstbewusstes Auftreten vermittelt und für Informationstransparenz gesorgt.

4. Gebot: Aufstellung eines Stufenplans	In der Vorbereitungszeit sollte das Wissen von vertrauten Experten eingeholt werden. Nachdem aus den Experten ein Projektteam zusammengestellt worden ist, sollte die Verkaufsprozedur genau definierten Aktions- und Zeitstufen folgen.
5. Gebot: Festlegung einer ausreichend großen Zielgruppe	Der Kreis potentieller Käufer sollte recht weit gehalten und nicht branchenmäßig oder regional beschränkt werden.
6. Gebot: Wahrung der Anonymität	Offenes Auftreten in den verkaufsvorbereitenden Phasen und ein zu öffentliches Anbieten des Unternehmens sollte vermieden werden. Die Suche und Vorauswahl potentieller Käufer sollte von Dritten durchgeführt werden.
7. Gebot: Verhandeln mit mehreren Kaufinteressenten	Durch ein gleichzeitiges Verhandeln mit mehreren Interessenten wird die Position des Verkäufers gestärkt. Die Diskretion kann durch Vertraulichkeitsvereinbarungen gesichert werden.
8. Gebot: Zügige Gestaltung der Verkaufsverhandlungen	Es sollte vermieden werden, dass der Verkaufsprozess an Dynamik verliert. Das Verkaufsangebot für das Unternehmen darf nicht unnötig lange am Markt bestehen.
9. Gebot: Unterstützung der potentiellen Käufer	Zum Aufbau von Vertrauenspositionen sollte der Verkäufer den potentiellen Käufer bei allen unternehmensbezogenen Fragen offen gegenübertreten und ihn durch Zurverfügungstellung der erforderlichen Informationen unterstützen.
10. Gebot: Betonung der gemeinsamen Interessen	Treten in den Verkaufsverhandlungen Probleme auf, so sollte der Verkäufer aus verkaufspsychologischen Gründen an die gemeinsamen Interessen, an Fairness und an den gesunden Menschenverstand apellieren. Die Betonung von Meinungsverschiedenheiten hingegen könnte ein Scheitern der Transaktion begünstigen.
11. Gebot: Kooperationsbereitschaft	Der Verkäufer sollte sich möglichst kooperativ gegenüber allen Käuferwünschen zeigen. Die Kooperationsbereitschaft sollte sich sowohl auf die zeitliche Inanspruchnahme bei den Verkaufsverhandlungen als auch auf eine Einarbeitung des neuen Firmeninhabers nach Vertragsabschluss erstrecken.
12. Gebot: Bewahrung einer realistischen Sichtweise der Dinge	Die Bewertung des eigenen Unternehmens sowie die Beschreibung der Unternehmensperspektiven sollte auf einer realistischen Grundlage beruhen.

Abschließend sei darauf hingewiesen, dass der Generationswechsel in Familienunternehmen keinesfalls standardisierbar, sondern vielmehr vom Einzelfall geprägt ist. So sind es die personellen Konstellationen, die Eigenheiten der Betroffenen und die Marktgegebenheiten die über die Ausgestaltung der Nachfolgeregelung und der Übergabemodalitäten entscheiden.

5. Fragensammlung

1) Welche grundsätzlichen Probleme können bei der Unternehmensnachfolge in Familienbetrieben auftreten?

2) Erarbeiten Sie eine Check-Liste für die Nachfolgeregelung!

3) Welche Institutionen können in der Bundesrepublik Deutschland bei der Unternehmensnachfolge behilflich sein?

4) Ermitteln Sie den Unternehmenswert nach dem Ertragswertverfahren unter Verwendung folgende Angaben: Ein zu übergebender Handwerksbetrieb macht einen jährlichen Gewinn in Höhe von 180.000 DM. Der Unternehmerlohn beträgt 80.000 DM. Der Kapitalisierungszinsfuß beträgt 9%. Wie verändert sich der Unternehmenswert, wenn man praxisgerechter vorgeht und zum einen eine Befristung der Kapitalisierung vornimmt und zum anderen durch eine Staffelung der Kapitalisierungszinssätze der Tatsache Rechnung trägt, dass weiter in der Zukunft liegende Erträge mit einem höheren Risiko behaftet sind? Für das 1. bis 6. Jahr beträgt der Kapitailisierungszinsfuß 9% und für das 7. bis 10. Jahr 12,5%.

5) Schildern Sie den Ablauf von M&A-Transaktionen!

6. Literaturhinweise

De Pay, Hoiko: Leveraged Management Buy-Outs und volkswirtschaftliche Effekte, in: Ernst, M./Kopf, J. (Hrsg.): Elemente volkswirtschaftlicher Forschung und Lehre, Festschrift für Sigurd Klatt zum 65. Geburtstag (Volkswirtschaftliche Schriften Heft 423), Berlin 1993, S. 201-217.

Ernst, K.-W.: Mit Fairneß und Vernunft, in: Creditreform, September 1998, S. 6-7.

Gruhler, W.: Unternehmensnachfolge im Mittelstand, Beiträge zur Wirtschafts- und Sozialpolitik, Band 244, Köln 1998.

Gruhler, W.: Familienfremde Nachfolge, in: Kienbaum-Stiftung/Sobanski, H./Gutmann, J. (Hrsg.): Erfolgreiche Unternehmensnachfolge, Wiesbaden 1998, S. 173-181.

Hebestreit, R./Riederer, W. H.: Unternehmen kaufen, pachten, erben, Würzburg 1998.

Hennerkes, B.-H.: Familienunternehmen sichern und optimieren, Frankfurt/New York 1998, Campus-Verlag.

Keller, M.: Die 12 Gebote beim Unternehmensverkauf, in: GeschäftsWelt Heft 12/1998.

Leimbach, A.: Unternehmensübernahmen im Wege des Management-Buy-Outs in der Bundesrepublik Deutschland: Besonderheiten, Chancen und Risiken, in: Schmalenbachs Zeitschrift für betriebswirtschaftliche Forschung (zfbf), 43. Jahrgang 1991, S. 450-463.

Lorenz, A./Kuhn, R.: Potential des M&A-Marktes für mittelständische Unternehmen, in: M&A Review, Heft 7-8/1997, S. 317-319.

Picot, G. (Hrsg.): Mergers & Acquisitions optimal managen, Teil 2: Der Ablauf von M&A-Transaktionen, in: Handelsblatt vom 05./06.1999, S. K·3.

Picot, G. (Hrsg.): Mergers & Acquisitions optimal managen, Teil 7: Der Betriebsübergang, in: Handelsblatt vom 28/29.05.1999, S. K 3.

Picot, G. (Hrsg.): Mergers & Acquisitions optimal managen, Teil 10: Management Buy-Out, in: Handelsblatt vom 09./10.07.1999, S. K 3.

Schildbach, Th.: Der Verkäufer und das Unternehmen „wie es steht und liegt", in: Schmalenbachs Zeitschrift für betriebswirtschaftliche Forschung (zfbf), 47. Jahrgang 1995, S. 620-632.

Weinläder, M.: Unternehmensnachfolge. Strategien, Praxis, Recht, München 1998.

Wöhe, G.: Einführung in die Allgemeine Betriebswirtschaftslehre, 17. Auflage, München 1990.